社会科教育からの
ケイパビリティ・アプローチ

ペダゴジー
再文脈化
エージェンシー

志村 喬 編著

風間書房

序　文

『社会科教育からのケイパビリティ・アプローチ―ペダゴジー，再文脈化，エージェンシー―』の刊行に寄せて

デビッド・ランバート

UCL（ロンドン大学）教育研究院名誉教授：地理教育

　教育におけるケイパビリティ・アプローチの調査・開発に長年取り組んできた志村喬教授とその同僚たちの熱心な取り組みによる最新書籍の刊行を歓迎します。イギリスと同様に，日本でもこの取り組みは地理教育の領域で始まり[1]，現在では他の教科目にも広がっているということは興味深いことです。イギリスでは，リチャード・バスティンの著書『何を私たちは教えているのか？』(Bustin, 2024) にそれが現れており，この本ではケイパビリティ・アプローチを，学校のカリキュラム全体に適用しています。

　国際的にとりわけ関心をもたれるのは，教師のエージェンシーの重要性について私たちが共通に理解していることです。教育へのケイパビリティ・アプローチを推進するには，教師を信じなければなりません。特に，教えるということ（teaching）のなかでの「目に見えない仕事（invisible work）」を行う教師の能力を信じなければなりません。さらに，この仕事を行うためには教師への支援が必要です。

　教えるということのなかでの目に見える仕事（*visible* work）―教室を整理すること，仕事を計画すること，若者の行動を管理すること，教材を設計・制作すること等―は，みな重要です。すべてには，理解，スキル，そして多くの実践が必要です。教師は，程度の差はあれ快適に「それを行う（do it）」方法を学びます。そのような創造的でダイナミックな状況で毎日働くことは，喜びとなるかもしれません。

　では，いわゆる目に見えない仕事（*invisible* work）は，どうでしょうか。これは，私が「知識労働（knowledge-work）」とも呼んでいるもので，教室に

入る前に行われる仕事です。つまり，何が教えるのに重要で価値のあること
であり，それをどのように教えるか，を選択し判断することです。今日エキ
サイティングなことは，無数の社会文化的，経済的，技術的変化を踏まえて，
教師は自身の知識労働を理解し適応しなければならないということです。

　教師は通常，知識の生産者（producers）とは見なされず，科学，芸術・人
文科学，社会科学から選択された内容の主要な伝達者（communicators）と見
なされることがよくあります。そこでの伝統的な任務（task）は，内容の断
片を「習得（master）」し，それを生徒に分け与えることです。この知識労
働の一部は，教科書執筆者などの他者に下請けに出されることがよくありま
すが，その場合，知識が静的で変化しないものになってしまうというリスク
があります。このような方法で教えることについて広く使われている実用的
な比喩は，「伝達（delivery, transmission）」です。

　教育に対するこのような限定的な見方は，知識労働に悪評をもたらします。
いずれにせよ，知識労働は多くの点で完全に否定されてきています。たとえ
ば，情報革命により，教師は「知られていること（what is known）」をもた
らす際の権威ある主要な情報源ではなくなりました。また，いたる所にソー
シャルメディアがあるため，従順な生徒に「伝達した（delivered）」だけで済
むカリキュラムの考え方は，ますます支持されなくなっています。これが現
在，世界中の学校システムが教育目的よりも経済目的に，つまり「仕事に即
した（work ready）」学習スキル及び21世紀型「能力（competences）」に，焦
点を当てている理由の一つです。しかし，ここでのリスクは，教師（そして
生徒）が，知識から完全に背を向けてしまうことです。ポスト真実の政治，
流言と陰謀，分裂と不和の世界において，これは望ましいことではないでし
ょう。様々な危機に見舞われている世界において，私たちは教育の理念をあ
きらめるべきではありません。そして，この懸念の中心にあるのは，教師で
あり，教師が何を教えるべきかということです。

ケイパビリティ・アプローチは，教師の知識労働を直接扱っています。だからこそ，この書籍に収められた研究成果は非常に重要なものであり，時代を反映したものとなっているのです。

（志村喬　訳）

注

1 ）www.geocapabilities.org

文献

Bustin, R. (2024)：*What Are We Teaching? Powerful Knowledge and a Capabilities Curriculum*. Camarthen, Wales: Crown House Publishing.

目　　次

序文：デビッド・ランバート

英文目次

序　章　ジオ・ケイパビリティ・プロジェクトの経緯と本書の構成
　　　　―日本の社会科教育からの発信―

　　　　　　　　　　　　……………………………志村　喬　1

第Ⅰ部：授業・教材開発編

第1章　力強い学問的知識に基づいた地理的探究を行う地理ESD授業
　　　　―中学校社会科地理的分野における地誌的学習を事例として―

　　　　　　　　　　　　……………………………永田成文　15

第2章　ジオ・ケイパビリティ・プロジェクト第3段階の教材開発
　　　　―食料問題に関するヴィネットをもとに―

　　　　　　　　　　　　……………………………秋本弘章　35

第3章　歴史授業におけるレリバンスの構築とケイパビリティ
　　　　―UCL；Centre for Holocaust Educationの授業プラン群を事例に―

　　　　　　　　　　　　……………………………二井正浩　51

第4章　ケイパビリティ拡張を目指した教職大学院での授業の試み
　　　　―地域の社会科教育実践史の活用を通して―

　　　　　　　　　　　　……………………………茨木智志　69

第Ⅱ部：カリキュラム開発編－「地理総合」「公共」－

第5章 社会科地理的分野および「地理総合」と力強いペダゴジー
との親和性

……………………………井田仁康 89

第6章 開発研究期の高校「地理総合」を学習者はどのように評価
しているか
－大学生へのインタビュー調査からみえる地理学習の意義－

……………………………志村 喬 107

第7章 開発研究期の高校「地理総合」を授業者はどのように実践
してきたのか
－神戸大学附属中等教育学校の実践記録から－

……………………………高木 優 123

第8章 公民教育におけるケイパビリティ・アプローチの検討
－新科目「公共」の成立を契機として－

……………………………鈴木隆弘 141

第Ⅲ部：理論考究編－ケイパビリティ・アプローチと国際教育動向－

第9章 地理教育における「知識」の接続
－GeoCapabilities の観点からの考察－

……………………ティネ・ベネカー 163

第10章 法的ケイパビリティと法教育
－教師の力量形成のために－

……………………………中平一義 177

第11章 社会正義を超えて
－ジオ・ケイパビリティを保障する地理教育のポテンシャル－

……………………………広瀬悠三 195

目　次　iii

第12章　欧州の研究動向にみる地理教師のエージェンシーと
　　　　再文脈化
　　　　　　　　………………………… 伊藤直之　213
第13章　ケイパビリティ・アプローチから教育の在り方を考える
　　　　―ウェルビーイングとエージェンシーを踏まえて―
　　　　　　　　………………………… 金　玹辰　229

終　章　本研究の成果と課題
　　　　　　…伊藤直之・金　玹辰・山本隆太　245

あとがき………………………………………………… 251
執筆者紹介……………………………………………… 253

英 文 目 次

BOOK Title

The Capabilities Approach from Social Studies in Japan: Pedagogy, recontextualization and agency

Foreword

The Capabilities Approach from Social Studies in Japan

David LAMBERT

Emeritus Professor of Geography Education, UCL Institute of Education

Introduction

Background of the GeoCapabilities project and contents of the book: Proposals from Japanese Social Studies education

Takashi SHIMURA

Joetsu University of Education

Part I: Development of Lessons and Teaching Materials

Chapter 1

Geography ESD Lessons as geographical inquiry based on powerful disciplinary knowledge: A case study of regional geography learning in junior high school Social Studies

Shigefumi NAGATA

Hiroshima Shudo University

Chapter 2

Development of lessons and teaching materials on food issues and
geography teacher education: Vignettes in the GeoCapabilities phase 3

Hiroaki AKIMOTO

Dokkyo University

Chapter 3

Making relevance and capabilities in history lessons:
A case study of lesson plans by the UCL Centre for Holocaust Education

Masahiro NII

Seikei University

Chapter 4

Lessons aimed at expanding capabilities in graduate professional school of
teacher education: Through locality-based Social Studies practice, "Kochi
Seiri" (Eguchi TAKEMASA, 1954)

Satoshi IBARAKI

Joetsu University of Education

Part II: Curriculum Making – GEOGRAPHY and PUBLIC

Chapter 5

The similarity with powerful pedagogy and *GEOGRAPHY* of secondary school

Yoshiyasu IDA

Emeritus Professor, University of Tsukuba

Chapter 6

How have students reflected/evaluated *GEOGRAPHY* study in secondary school during the development research phase? Insights from university students interviews survey on the significance of geography learning

Takashi SHIMURA

Joetsu University of Education

Chapter 7

How has a teacher implemented *GEOGRAPHY* in high school during the development research phase? From practice records in Kobe University Secondary School

Suguru TAKAGI

Kobe University Secondary School

Chapter 8

Exploring the application of the capabilities approach in civic education: As an opportunity to implement the new high school subject *PUBLIC*

Takahiro SUZUKI

Takachiho University

Part III: Theoretical Inquiry – Capabilities Approach and Global Trends in Education

Chapter 9

Connecting 'knowledges' in geography education: Reflections from a GeoCapabilities perspective

Tine BÉNEKER

Utrecht University

Chapter 10

Legal capabilities and legal education: For development of teachers' professional capacity

Kazuyoshi NAKADAIRA

Joetsu University of Education

Chapter 11

Beyond social justice: The potential contribution of geography education to GeoCapabilities

Yuzo HIROSE

Kyoto University

Chapter 12

Recontextualization and geography teachers' agency in European research trends

Naoyuki ITO

Naruto University of Education

Chapter 13

Rethinking education through capabilities approach: Focusing on well-being and agency

Hyunjin KIM

University of Tsukuba

Final Chapter

Achievements and challenges of the GeoCapabilities project in Japan

Naoyuki ITO, Hyunjin KIM, Ryuta YAMAMOTO

Naruto University of Education, University of Tsukuba, Shizuoka University

序　章
ジオ・ケイパビリティ・プロジェクトの経緯と本書の構成
―日本の社会科教育からの発信―

志村　喬[*]

1．はじめに

　本書は，ケイパビリティ・アプローチの社会科教育への適用を考究した書籍『社会科教育へのケイパビリティ・アプローチ―知識，カリキュラム，教員養成―』（志村編著，2021）の続編である。前書籍は2017年度から2020年度まで交付を受けた科学研究費助成事業基盤研究B（代表：志村喬）成果をまとめたものであった。この研究成果を発展させるべく同科研基盤研究B「力強いペダゴギーを組み込んだケイパビリティ論の拡張による教科教員養成国際共同研究」（代表：志村喬）を申請したところ，翌年度から4年間（2021〜2024年度）で採択され，先行科研を継続させることができた。この後継科研（23K20702）の成果出版物が本書である。

　ついては，本書籍の序章として，先行科研の成果と国際課題をうけて進められた本科研研究の国際的経緯と布置・意義について説明するとともに，本書の構成を記す。

2．教科教育におけるケイパビリティ・アプローチの始動・展開
―ジオ・ケイパビリティ・プロジェクト第1・2期（2012〜2017年）―

　経済学者 A. センと哲学・倫理学者 M. ヌスバウムとで提起・理論化が図られてきたケイパビリティ（capability）[1]概念は，2000年代には教育学領域での適用が国際的に進んだ（Saito, 2003: Walker, 2006: 馬上，2006）。教科教育学で

---

[*]上越教育大学

は，社会系教科での適用が先行し，殊に地理教育領域では「ジオ・ケイパビリティズ（GeoCapabilities）・プロジェクト」が国際共同研究として2012年から取り組まれた。本プロジェクトは，地理教育研究のグローバル拠点であるイギリスのロンドン大学カレッジ（UCL）教育研究院（IoE）地理教育学教室の主任教授 D. ランバート（D. Lambert）を中核に，アメリカ合衆国を拠点とした国際学会であるアメリカ地理学会（AAG）地理教育担当理事 M. ソルム（M. Solem），フィンランドのヘルシンキ大学教育学部教授（地理・環境教育学）の S. タニ（S. Tani）により開始された国際共同研究プロジェクトである。プロジェクト名に，ケイパビリティに地理を意味する Geo が冠されているように，地理教育にケイパビリティ概念を適用した研究開発プロジェクトであり，世界各国の初等・中等教育のカリキュラムにある「地理（geography）」[2]が，学校教育の「目的」達成のためにどんな貢献ができるのか（もしくは，貢献が求められるのか），その際にはどのような「知識」内容を，どのような「授業内容（教授学習内容）」として・どのような「授業方法」として授業実践すればよいのかを，グローバルな世界観（人類の故郷としての，かけがえのない地球観）から究明し，その授業実践を国際協働的に図るもので，第 1 期（2012-2013年），第 2 期（2013〜2017年），第 3 期（2018〜2022年）と進められてきた。

　第 1 期は，プロジェクトの理論構築段階で，そこで最終的に提示された理論枠組みは第 1 図のように整理できる。詳細は先行書籍『社会科教育へのケイパビリティ・アプローチ』にあるが，教育目的論としての「ケイパビリティ」論に加え，何を教育「知識」内容として扱うべきかについて「力強い知識（powerful knowledge：PK）」論を適用した。「力強い知識（powerful knowledge）」はイギリスの教育社会学者 M. ヤングが『知識を取り戻す』（Young, 2008）等で主唱した，学校教育の場で児童・生徒に権利として保障されなければならない知識であり，そこには各教科で身に付けることが保障されるべき学問（discipline）に裏付けられた教科固有の概念的知識「力強い学問的知

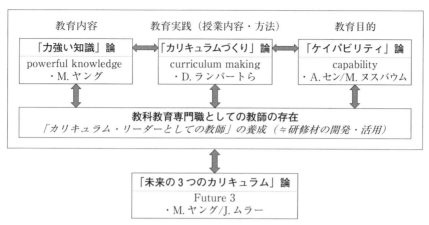

第1図　ケイパビリティ・アプローチの理論枠組み

志村編著（2021, p.4）から転載

識（powerful disciplinary knowledge：PDK）」も含まれている。ヤングが「力強い知識」を提唱した背景には，学校教育でしか習得できない知識にもかかわらず，それが得られないため社会的に不利な立場におかれる人（子ども）たちが，世界各地に存在することへの教育社会学者としての危機感・警鐘があり，この意識は「ケイパビリティ」論に通じるものである。

　また，習得すべき知識が学校で教えられていないとする問題は，オランダ，イギリス等を拠点に世界的に活動する教育（哲）学者G.ビースタが，教育の「学習化（learnification）」—教室での教育活動が「教える」ではなく，「学習する」に換言され，知識教授が蔑ろにされていくこと—が世界的に進行しているとして批判してきた事柄である（ビースタ，2016, 2020）。これはビースタが，学校教育の本質として目的とするべき3つの役割，主体化（subjectification），社会化（socialization），資格化（qualification）の視座からの批判であり「ケイパビリティ」論に通じる。ただし，本プロジェクトは，学校教育現場での授業実践実態として「学習化」を注視していることに特徴がある。

　一方，授業実践実態—特に教科教育授業—の側面から，表層的な技術パフ

ォーマンス伝達に陥り保障すべき教科固有内容が欠落したイギリスの地理授業実態を問題視したのが，ジオ・ケイパビリティ・プロジェクトを主唱したランバートである（ランバート，2017）。ランバートの保障すべき教科固有知識は，ヤングの「力強い知識」に相当するものである。そこで，ヤングとランバートは，目指すべき学校教育カリキュラムは「力強い知識」を保障したカリキュラム[3]であるとする共著『知識と未来の学校』（Young and Lambert, 2014）を刊行し，学校教師らを含めた教育界から幅広い支持を得たのである。

　ランバートの特長は，中等教師経験をふまえた教科教育・教員養成研究者として，授業実践の際に根底にあるべき目的「ケイパビリティ」を確認した上で，「学習化」を免れる方策は，教師自身が理論的な「力強い知識」を，学習者の実態にあわせて授業内容に変換し適切な教授方法を用いて授業実践すること―カリキュラムづくり（curriculum making）をすること―であると教育実践平面から抽象理論研究者らへ主張したことである（志村，2022）。そして，それを教育現場で実現するためには，「カリキュラムづくり」をリードできる教科教育専門職として教師の存在が鍵であることをプロジェクト第1期の結論として得たことである。

　そこで，プロジェクト第2期（2013〜2017年）では，カリキュラムづくりができる「教科教育専門職」としての教員養成・研修システムの国際共同開発―特に，ヴィネット（vignette）と呼ばれる研修材の開発―が目指され，国際的に多くの成果が発表された。日本から筆者らが本プロジェクトへ本格的に参加したのはこの2期からであり，先行科研（B）「ケイパビリティ論に基づく社会系教科教員養成・研修システムの国際共同開発と成果発信」（代表：志村喬）により組織的・安定的に参画できた結果，国際査読誌掲載論文（Kim *et al.*〔金ほか〕，2020）及び海外研究者寄稿論文を含む前科研成果書籍（志村編著，2021）を代表に国内外へ成果を発信した。同時に，本国際プロジェクトにおける日本の特質が確認された。

3．ジオ・ケイパビリティ・プロジェクト第3期（2018～2022年）と日本
　　―ペダゴジー，再文脈化，社会正義への注視―

　ジオ・ケイパビリティ・プロジェクトの研究枠組（第1図）の諸要素のなかで第2期までのプロジェクトは，ケイパビリティ論とともに，ヤングの「力強い知識」論に強く依拠してきた。一方，国際共同研究成果交換の中では，従来の研究が知識側面に偏り過ぎており，教育目的達成のためには「力強い知識」を，ペダゴジー（教授論）[4] と有機的に関連付ける必要があるとの研究課題が見いだされ，それは「力強いペダゴジー（powerful pedagogy）」と呼称されるにいたったのである[5]。

　その象徴は，ジオ・ケイパビリティ特集とされた国際学術誌『地理・環境教育国際研究（*International Research in Geographical and Environmental Education: IRGEE*）』第29巻3号（2020年）に掲載されたG.ブロード論文（Bladh, 2020）が，アングロサクソン圏よりも総合的な教授・学習論であるダイダクティクスを伝統的に擁してきた中北欧のペダゴジー（教授論）を参照すべきと指摘したことである[6]。これは地理教育に限らず，「力強い知識」論の歴史教育をはじめ諸教科への適用をめざす緒論（Nordgren, 2017；Gericke *et al.*, 2018）でも指摘されており，「力強いペダゴジー」は国際共通課題になっていったのである[7]。

　このような中，同 *IRGEE* 特集号に掲載された先行科研成果論文（Kim *et al.*, 2020）は，日本の研究者が学校教師と協働して遂行した研修材開発プロセスが，他国に比べて日本に色濃い学校教師のペダゴジー的文化を背景にしており，アングロサクソン圏の知識に偏ったカリキュラムづくりとは異なる側面を内包していることを，現場教員と連携した臨床的データで示すことになった。即ち，日本の先行科研アプローチが，ブロード論文提起のダイダクティクス研究方向と軌を一にしており，英米の研究アプローチよりもペダゴジー寄りであることを発信したのである。このことは，先行科研成果書籍に

序文を寄稿したジオ・ケイパビリティ・プロジェクト主導者ランバートの次の記述からも確認できる。

> 「…このプロジェクトは，学校で質の高い有意義なカリキュラム策定責任を持つ専門家「カリキュラム・リーダー（curriculum leaders）」としての教師の考えを提案しました。これは，生徒のケイパビリティを，生徒が「力強い知識」に関与することを通して拡張するものです。そこで，すべての教師に対して問われるべき中心的な問いは次のようになります。地理の授業はどのように力強いのか？そして，どのようにすれば自身が教える地理は力強い知識となるのか？ このプロジェクトではこれらの問いを，力強い知識の「ヴィネット（vignettes）」を創ることを通して探究しました。そして，注目すべきは，本書における何人もの著者が日本の文脈でこの技法をもっているということです。」（ランバート，2021，p.iv；傍点は筆者）

　このように，知識とペダゴジーのバランスを実現する術をもつ日本の研究者・教師らの研究は，国際プロジェクトで顕在化した教科知識研究と教科指導方法研究との乖離の解消に向けたペダゴジカルな示唆・貢献が期待された。具体的には，教科の背景にある「力強い学問的知識」が授業で実際に扱われる「力強い教科知識」にどのように変換されるかという教科内容知識の再文脈化（Bernstein, 2000），並びに一般的教授法と教科固有教授法との関係（Westbury *et al.*, 2010）をめぐる国際的議論の展開に呼応した研究であり，これらの相互関連性をも包括的に無意識にせよ扱っていたこれまでの日本の研究アプローチによる成果発信が求められたのである。これに応えるべく，本科研では日本の社会科教育研究者13名で研究組織を組織し，本書寄稿の現職教員はじめ全国の社会科教育実践者や海外の研究者等と連携しながら，研究を遂行した。国内では，日本地理学会内に設置された地理教育国際共同研究グループの研究会，日本社会科教育学会の国際交流委員会と連携した国際交流セミナーが特筆される。

　以上のように本研究は日本固有の教育文化・文脈を重視したアプローチであるが，国際共同研究面ではプロジェクト第3期の趣旨を踏まえ研究成果を

学校教育次元で実装することをめざし，「社会正義のためのジオ・ケイパビリティ」をテーマとして掲げ，社会正義という価値を，プロジェクト目標として定位した。日本やアメリカの社会科のような統合型社会系カリキュラム，イギリスをはじめとした欧州でみられる地理科・歴史科といった個別型の社会系カリキュラムを問わず，社会系教科目標として価値が重視され，それぞれの社会系の教科内容に即して希求されるべきものであるとの国際共通認識がこのテーマにはある。

そこで，本書の題目は，日本の社会科教育からのプロジェクト第３期としての成果発信を意図し『社会科教育からのケイパビリティ・アプローチ―ペダゴジー，再文脈化，エージェンシー―』とした。

4．本書の構成

グローバルに学校教育を俯瞰した場合，日本の特長は，前述のようにペダゴジーも重視されており，教育実践に直接関わる教師の授業・教材開発能力が高いことであった。そして，本科研研究は，先行科研に比べその特徴を注視してきた。そこで，それら成果をとりまとめた本書は，教育実践に近い内容から理論へと展開する構成―理論から実践へと展開した前書籍の逆の構成―とし，第Ⅰ部「授業・教材開発編」，第Ⅱ部「カリキュラム開発編」，第Ⅲ部「理論考究編」と諸論考を大別し配置した。

第Ⅰ部「授業・教材開発編」は，これまでのジオ・ケイパビリティ・プロジェクト研究成果を日本の中学校授業開発・実践次元で具体的に論じた永田論文，プロジェクトで教師の力量形成を図るために開発されてきたヴィネット（研修材）を日本の教員養成や教材開発の具体的文脈で論じた秋本論文から始まる。これらはプロジェクトが先行した地理教育領域での成果であるが，続く論考は歴史教育での成果となる。二井論文は本プロジェクトの拠点であるロンドン大学カレッジ（UCL）IoE における歴史授業教材について，レリバンスとケイパビリティの視座から論じている。一方，茨木論文は，教師の

力量向上を目標とする日本の教職大学院という場での教育実践を，ケイパビリティの拡張と関連付けて説明している。これら諸章には，前書籍以降の実践レベルにおける本プロジェクトの継続・発展が示されている。

　第Ⅱ部「カリキュラム開発編」は，授業・教材開発を規定する国家レベルのカリキュラム―日本の場合は学習指導要領―の開発についてである。ここでは，2018（平成30）年の高校改訂で新設された必履修科目「地理総合」・「公共」をとりあげ，授業実践及びケイパビリ論と関連付けて考究している。「地理総合」等の開発理念・経緯とペダゴジーとの関係を論じた井田論文，研究開発中の「地理総合」授業を受けた元高校生への授業評価調査である志村論文，それら授業評価を授業者として振り返った高木論文は，国家レベルのカリキュラム開発・開発授業を受けた生徒（調査時点は大学生）の授業評価・開発授業実践者の省察という３つを連関させた横断的・通時的な研究である。続く鈴木論文は，同じ新設必履修科目「公共」について PDK に注目しながら成立過程を論じ，「地理総合」とは異なる成立経緯とそこにみられる課題を，ケイパビリティの視座からペダゴジカルに描きだしている。

　第Ⅲ部「理論考究編」は，国際研究プロジェクトである本研究活動の一環として招聘したベネカー氏（オランダ）のシンポジウム講演邦訳から始まる。続く中平論文は，イギリスでの法的ケイパビリティをめぐる論考から，法教育分野での教師の力量形成（教員養成・研修）について考究する。広瀬論文は，社会正義を正面に据えてケイパビリティと地理教育を論じ，広義の地理教育の可能性を，教育哲学の視座から論じている。このような社会正義をめぐる議論からは，ペダゴジーやカリキュラム，さらには教員養成の基底に潜んでいた，再文脈化とエージェンシーなるキーワードが顕在化してくる。そこで，本書を締めくくる伊藤論文と金論文は，国際理論研究平面でこれを論じ，この先のさらなる研究展開を展望している。

　各論考が，本研究プロジェクト全体さらには国際研究動向の中で，どのように布置され意味を持ち相互関連するかは，終章にて論じるが，読者諸氏は

先ずは関心をお持ちの部・章からお読みいただき，それぞれの立場・視座から意味づけ評価をしていただければと願っている。

注

1）「潜在能力」と邦訳されることもあるが，教育学研究界では「ケイパビリティ」と表記されることが多く，本書でも特に断りがない限り同様の表記を用いる。

2）学校教育における教科「Geography（地理）」の内容を世界的に俯瞰し確認すると，各国・地域のカリキュラム体系の違いから日本の社会系教科内で一般に認識されている「地理」に収まらない社会科・人文科から理科（自然科学）にまでまたがる広がりがあり，日本の教科「社会」全体に相当する内容がかなり多い。従って，本書で扱う「地理」「ジオ」は，そのような社会科的内容の広がりをもったものである。

3）「未来の3つのカリキュラム論」として，予測される3つのカリキュラムのシナリオを描いたヤングらの論文（Young and Muller, 2010）において，「力強い知識」を保障する目指すべきカリキュラムは「未来3型（Future 3）」と呼ばれている。

4）Pedagogy は，邦訳のみならず概念規定が困難な用語であり，それは日本だけに止まらない。例えば，アングロサクソン圏での pedagogy は，教授学習「内容」の意味合いが強い curriculum と対比されるため教授学習「方法」を一般に指すが，ドイツや北欧での pedagogy はより広い教育学的意味を有している。

5）イギリスの地理教育研究でも初等教育を主領域としてきた地理教育研究者らは，「力強い知識」論に対し「ペダゴジー」の必要性を早くから主張していた（Catling and Martin, 2011; Roberts, 2014, 2017）。

6）グローバルに教育学（カリキュラム）を比較研究している Deng（2020, 2022）は，ランバートの提唱するケイパビリティ・アプローチは，ヤングの「力強い知識」論だけではなく，陶冶を教育目標とするドイツ語圏の教育論（ダイダクティクスやペダゴジー）と親和性が高いとしている。

7）イギリスの学校教師である R. バスティンの書籍（Bustin, 2019, 2024）は，ケイパビリティ・アプローチにおける「力強いペダゴジー」の教科教育実践レベルでの最近の研究展開を示している。

文献

志村喬（2022）：パワフル・ナレッジ（powerful knowledge）論の教科教育界におけ

る受容・適用－社会系教科教育を中心事例にした書誌学的アプローチ－．上越教育大学研究紀要，41(2)，pp. 379-392.

志村喬編著（2021）：『社会科教育へのケイパビリティ・アプローチ－知識，カリキュラム，教員養成－』，風間書房．

ビースタ，G.〔藤井啓之・玉木博章訳〕（2016）：『よい教育とは何か－倫理・政治・民主主義－』，白澤社．

ビースタ，G.〔上野正道監訳〕（2020）：『教えることの再発見』，東京大学出版会．

馬上美知（2006）：ケイパビリティ・アプローチの可能性と課題－格差問題の新たな視点の検討として－．教育学研究，73，pp. 420-430.

ランバート，D.〔広瀬悠三・志村喬訳〕（2017）：地理の教室では，誰が何を考えるのか？－力強い学問的知識とカリキュラムの未来－．新地理，65(3)，pp. 1-15.

ランバート，D.（2021）：日本の社会科教育へのケイパビリティ・アプローチの導入－序：日本での刊行に寄せて－．志村喬編著『社会科教育へのケイパビリティ・アプローチ――知識，カリキュラム，教員養成』，風間書房，pp. i-vi.

Bernstein, B. (2000): *Pedagogy, Symbolic control and Identity; revised edition.* Rowman Littlefield.

Bladh, G. (2020): GeoCapabilities, *Didaktical* analysis and curriculum thinking － furthering the dialogue between *Didaktik* and curriculum. *International Research in Geographical and Environmental Education*, 29(3), pp. 206-220.

Bustin, R. (2019): *Geography Education's Potential and the Capability Approach: GeoCapabilities and Schools.* Palgrave Macmillan.

Bustin, R. (2024): *What Are We Teaching? Powerful Knowledge and a Capabilities Curriculum.* Camarthen, Wales: Crown House Publishing.

Catling, S. and Martin, F. (2011): Contesting *powerful knowledge*: the primary geography as an articulation between academic and children's (ethno-) geographies. *The Curriculum Journal*, 22(3), pp. 317-335.

Deng, Z. (2020): *Knowledge, Content, Curriculum and Didaktik: Beyond social realism.* Routledge.

Deng, Z. (2022): Powerful knowledge, educational potential and knowledge-rich curriculum: pushing the boundaries. *Journal of Curriculum Studies*, 54(5), pp. 599-617.

Gericke, N., Hudson, B., Olin-Scheller, C. and Stolare, M. (2018): Powerful knowledge, transformations and the need for empirical studies across school subjects. *Lon-*

don Review of Education, 16(3), pp. 428-444.

Kim, H., Yamamoto, R., Ito, N. and Shimura, T. (2020): Development of the GeoCapabilities project in Japan: Furthering international debate on the GeoCapabilities approach. *International Research in Geographical and Environmental Education*, 29(3), pp. 244-259.

Nordgren, K. (2017): Powerful knowledge, intercultural learning and history education. *Journal of Curriculum Studies*, 49(5), pp. 663-682.

Roberts, M. (2014): Powerful knowledge and geographical education. *The Curriculum Journal*, 25(2), pp. 187-209.

Roberts, M. (2017): Geographical education is powerful if.... : *Teaching Geography*, 42(1), pp. 6-9.

Saito, M. (2003): Amartya Sen's Capability Approach to Education: A Critical Exploration. *Journal of Philosophy of Education*, 37(1), pp. 17-33.

Walker, M. (2006): *Higher education pedagogies: A capability approach*. Open University Press.

Westbury, I., Hopmann, S. and Riquarts, K. eds. (2010): *Teaching as a Reflective Practice: The German Didaktik Tradition*. Routledge.

Young, M. (2008): *Bringing knowledge Back In*. Routledge.

Young, M. and Lambert, D. (with Roberts, C. and Roberts, M.) (2014): *Knowledge and the future schools: Curriculum and social justice*. Bloomsbury.

Young, M. and Muller, J. (2010): Three educational scenarios for the futures: lessons from the sociology of knowledge. *European Journal of Education*, 45(1), pp. 11-27.

第Ⅰ部：授業・教材開発編

第1章
力強い学問的知識に基づいた地理的探究を行う地理 ESD 授業
―中学校社会科地理的分野における地誌的学習を事例として―

永田　成文[*]

1．ESD としての地理教育の動向

　現代世界は人間活動により，良好な生活環境の存続が難しくなってきた。このため，持続可能性（sustainability）の概念から現代世界の諸課題への対応を考え，持続可能な社会づくりに向けて人々の意識や価値観や態度の変革を促すことを目標とする持続可能な開発のための教育（Education for Sustainable Development：ESD）が登場した。2015年から UNESCO 主導で「国連持続可能な開発のための教育の10年（DESD）」が世界的に推進された。地理教育に目を向けると，1992年の「地理教育国際憲章」において，地理授業は地理的理解や問題解決の地理的技能の習得とともに態度・価値形成を目指すとされ，これを踏まえた2007年の「持続可能な開発のための地理教育に関するルツェルン宣言」では，ESD を世界の地理教育に盛り込むように提唱された。

　UNESCO（2004）は，DESD の国際実施計画フレームワークとして，ESD の3領域と15重点分野を示した。これらのほとんどは，1989年に誕生した高等学校地理歴史科の選択科目「地理A」において，現代世界の諸課題として取り上げられることになった。このことは2018年告示の高等学校の現行学習指導要領において必履修科目となった「地理総合」にも継承されている。

　2017・18年告示の小・中学校社会科，高等学校地理歴史科・公民科（以降，社会系教科）の現行学習指導要領では，知識を基盤としたコンテンツから資質・能力を意識したコンピテンシーが意識され，地理教育では，ESD とし

---

[*]広島修道大学

16　第Ⅰ部：授業・教材開発編

ての地理授業（以降，地理 ESD 授業）がより推進されるようになった。

　社会系教科教育の究極目標である「公民としての資質・能力の育成」には，持続可能な社会づくりの観点から地球規模の諸課題や地域の課題を解決しようとする態度の育成が含まれている。このため，社会系教科教育に属する地理教育では，持続可能な社会の実現を目指し，学習者の行動の変革を促す地理 ESD 授業の推進が求められている。

2．SDGs と Well-being を踏まえた ESD の特質

2.1．ESD と SDGs の関係

　持続可能な開発目標（Sustainable Development Goals：SDGs）は，2015年の国連サミットの「持続可能な開発のための2030アジェンダ」で掲げられた。2030年までに全世界で解決すべき課題に対する17の目標をキャッチフレーズとイラストで端的に示しており，現代世界の諸課題を解決するために必要な行動をイメージしやすく，学校を含む社会全体で認知度が高い。ESD を SDGs の目標 4 「質の高い教育をみんなに」と狭義に捉える立場があるが，第74回の国連総会で，ESD は SDGs の17の全ての目標に寄与するものであることが確認されている。現行学習指導要領の小・中・高等学校の地理教育では，ESD として「持続可能な社会づくり」が目指されている。

　ESD の15重点分野に SDGs の17目標を対応させたものが第 1 表である。ESD の15重点分野のほとんどは SDGs と関連している。ESD と SDGs が対応しているテーマについて，SDGs を ESD の行動の変革を促すゴールとして位置づければ地理 ESD 授業を構想しやすくなる。

　ESD にのみに示されている「文化の多様性と異文化理解」は，地理 ESD 授業として文化摩擦問題に着目し，その解決策を考察・構想させたい[1]。

2.2．ESD と Well-being の関係

　経済協力開発機構（OECD）は，2015年に立ち上げた OECD「Education

第 1 表　ESD と SDGs との対応関係

ESD の 3 領域15重点分野に対応する SDGs 17目標
◆社会・文化領域④
1．人権⑩　　　　　　　　2．平和と人間の安全保障⑯
3．男女平等⑤　　　　　　4．文化の多様性と異文化理解＊
5．健康（保健衛生意識向上）③⑥
6．エイズ予防③　　　　　7．統治能力＊
◆環境領域④
8．自然資源（水，エネルギー，農業，生物多様性）⑥⑦⑭⑮
9．気候変動⑬　　　　　　10．農村構造改革①⑨
11．持続可能な都市化⑪　　12．災害防止と被害軽減⑪
◆経済領域④
13．貧困削減①②　　　　　14．企業責任と説明義務⑫
15．市場経済再考⑧⑨

（丸文字は SDGs17目標，下線＊は ESD と SDGs との対応なしを示す。
永田ほか（2023，p. 91）より再掲）

2030」とかかわり，2019年にウェルビーイング（Well-being）の11指標「仕事，所得，住居，ワークライフバランス，生活の安全，主観的幸福，健康状態，市民参加，環境の質，教育，コミュニティ」と国連のSDGsの17目標を関連づけた。その中で，「主観的幸福」については，SDGsの17目標の全てが関連すると示されている。

　Well-beingの11指標とESDの15重点分野は，「仕事」には「市場経済再考」，「所得」には「貧困削減」，「住居」には「災害防止と被害軽減」，「ワークライフバランス」には「人権」「男女平等」「健康」，「生活の安全」には「平和と人間の安全保障」，「健康状態」には「健康」「エイズ予防」，「環境の質」には「自然資源（水・エネルギー・農業・生物多様性）」「気候変動」「企業責任と説明義務」，「コミュニティ」には「農村構造改革」「持続可能な都市化」が対応すると考えられる。「教育」はESDそのものであり，「市民参加」は行動の変革を促すというESDの目標そのものである。ESDはWell-beingの「主観的幸福」にのみ十分に対応できていない。

18　第Ⅰ部：授業・教材開発編

　系統的に地理 ESD 授業を構想すれば，SDGs と Well-being の視点をほぼ
カバーできる。従来の ESD は持続可能な社会づくりが目指されており，
人々の「主観的幸福」まで十分に意識していなかった。2020年に UNESCO
が発表した「ESD for 2030」では，新しく「変容的行動」が強調された。こ
の「変容的行動」は，私たちの社会を変革し，私たちの未来を創り上げてい
くためのコンピテンシーであり，Well-being 全体につながるエージェンシー
（Agency）に対応していると考える。地理 ESD 授業では，「主観的幸福」の
視点も意識して，児童・生徒の「変容的行動」を促していきたい。

3．力強い学問的知識に基づいた地理的探究を行う地理 ESD 授業

3.1．力強い学問的知識と力強いペダゴジーの関連

　地理教育の目的や価値についての国際プロジェクトがなされている。ケイ
パビリティは A. センと M. ヌスバウムにより提唱されたもので，人間の成
長を，思考と行動の両面において自律・自由を獲得するプロセスとして捉え
る考え方である（志村，2021）。OECD「Education 2030」に象徴されるよう
に，日本や欧米各国の教育政策がコンピテンシー志向へと舵を切るのとは対
照的に，そのアンチテーゼとして，M. ヤングによる「力強い知識」論と D.
ランバートによる「ジオ・ケイパビリティズ（Geo-Capabilities）」プロジェク
トなど，知識を重視する国際的動向がある（伊藤，2021）。M. ヤングは，学
校で子どもたちに身に付けさせるべき知識を「力強い知識（powerful knowl-
edge）」と呼び，各教科で身に付けさせる知識は，関係諸科学に裏付けられ
た概念的知識として「力強い学問的知識（powerful disciplinary knowledge：
PDK）」となる（志村，2021）。

　従来のケイパビリティ論を踏まえた国際プロジェクトでは，学問的な理念
や概念から導き出される「力強い知識」の側面に偏りすぎており，教育学と
しての教授法である「力強いペダゴジー（powerful pedagogy）」と有機的に
関連づけることが課題であった。小・中・高等学校の地理 ESD 授業の核と

して位置づけられている「地理総合」の目標の柱書には，地理的な見方・考え方を働かせて，世界の大小様々な地域レベルで表出し，その持続性が脅かされている課題を自らの問題として捉え，背景を思考し，解決に向けて合理的判断を行い，行動につなげるという，未来を選択する主権者に求められる力の育成が明確に示されている（永田，2020a）。地理的な見方・考え方を働かせて，地域の課題の解決策を思考・判断する過程は「力強いペダゴジー」が意識されている。日本の地理 ESD 授業から，「力強い学問的知識」と「力強いペダゴジー」を関連づけるヒントを得ることができる。

3.2. ESD としての地理教育における地理的概念と地理的価値態度

「ジオ・ケイパビリティズ」は，地理的知識や地理的概念をもとに専門的で特有な方法で考えることができる能力を含み，概念的知識である「力強い学問的知識」が核となっている。学問的知識が豊富な専門教師が，「地理的な見方・考え方」を用いて，学習者に「力強い学問的知識」を獲得させ，持続可能性にかかわる現代世界の諸課題の解決に向けて考える授業を意図的に組織し，学習者に提供することが求められている（永田，2021）。

2016年の中央教育審議会答申では，「地理的な見方・考え方」を含めた「社会的な見方・考え方」は，課題解決的な学習において，社会的事象等の意味や意義，特色や相互の関連を考察したり，社会に見られる課題を把握して解決に向けて構想する際の「視点や方法」と示した。この視点にあたるものが，「位置や分布」，「場所」，「人間と自然環境との相互依存関係」，「空間的相互依存作用」，「地域」の5つの地理的概念である[2]。地理学の手法であるスケール，比較，関連付けなどを方法と捉えれば，地理特有の「視点や方法」とされた「地理的な見方・考え方」をイメージしやすい。視点として示された5つの地理的概念の捉え方は，中学校社会科地理的分野と高等学校地理歴史科「地理総合」とその発展としての選択科目である「地理探究」の学習指導要領解説に示されている。地理 ESD 授業では，ESD として持続可能

20　第Ⅰ部：授業・教材開発編

な社会を目指し，「力強い学問的知識」の基礎として，「地理的な見方・考え方」の視点となる５つの地理的概念に着目する必要がある。

　未来にわたり機能を失わずに継続していくという「持続可能性」の概念は，地域の人間環境システムの在り方を考えることとかかわっている。ESD の重点分野で示されている現代世界の諸課題について，「持続可能性」を基に「地理的な見方・考え方」を働かせて，課題を発見し，解決に向けて考察・構想することは学習者の地理的価値態度の育成につながる。地理 ESD 授業として，地理的事象を考察・構想する際に必要となる「力強い学問的知識」としての５つの地理的概念と「持続可能性」の概念を踏まえて地理的価値態度を育成したい。

3.3.　「持続可能性」と地理的概念を位置づけた ESD としての地理的探究

　現行学習指導要領で示されている「地理的な見方・考え方を働かせる」の「働かせる」には地理的な見方・考え方を用いた学習過程が意図されている。しかし，地理 ESD 授業として，持続可能な社会づくりに向け，社会・経済・環境と様々な地域に表出する問題とのバランスをとりながら将来を考える「持続可能性」の概念を基に，地理特有のアプローチから諸課題を探究していくための詳細が十分に示されていない（永田，2020b）。

　持続可能な社会づくりに向けた地理的価値態度の育成のために，世界の大小様々な地域レベルで表出している諸課題の解決に向け，学習者の行動の変革を促す地理 ESD 授業の開発が求められている。第２表は，地理 ESD 授業を想定し，「地理的な見方・考え方」を働かせるため，「持続可能性」と地理的概念を位置づけた地理認識過程で思考し，社会参加過程で判断するという地理的探究について，問いと関連づけて示したものである。

　具体的には，「どこにどのような課題が広がっているのか」という地理的事象として問題発見し，主に５つの地理的概念から，「なぜそこにそのような課題が表出しているのか」という原因究明や「どのような影響があり，ど

第1章　力強い学問的知識に基づいた地理的探究を行う地理ESD授業　　21

第2表　持続可能性と地理的概念を位置づけた思考・判断による地理的探究

過　程		問いと主に対応する地理的概念	活　動	探　究
力強いペダゴジー	［社会認識］　　力強い学問的知識	○持続性が脅かされているどのような課題がどこにみられるのか　　「位置や分布」「持続可能性」	問題発見	事象
		○このような課題がなぜこの地域にみられるのか　「場所」「人間と自然環境との相互依存関係」	原因究明	思考（考察）
		○どのように変化し，どのような影響があるか　　　　「場所」「人間と自然環境との相互依存関係」○他地域とどのような関係があるのか　　　　　　　　　　　　　　「空間的相互依存作用」	現状分析	
	［社会参加］　　地理的価値態度	○持続可能な未来を見据えて問題解決に向けてこうなるのはよいか　　　　　「地域」「持続可能性」	価値判断	判断（構想）
		○持続可能な未来を見据えて問題解決に向けてどうしたらよいか　　　　　「地域」「持続可能性」	意思決定	
		○持続可能な未来を見据えて問題解決に向けてどう変えていくべきか　　　　「地域」「持続可能性」	社会形成	

（永田（2021，p.128）を基に地理的な見方・考え方を働かせた地理的探究を意識して作成）

のように変化してきたのか」という現状分析の活動からなる地理認識のプロセスと，主に「持続可能性」から，「未来を見据えた解決に向けてこうなるのはよいか，どうしたらよいか，どう変えるべきか」という価値判断，意思決定，社会形成の活動である社会参加のプロセスから構成する。

　地理ESD授業は，「持続可能性」と「力強い学問的知識」の基礎として５つの地理的概念を位置づけ，「地理的な見方・考え方」を働かせて，地理的事象として見いだした課題に対して，その要因を思考し，解決に向けた判断を行う地理的探究の学習プロセスを組織する。これが「力強いペダゴジー」とかかわり，主に社会認識過程で概念的知識である「力強い学問的知識」を形成し，主に社会参加過程で持続可能な社会づくりに向けた地理的価値態度を育成することになる。

4．中学校社会科地理的分野の地誌的学習を事例とした地理 ESD 授業

4.1．持続可能な地域づくりを考える地誌的学習

　2017・18年の現行の小・中・高等学校の学習指導要領において，地誌的学習は小学校社会科，中学校社会科地理的分野，高等学校地理歴史科「地理探究」に位置づけられている。地誌的学習は，地域を構成する要素を網羅的に取り上げる静態地誌的学習と，地域を構成する要素の中で「有力なもの」「重要なもの」「変化」などを柱として取り上げる動態地誌的学習に大きく分類される。静態地誌的学習は，特定の要素を決まった順番で取り上げてきたため，暗記型の地名物産の地理として批判されてきた。このため，地理学の要素が強くなる中・高等学校の学習指導要領では，特定の要素を弾力的に取り上げたり，特色のある要素に着目する動態地誌的学習の側面が強調されるようになった（永田，2024）。

　中学校社会科地理的分野は地誌的学習が主な内容となっている。地誌的学習は地域的特色を明らかにするという地理認識の形成が主目的である。現行学習指導要領の中学校社会科地理的分野では，大項目「C 日本の様々な地域」の中項目「（3）日本の諸地域」は，日本を幾つかの地域に区分し，中核となる事象に着目する地誌的学習を行うようになっている。中核となる事象は，①自然環境，②人口や都市・村落，③産業，④交通や通信，⑤その他と示されており，これらの中核となる事象を他の事象と有機的に関連付けて多面的・多角的に考察し，「空間的相互依存作用」や「地域」などに着目して，地域の特色や課題を捉えるようになっている。中学校の教科書では日本を 7 地域に区分し，各地域で，①〜⑤から中核となる事象を選び，他の事象と関連づけて地域の特色と課題を捉えるまでに留まっている。

　山口（2011）は，地誌的学習の課題として，部分地域の特色の把握とともに，全体地域の地誌的・空間的パターンを捉えることを示した。草原（2017）は，現行学習指導要領の活動例を分析・説明し，「世界や日本の諸地域」は，

第1章　力強い学問的知識に基づいた地理的探究を行う地理 ESD 授業　　23

特色の考察に加えて，地域の課題に対する「構想」も射程に入るとした。持
続可能な地域づくりを考える地誌的学習として，部分地域から全体地域を捉
え，地域の課題の解決に向けた生徒の考察・構想が求められる。

4.2. 持続可能な地域づくりに向けた電力の安定供給の地理的探究

　文部科学省（2018）は，中項目「（3）日本の諸地域」の「③産業を中核
とした考察の仕方」で，「産業が地域の自然環境や交通・通信などと深い関
係をもっていることや，産業の振興と環境保全の両立などの持続可能な社会
づくりが地域の課題となることなどについて考察することが考えられる」と，
産業を通して持続可能な地域づくりを考える地誌的学習を行うことを示して
いる。また，中項目「（2）日本の地域的特色と地域区分」では，「③資源・
エネルギーと産業」が取り上げる項目として示されている。本稿では，中項
目「（3）日本の諸地域」の地誌的学習として，「③資源・エネルギーと産
業」を踏まえた「③産業を中核とした考察の仕方」における地理 ESD 授業
の例を紹介したい。

　中項目「（3）日本の諸地域」の「③産業を中核とした考察の仕方」では，
「空間的相互依存作用」や「地域」などに着目して，主題を設けて課題を追
究したり解決したりする活動が求められている。「空間的相互依存作用」と
かかわり，その地域は他の地域とどのような関係をもっているのか，「地域」
とかかわり，その地域はどのような特色があり，どのように変化しているの
かに着目する。

　日常生活において，生徒は電気を使用しており，エネルギーとして電気に
着目すれば，生徒は自分事として考えやすい。持続可能な地域づくりに向け
て，産業を中核事象として取り上げて地域の特色や課題を考察し，地域の課
題を解決するような地域の在り方を構想していく地誌的学習となるために，
地域産業を持続させることにつながる「エネルギーの安定供給」に着目する。

　「エネルギーの安定供給」には，「エネルギーセキュリティの確保」，「供給

24 第Ⅰ部：授業・教材開発編

基盤の整備」，「社会的な受容」，「経済的な供給」が必要である（内山，2009）。産業を中核事象として設定した地誌的学習では，4つの個々の観点から考察・構想していくのではなく，地域的特色を捉えた上で，地域の持続可能性について，「エネルギーの安定供給」の重要性から考察・構想していく。産業を中核とした日本の諸地域の地誌的学習として，設定した地域において，外国とのつながりによる電力の安定供給も踏まえながら，産業の発展のために地域内でエネルギーを安定的に供給する視点から，結びつきや対応として発電や送電に着目した電力の安定供給を考える。

　永田（2017a）は，社会とのかかわりを意識した社会系教科の学習プロセスとして，課題把握過程で社会的事象等の追究の見通しを持ち，課題追究過程で「社会的な見方・考え方」を用いて，社会的事象等の意味や意義，特色や相互の関連を考察する事実判断とともに，社会に見られる課題の解決に向けて構想する価値判断・意思決定を行い，考察したことや構想したことを説明したり，議論したりし，課題解決過程で考察や構想の結果をまとめることを示した。この学習プロセスを参考に，「社会的事象の地理的な見方・考え方」を働かせた考察・構想が可能になる地誌的学習のプロセスを考えていく。

　電力の安定供給を考える地誌的学習のプロセスとして，社会科エネルギー教育の記述→説明→判断というエネルギーの持続的利用の意思決定の過程を参考にする（永田，2017b）。第1段階は，記述の活動として，自然環境，産業，電力を地理的事象として取り上げ，地域の電力使用と産業とのかかわりを捉える。第2段階は，説明の活動として，産業と電力から地域の電力の安定供給の対策と課題を考察する。第3段階は，判断の活動として，未来の電力を見据えて地域の電力の安定供給の実現を構想する。

　ESDとしての地理的探究について，「地理的な見方・考え方」を働かせ，電力の安定供給を考える地誌的学習のプロセスを示したものが第3表である。

第1章　力強い学問的知識に基づいた地理的探究を行う地理 ESD 授業　25

第3表　電力の安定供給を考える地誌的学習のプロセス

段階と活動			地理的概念と中核事象		電力の安定供給を考える主な「問い」
第1段階	記述 ［地理認識］	事象	「位置や分布」	自然環境 産業 電力	○「地域は環境条件からどのように区分されるだろう」 ○「地域には，どこにどのような産業があるのだろう」 ○「地域には，どこにどのような発電所があるのだろう」
			「場所」		○「地域の産業と電力はどのような特徴があるのだろう」 ○「地域の電源構成はどのような特徴があるのだろう」
第2段階	説明 ［地理認識］	考察	「人間と自然環境との相互依存関係」	産業 電力	○「地域の産業に必要な電力をまかなっているだろうか」 ○「地域の環境条件に合わせた発電の工夫はあるだろうか」
			「空間的相互依存作用」		○「地域で電力をどのように安定供給しているか」 ○「地域は電力について他地域とどのような関係にあるか」
			「地域」		○「地域は産業や電力の需給でどのような特色があるか」 ○「地域の変化から電力の安定供給にどのような課題があるか」
第3段階	判断 ［社会参加］	構想	「地域」 「持続可能性」	電力	○「地域を持続可能にする未来の発電方式はなにか」 ○「地域を持続可能にする未来の発電方式は可能か」

（永田（2017a, p.108）を参考に電力の安定供給を考える地誌的学習を意識して作成）

4.3. 電力の安定供給を考える ESD としての地誌的学習

4.3.1. 中部地方の自然環境と電力供給

　本稿では，中学校社会科地理的分野の中項目「（3）日本の諸地域」の「③産業を中核とした考察の仕方」の事例地域として，全体地域が曖昧で部分地域で考察される傾向が強い中部地方を取り上げる。

中部地方は電力の使用により日本の工業生産の中心となった。中部地方の東海地方に位置する中京工業地帯は，立地条件や他地域とのつながりとともに，自然環境をいかした安定した電力供給によって発展してきた[3]。東海地方ばかりでなく北陸地方や中央高地でも環境条件をいかした産業が営まれている。

中部地方では恵まれた自然環境から多様な電源を活用できるものの，一般に自然エネルギーによる電力供給にはその安定性の面から立地等でも様々な制約がある。中部地方は日本全体と同様に，電源構成は昼夜を問わず比較的に安価で安定して発電ができる火力発電が主となっている（第1図）。政府からエネルギー需給の逼迫する夏季及び冬季に節電の要請がなされ，中部地方においてもエネルギーの持続可能性について考察・構想する必要がある。

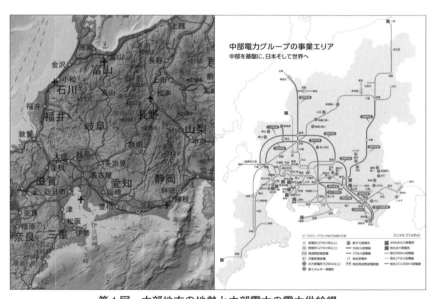

第1図　中部地方の地勢と中部電力の電力供給網
（地理院地図より作成（左）と中部電力HPより（右））

第1章　力強い学問的知識に基づいた地理的探究を行う地理 ESD 授業　　27

4.3.2. 単元「エネルギーの安定供給から中部地方の特色と課題を考える」

「③産業を中核とした考察の仕方」の持続可能な地域づくりを考える地誌的学習として，単元「エネルギーの安定供給から中部地方の特色と課題を考える」を開発し，授業を実践した[4]。単元目標は次のように設定した。

○中部地方におけるエネルギーの創出と供給・使用をもとに自然条件や社会条件に着目し，中部地方の地域的特色を理解する。【知識及び技能】
○中部地方とエネルギーとのかかわりについて，地形図や電力需給，新聞記事などの各種資料をもとに，地域の特色を説明できる。【知識及び技能】
○中部地方の特色ある地形によって多様な手段で生み出される電力の供給について，その共通点や差異に着目し，エネルギーの安定供給と産業とのかかわりを考え，表現する。【思考力，判断力，表現力等】
○中部地方とそこから生み出されるエネルギーについて関心もち，人々の生活を支えるエネルギーの創出・供給・使用にかかわる諸問題を主体的に解決しようとする。【主体的に学習に取り組む態度】

　指導計画は，第1次（第1段階）で中部地方の電力使用と産業とのかかわり，第2次（第2段階）で中部地方の電力の安定供給と対策，第3次（第3段階）で中部地方の電力の安定供給の実現の8時間で構成した（第4表）。

第4表　「エネルギーの安定供給から中部地方の特色と課題を考える」の構成

第1次（第1段階）：中部地方の電力使用と産業とのかかわり（3時間）	
（1）中部地方の環境条件とエネルギーとのかかわり（1時間）	中部地方の東海地方と中央高地と北陸地方という地域区分を意識して，自然環境と関連づけて，主な発電所の分布や電源構成を調べさせる。中部地方（三重県含む）の主な発電所の所在を確認して地図上に記録し，東海地方・中央高地・北陸地方の発電方法の違いを予想させる。特に自然環境に着目させ，地域の発電所の分布，中部地方は3つの地域に区分されることを確認し，発電方法の違いを読み取らせる。
（2）中部地方の工業とエネルギーとのかかわり（1時間）	工業の電力使用やその問題を調べさせる。工業で電力を必要とするものを予想させ，工場での電力使用の背景を考えさせる。電力を必要とする設備を例示させ，電力の供給先を読み取らせることで工場での電力使用の実態を捉えさせるとともに，中部電力管内の電力供給の実態を捉えさせる。

28　第Ⅰ部：授業・教材開発編

（3）中部地方の農業・漁業とエネルギーとのかかわり（1時間）	農業・漁業の電力使用やその問題を調べさせる。農業・漁業で電力を必要とするものを予想させ，新聞記事から消費者・生産者の立場からエネルギーの使用の実態を事実に基づいて読み取らせ，農業・漁業におけるエネルギーにかかわる問題を確認させる。

第2次（第2段階）：中部地方の電力の安定供給と対策（3時間）

（4）中部地方のこれからのエネルギー使用に備えて（1時間）	節電要請を踏まえて中部地方の電力の地産地消は可能であるかを検討させる。節電要請の理由を予想し，電力需給の状態を読み取り確認させる。エネルギーの地産地消が可能かどうか，エネルギー供給の課題から節電要請の必要性を予測させ，電力需給の状況を正確に読み取らせる。
（5）中部地方の再生可能エネルギー導入の事例と課題（1時間）	中部地方の再生可能エネルギー導入の実例を踏まえ，課題を検討させる。新聞記事から，再生可能エネルギーの運用事例とその課題を把握させ，再生可能エネルギーが抱える課題を明らかにさせる。新聞記事を活用し，成功する事例と類似のものでも課題の残る事例があること理由を考えさせ，太陽光・風力発電の事例から再生可能エネルギーの抱える課題を再確認させる。運用中の事例と検討中または計画に反対意見が出ている計画の差異を読み取らせ，住民の理解を得られているか，アセスメントの有無に考えが及ぶようにする。
（6）中部地方とエネルギーの課題（1時間）	中部地方の電力の新聞記事から中部地方の電力供給問題の要因や生活への影響を検討させる。3つの地域を意識して，中部地方でのエネルギーに関連する記事に着目させ，中部地方がエネルギー供給において求められる役割と地域の課題に目を向けさせる。

第3次（第3段階）：中部地方の電力の安定供給の実現（2時間）

（7）中部地方の環境条件を生かしたエネルギー供給（1時間）	現在のベースロード電源である火力発電を太陽光発電に置き換えることは可能であるかを検討させる。太陽光発電や火力発電に関わるニュースを紹介する中で，出力制御の記事から電力の安定供給の困難さや高度な制御が必要であることを捉えさせ，電力の同時同量の原則を確認する。再エネの中でも比率の高い太陽光エネルギー，電力供給で高い比率を保つ火力発電に着目させ，それぞれに適した条件を把握させる。名古屋市内（臨港部）に新造された西名古屋火力発電所は高効率のもので，世界一の性能であったことをつかませ，日本の火力発電の効率は高い水準であることを確認させる。
（8）中部地方の環境条件に着目した発電方式の転換（1時間）	1つの火力発電所分を太陽光発電に置き換えたならばどこに立地させればよいかを検討させる。地図上に西名古屋火力発電所の代替となる増やしたい太陽光発電の場所を示し，火力発電所を太陽光発電に代替した場合の電力の安定供給に向けた解決策を提案させる。太陽光発電の設置場所については中部地方の自然環境をもとに提案させる。各

第1章　力強い学問的知識に基づいた地理的探究を行う地理ESD授業　29

| | グループで考察した内容をグループごとに発表し，提案事項を共有させる。 本時までで得られた知識や考え方を活用するパフォーマンス課題「中部地方の2050年の電源構成を考え，その根拠となる新聞記事をみつけよう」を授業の最後に宿題として提示する。蓄電池の性能が飛躍的に向上し，家庭での充放電が自在にできるようになった2050年の中部地方の地理的条件を踏まえた電源構成を考えることを意図している。 |

（波線は力強い学問的知識形成，二重線は価値態度育成にかかわる活動。小林の実践記録より作成）

4.3.3.　単元の授業分析

　単元計画に基づいて授業分析を行った[5]。太字は力強い学問的知識の形成や地理的価値態度の育成にかかわる部分である。

　第1段階では，生徒が中部地方の電力使用と産業とのかかわりについて，電力使用の現状と産業にかかわる問題を捉えることを目標とした。第1時では，日本の電力供給の諸外国との比較，電気エネルギーの発電方法，**中部地方の電源構成を確認させる**ことができた。その中で，概ね**東海では火力・原子力，中央高地では水力・太陽光，北陸では水力・火力・原子力が目立つことに気づかせる**ことができた。第2時では，**新聞記事を用い，工場では電力**が使われる機器や，照明や空調設備，生産ラインに必要な加工機やロボットなど，電力で稼働させる機器が多く，**多くの電力供給が必要であることをイメージさせる**ことができた。また，中部電力の電力供給の様子を読み取らせ，**中部地方では特に自動車生産などの製造業で電力を使用することを予測させる**ことができた。第3時では，農業で使用するエネルギーについてイメージさせた後，地域によって得意とする農業の特徴を読み取らせたり，調べさせ，その上で新聞記事から電照菊について読み取らせた。農林水産業で実際にエネルギーが使われている場面を具体的に調べる場面では，**農業・漁業の両面からエネルギー使用の様子を具体化させる**ことができた。第1段階で，生徒は**自然環境，電力，産業の関連をイメージ**できた。

　第2段階では，生徒が中部地方の電力の安定供給を見据えた対策や課題を

考察することを目標とした。第4時では，節電要請を踏まえて中部地方の電力の地産地消は可能であるかを検討させた。節電要請が繰り返されることと，自動車業界で急速に進む EV シフト，近隣地域での地熱発電の事例を取り上げて考察させた。自動車産業とエネルギーの関わりと今後の電源構成について持続可能な方法を探るきっかけづくりができ，**既存の電源構成のみではいずれ訪れる未来で立ち行かないことを確認させる**ことができた。**地産地消の事例として挙げた地熱発電について，メリット・デメリットを考察させ，地域レベルで地域の特徴に合わせた発電方法もあることを確認させる**ことができた。第5時は，中部地方の再生可能エネルギー導入の実例を踏まえ，課題を検討させた。**再生可能エネルギーの課題を認識させる**ことができた。再生可能エネルギーの成功事例と課題の残る事例の差異に目を向けさせ，前者と後者の取り組みはどのように違うのか予想させ，新聞や Web から読み取らせることができた。また，**アセスメントの必要性・安全性・住民の理解の観点から太陽光発電・風力発電についてまとめさせた。アセスメントの実施については，すでに建設しているから実施されているという意見や，充分実施していないから反対意見が出るなど，意見が割れた。**これは，安全性への評価や，住民の合意といった部分でも同様の意見の食い違いが起こっていた。第6時は，中部地方の電力の新聞記事から中部地方の**電力供給問題の要因や生活への影響を検討させた。**自分自身が選んだ記事のほかにグループの生徒の記事を紹介してもらったことで，記事の内容，まとめ方，伝え方を学習させることができた。第2段階で，生徒は**中部地方のエネルギーに関わる記事から，社会条件や自然条件など地域の特色を理解し，地域の実情や抱える問題，今後の電力供給が生活に及ぼす影響を考察し，表現することができた。**

　第3段階では，中部地方の持続可能な地域づくりに向けた電力の安定供給を実現するために未来の電力の安定供給の実現を主題に据えて，生徒が未来の電力を判断することを目標とした。第7時では，**新聞から既存の火力発電と太陽光発電とのかかわりを挙げさせ，電力の同時同量の原則を踏まえた中**

部地方の持続可能な地域づくりに向けた電力の安定供給の実現について考察させた。第8時では，1つの火力発電所分を太陽光発電に置き換えた場合について考察させた。4つのグループとも自然条件とのかかわりを意識して考えており，前時までに学習していた太陽光発電に適した土地を探して提案させた。「太陽光発電にふさわしい地理的条件とは」について再度確認を行い，生徒は「平地」「太陽をさえぎらない」「日射量が多いところ」など，それぞれ当を得た回答ができた。その上で，「**西名古屋火力発電所（38ha, 247万 kW）に代替する分の太陽光発電所（シール1つで5万 kW）を提案しよう**」という指示を行った。生徒から，「敢えてジオパークに設置するという案」「学校の敷地全部に置けばいいという案」など，現在利用されている土地や保護されている土地について希少性・有用性があると考えることもあった。4つのそれぞれのグループは，地理院地図電子国土 web で土地利用を調べながら作業を行い，シールを白地図に貼り始めると規定の数を超えるほど貼っていた（第2図）。これらの活動は地理的価値態度につながる。

パフォーマンス課題については，「地理的条件からエネルギーの安定供給を考察できているか」「エネルギーの安定供給の視点から地域の将来を構想できているか」についてすべて満たした記述はみられなかった。**中部地方の**

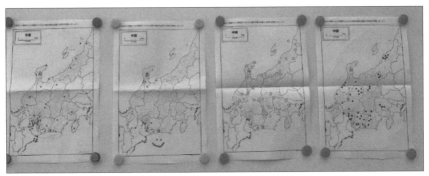

第2図　各グループの中部地方における太陽光発電の設置場所の提案
（太陽光発電を設置するところに印（○シール）をつけている。左から1班～4班）

地理的条件や自然条件，各発電方法の特徴やメリット・デメリット，中部地方の将来像について，それぞれ点での捉え方は育ってきたが，複数の要素を組み合わせて論理的に記述することまで到達できない生徒が多かった。第3段階で，生徒は新聞記事やその他の資料の読み取り，話し合いを経て，G7首脳宣言に象徴される脱炭素の潮流を認識する一方で，地域の必要に応じて電力を安定供給するには，再生可能エネルギーにもまた限界や課題があることに気づいた。その解決の困難性から，中部地方や日本の安定したエネルギー供給の必要性を地域の特色などと結びつけて考えることができた。

5．地理的な見方・考え方を働かせた地理的探究を行う地理 ESD 授業の意義

産業を中核とした持続可能な地域づくりを考える地誌的学習において，生徒は電力の安定供給の視点から未来の中部地方の考察・構想できたが，その他の事象と関連づけて考察することが不十分であった。また，中部地方の東海，中央高地，北陸の3つの地域について，自然環境や発電所の立地や産業の特色から共通点と相違点を考察することができたが，望ましい未来の電力の構想の場面では，3つの地域をあまり意識することなく中部地方全体を対象として構想していた。また，電力の環境条件を考える際に自然環境からの考察に偏った。この点では「力強い学問的知識」の形成が不十分となった。しかし，社会認識過程で新聞記事を活用することで，中部地方の全体や部分地域である東海，中央高地，北陸で，どのような電力の政策がとられているのかという客観的な情報から電力の安定供給の様子を捉えることができた。

事前事後アンケート調査により[6]，「中部地方の安定したエネルギー供給の課題を知っている」「中部地方の安定したエネルギー供給の課題を解決する活動に参加したい」の意識が上昇することがわかった。地理的な見方・考え方を働かせた地理的探究を行う地理 ESD 授業を目指した本実践により，生徒は「中部地方は地理的環境を生かした火力発電を中心とした電力の安定

供給を行うことで東海を中心に北陸，中央高地でも産業が盛んであるが，持続可能な地域づくりに必要となる再生可能エネルギーの導入にも限界や課題がある」という概念的知識を意識することができた。また，5つの地理的概念を活用して中部地方の地理認識を深めた上で，社会参加として「持続可能性」から中部地方の持続可能な電力の安定供給を構想することで，地理的価値態度の育成につながった。「力強いペダゴジー」に基づいて，不完全ながら「力強い学問的知識」の形成と地理的価値態度を育成することができた。

　今後，Well-being の「主観的幸福」の視点も意識して，「変容的行動」を促すことができるような地理 ESD 授業を提案していきたい。

注

1）SDGs の17目標は，ESD の統治能力にも対応していないが，これは主に公民教育において取り上げられるテーマである。

2）1992年の「地理教育国際憲章」で地理学研究の5つの中心的概念として示された。

3）工業出荷額では京浜工業地帯・阪神工業地帯を抑え全国1位の出荷額を誇り，特に自動車関連産業による恩恵が大きい。

4）日本社会科教育学会第73回研究大会において，永田成文（広島修道大学）と萩原浩司（皇學館大学）と小林宗央（津田学園中学校）が，「エネルギーの安定供給の視点から地域の特色と課題を考える中学校社会科地理授業―中項目『日本の諸地域』における中部地方を事例として―」の題目で発表した。開発した単元を，小林が桑名市の本務校で2023年3月～8月に第1学年と第2学年にまたがり実施した。対象クラスの生徒は14人で，4つの班がある。

5）8時間目が2時間かかり全9時間となった。小林の分析に永田が加筆修正した。

6）授業を実践した小林が単元の授業実践の前後で対象生徒にアンケート調査を実施した。

文献

伊藤直之（2021）：社会正義に向けたジオ・ケイパビリティズ・プロジェクト第3段階．志村喬編『社会科教育へのケイパビリティ・アプローチ―知識，カリキュラム，教員養成―』，風間書房，pp. 23-40.

34　第Ⅰ部：授業・教材開発編

内山洋司（2009）：エネルギー問題から見た持続可能な社会．エネルギー環境教育研究，4（1），pp. 3-7.

草原和博（2017）：地理―地理主義の強化に対して主権者教育を実現する―．『社会科教育』編集部編『平成29年版学習指導要領改訂のポイント　小学校・中学校社会（『社会科教育』PLUS）』，明治図書，pp. 30-33.

志村喬（2021）：国際共同研究プロジェクト「ジオ・ケイパビリティズ」の展開と日本．志村喬編『社会科教育へのケイパビリティ・アプローチ―知識，カリキュラム，教員養成―』，風間書房，pp. 1-20.

永田成文（2017a）：「地理的な見方・考え方」を働かせた地理の学習．井田仁康・中尾敏朗・橋本康弘編『授業が変わる！　新しい中学社会のポイント』，日本文教出版，pp. 106-109.

永田成文（2017b）：持続可能な社会を考えるエネルギー教育．永田成文・山根栄次編『持続可能な社会を考えるエネルギーの授業づくり』，三重大学出版会，pp. 7-16.

永田成文（2020a）：「地理総合」の学習指導・評価．社会認識教育学会編『中学校社会科教育・高等学校地理歴史科教育』，学術図書，pp. 95-108.

永田成文（2020b）：持続可能性に基づいた ESD としての地理的探究による中等地理授業―オーストラリア NSW 州の環境単元を手がかりに―．社会系教科教育学研究，32，pp. 1-10.

永田成文（2021）：ヴィネットを活用した思考・判断による社会科 ESD 授業―地理教育と歴史教育と公民教育の連携を通して―．志村喬編『社会科教育へのケイパビリティ・アプローチ―知識，カリキュラム，教員養成―』，風間書房，pp. 121-139.

永田成文（2024）：小中高一貫地理カリキュラムを見据えた ESD としての地誌学習の構想―現代世界の諸課題に着目して―．新地理，72（2），pp. 147-154.

永田成文・阪上弘彬・今野良祐・齋藤亮次（2023）：SDGs を活用した地理教育における ESD 授業―小・中・高一貫カリキュラムのアイディア―．地理，68（10），pp. 90-95.

文部科学省（2018）：『中学校学習指導要領（平成29年告示）解説　社会編』，東洋館出版社，237p.

山口幸男（2011）：地誌学習における動態地誌的学習の理論．山口幸男編『動態地誌的方法によるニュー中学地理授業の展開』，明治図書，pp. 11-21.

UNESCO（2004）: *United Nations Decade of Education for Sustainable Development (2005-2014): Draft International Implementation Scheme.* UNESCO.

第2章
ジオ・ケイパビリティ・プロジェクト第3段階の教材開発
―食料問題に関するヴィネットをもとに―

秋本　弘章[*]

1．はじめに

　平成29・30年（2017・2018年）版の学習指導要領では，知識・技能習得型の学習から修得した知識・技能をどう使うかといったコンピテンシー重視の学習への転換が強く求められている。またこれを実現するための学習方法としていわゆるアクティブラーニングが採用されることとなった。

　コンピテンシー重視の学習観への変化は，日本だけのものではない。アメリカ合衆国において，従来型の教養を重視した職員採用試験において，高得点を取ったものが，採用後必ずしも優れたパフォーマンスを示していないということから，提起されたものである（白井，2020）。こうした経緯から，コンピテンシー重視の学習は，現代資本主義社会において必要とされる能力，すなわち仕事と直結した知識や技能が重視される方向にある。そのため，資格試験等と結びつきやすく，批判的思考力の育成に課題があるという（ジュセフ，2021）。

　一方，A. センとM. ヌスバウムによって提唱されたケイパビリティ・アプローチは社会正義の考えに基づいた人間開発の視点から，人が自身にとってより価値のある人生を歩むことを自由に選べるような最低限の尊厳を重要視しており，コンピテンシー重視に代わるより公平な教育的アプローチであると考えられている（志村，2021）。また，ケイパビリティ・アプローチでは，よりよい判断や選択肢を得るためには専門的な知識を基盤とする思考が究極

---

[*] 獨協大学

36   第Ⅰ部：授業・教材開発編

的な人間の自由につながるとしており，教科の専門性を重視している。

　日本における教育改革は，こうした欧米での教育改革の動きを反映している。コンピテンシー重視の具体的方向性として，育成するべき目標を「思考力，判断力，表現力」というアウトカム形式で示している。一方で，学習方法において「主体的・対話的・深い学び」を重視する。この中で，「深い学び」とは，教科・科目の本質にもとづいた「見方・考え方」と明示されている。つまり，「教科」＝「学問」を教育の中心を置いており，これはコンピテンシー重視の学習よりケイパビリティ・アプローチと親和性が高い。

　いずれにしても，こうした教育観の変化によって教員に求められる資質も変わることになる。すなわち，教員は学習者に教科に関する知識や技能をわかりやすく伝達することだけでなく，教科の本質的な知識や技能を使って現実社会の諸課題にどう対峙するのか学習者とともに考えていく資質が必要となる。

2．日本の地理教員養成の課題

　日本における中学校及び高等学校教員養成は，課程認定を受けた大学学部で行われており，「教職に関する科目」および「教科に関する専門科目」，その両者をつなぐ科目としての「教科教育法」を習得することになっている。

　「教科に関する科目」に関しては，高等学校教諭一種免許状の「地理歴史」であれば，「日本史」，「外国史」，「人文地理学及び自然地理学」，「地誌」，の４領域から，「公民」であれば，「法律学（国際法を含む。），政治学（国際政治を含む。）」，「社会学，経済学（国際経済を含む。）」，「哲学，倫理学，宗教学，心理学」といった３領域から「それぞれ一単位以上計二十単位を修得」しなければならない。また，中学校教諭一種免許状の「社会」であれば，「日本史及び外国史」，「地理学（地誌を含む。）」，「法律学，政治学」，「社会学，経済学」，「哲学，倫理学，宗教学」といった５領域から，やはり「それぞれ一単位以上計二十単位を修得」しなければならないとされている。

これらの科目は，教育職員免許法施行規則第4条および第5条では，「一般的包括的な内容を含むものでなければならない」とされている。しかし，「一般的包括的な内容」に関わる科目の修得のみで学習指導要領の指摘する「深い学び」に対応することは難しい。「深い学び」とは学問分野の本質に基づいた「学び」であり，これらは専門的，あるいは学術的な研究によって培われるものだからである。教員免許状が学部・学科を単位として認定されているは，「一般的包括的な内容を含む」という科目以外の専門科目が設置されており，これらを履修することにより「本質的な学び」が担保されるからであると考えられる。しかしながら，社会のような広領域科目の場合，すべての領域でこのような学びをすることには無理がある。例えば，筆者の勤務する大学の経済学科では，社会，および地理歴史・公民の課程認定を受けている。「社会学・経済学」に関しては十分な科目数が設置されているが，「法律学・政治学」等について必ずしも十分でなく，「哲学・倫理学・宗教学」に至っては他学部履修で対応している。「日本史及び外国史」に関して言えば日本経済史，外国経済史，「地理学（地誌を含む）」に関しては経済地理学，経済地誌などの科目が設置されており必要条件を満たしているものの，必ずしも十分であるとはいえない。

　こうした状況から，「教科教育法」においては，「一般的包括的な内容」の科目の履修を前提として，中学校，高等学校における「深い学び」に対応できる力を育成することが求められている。すなわち単なる教育技術を教授するものではなく，学問の本質を理解させるとともに，教科の「見方・考え方」に基づく教材開発力を育成するものでなければならない。

　地理的な見方・考え方とは，地理学の本質に基づいた追究方法であり，学習指導要領では，「位置や分布，場所，人間と自然環境との相互依存関係，空間的相互依存作用，地域など」と明示されている。

　地理学の本質に根ざした学びという点では，「ジオ・ケイパビリティ」の考え方と共通性がある。「ジオ・ケイパビリティ」の考え方は，ランバート

らによって具体的に示され，日本においては志村ら（2017）によって紹介された。世界の二酸化炭素排出量の国別排出量のグラフが提示され，このグラフから中国やアメリカ合衆国が世界有数の排出国であり，そこでの対応が急務であるというのは事実である。しかし，それは表面的な理解に基づく結論である。イギリスでは京都議定書を受け入れたことで二酸化炭素の排出量を減少させてきたが，その背後でどのようなことがおこっているかを考察することが重要であることを指摘する。具体的には国内資源である石炭から輸入資源である天然ガスへの変化，工場の海外移転とそれに伴う地域格差の拡大などをあげた。表面的事象の背後にある「地理」についての考察が重要であることを示した。その後，志村らが中心になって展開されたジオ・ケイパビリティ・プロジェクトでは，教員の研修材としてヴィネットの作成が行われてきた。ヴィネットを学ぶことで，地理教育で対応すべき方法を身につけることが可能となる。

　ロンドン大学の D. ランバートらによって進められてきたジオ・ケイパビリティ・プロジェクトは，第1段階の「理論的枠組みの構築」，第2段階の「カリキュラムリーダーとしての教師」を経て，第3段階「社会正義のためのジオ・ケイパビリティの実践」と進んできている。彼らは第3段階の具体的な教材として「移民」を取り上げ，実証的研究を進めてきている。

　本稿では，第3段階に対応するヴィネットすなわち教員研修材として，センの『貧困と飢饉』を参考にして，地球的課題としての食料問題についてのヴィネットを提示するとともに，その授業での活用―ペダゴジー―にも触れることで，地理的な見方・考え方による社会問題の「深い学び」を考えるものとする。

3．学習指導要領における食料問題の位置づけ

　地理の学習は小学校から続けられている。しかし，小学校，中学校と高等学校では本質的な学習課題が異なっている。一般論から言えば，小学校では

事実を知ることが重要な課題であり，共感的に理解することが重要である。中学校においては事実だけでなくその背景も探る方向が示されてはいるものの，世界全体を大観的に扱うことが主である。つまり，教科の本質に基づく「深い」学びは高等学校教育の中心課題となる。

　高等学校学習指導要領では，「地理総合」の内容「B　国際理解と国際協力　(2) 地球的課題と国際協力」において，地球環境問題，資源・エネルギー問題，人口・食料問題及び居住・都市問題などを扱うことがあげられている。さらに「空間的相互依存作用」や「地域」などといった概念に着目することが示されている。

　地球全体をみると，現在でも十分な食料を得られていない人々が少なくない。こうした人々は世界中の至る所に存在しているが，特定の地域に偏在する傾向があることも確かである。小中学校では，そうした実情を共感的に理解することが重要である。一方，高等学校では食料問題のメカニズムを追求し，その解決に向けて考察することが大切である。

　一般に野生の動物の個体数は，生活圏内の食料の量に制限される。食料が豊富であれば，個体数は増加するし，食料が少なければ個体数も少なくなる。食料の量は自然環境に左右されるので，野生生物の生存は自然環境に決定されるのである。人類もかつてはこうした状況であったのかもしれない。しかし，人類は自然生態系を改変して農業生態系を作り出し，安定した食料生産を行うようになった。さらに，生活圏外から食料を調達することで，食料問題に対応してきた。

　つまり，食料問題は，「地域」や「空間的相互依存作用」といった視点から考察することが重要なのである。

4．食料問題についての学習指導

(1) はじめの問いかけ

　食料問題として飽食と食料不足の2つがあげられているが，より深刻な問

題は食料不足であることは疑いない。最近のニュース（第1図）を手掛かりに学習を進めていくことにする。

ここでの問いは3つである。

①飢きんとは何か

栄養不良や飢餓といった類似の言葉があるが，飢きんとはどのような状態を指すのであろうか。一般に栄養不良とは，低栄養（消耗，発育不全，低体重），ビタミンまたはミネラルの不足だけでなく，過体重，肥満も含まれている。つまり栄養不良は，食料の豊富な地域においてもみられる現象である。また，飢餓とは，長期間にわたって食料が不足し，体調の維持が困難になっている状態をいう。現在世界で約7億8千万人が十分な食料を得られておらず，4700万人が飢餓に陥っているという。

飢きんとは，特定の地域において，栄養不良や飢餓の結果として死者を出

第1図　WFPによるニュースリリース
https://ja.wfp.org/news/famine-confirmed-sudans-north-darfur-confirming-un-agencies-worst-fears　（2024.9.23閲覧）

すような状況をいう。つまり栄養不良や飢餓が地域的・集団的に広がってより深刻な状況を指す。

歴史で学ばれてきたように飢饉は火山噴火や冷害など自然災害によって引き起こされてきた。しかし今日では，自然災害以上に地域紛争などによってもたらされることが多い。

②スーダン・北ダルフール州はどこか（「位置」と「場所」）

スーダンの西部，チャドと接する地域をダルフールという。総面積約50万km²，人口約600万人。気候的には北部は砂漠，南部は低木の森林地帯である。行政上，北ダルフール州，南ダルフール州，西ダルフール州に分かれる。ダルフールとはフール人の故郷という意味である。フール人は黒人の農耕民であり，ムスリムである。フール人はスーダンだけでなくチャドにまたがって居住している。ただし，ダルフールにはフール人だけでなくアラブ系遊牧民も相当数居住している。

③なぜ飢きんが起こったのか（「空間的相互依存作用」）

汎用的な技能としての資料読解力を求めることとして，WFP のニュースリリースを提示する。

前述のように飢きんは干ばつなどの自然災害がきっかけとなる場合が少なくない。しかしながら，北ダルフール飢饉は難民キャンプから広がったことに着目をする。難民キャンプが示すように，その住民は自ら食料をはじめとする生活物資を生産することが難しい。つまり，国際機関等からの支援物資が彼らには極めて重要になる。どこからどのように支援物資が運ばれるのかなど空間的にとらえる必要がある。今回の北ダルフールの飢きんは，地域紛争によって国内の流通網が寸断され，支援機関がキャンプにアクセスできなくなってしまったことが原因とされている。

（２）1940年代以降の世界におけるいくつかの飢きんとその要因，現在

人類の歴史の中で飢きんは何度も繰り返されてきた。歴史的には，飢きん

42 第Ⅰ部：授業・教材開発編

の原因は，自然災害によるものが多い。例えば，江戸時代の四大飢きんとよ
ばれる寛永・享保・天明・天保の飢きんはいずれも，冷害や干ばつなどとか
かわっている。

　しかしながら，自然災害のみが飢きんの原因ではない。人間社会のありよ
うが密接にかかわっている。1940年以降の飢きんを例に検討してみる。

1) 1943年ベンガル飢きん

　飢きんの特質を考える資料として，アルマディア・センの次の文章を手掛
かりに検討する[1]。

　「1943年ベンガル大飢饉の記憶は今も強く，鮮明に残っています。200万人

第 1 表　1940年以降の世界の主な飢きん

年	名称	地域	死者
1943	ベンガル飢きん	インド	150万－300万
1944	オランダ飢きん	オランダ	2 万人以上
1945	ベトナム飢きん	ベトナム	40万－200万
1946-47	ソビエト飢きん	ウクライナ　モルドバ	100－150万
1959-61	中華人民共和国大飢きん	中国	1500万－5500万
1965-67	インド飢きん	インド	150万－300万
1968-72	サヘル飢きん	モーリタニア・マリ・ニジェール他	100万
1973	エチオピア飢きん	エチオピア	4 万－20万
1974	バングラデシュ飢きん	バングラデュ	8 万－10万
1984-85	エチオピア飢きん	エチオピア	30万－120万
1994-98		北朝鮮	10万－300万
1998		スーダン	80万
2011	ソマリア飢きん	ソマリア	26万
2024	ダルフール飢きん	スーダン	

（著者作成）

とも300万人ともいわれる人々が死亡した出来事をシャンティニケータン
(Santiniketan) の村から見ていたのです。それは完全に階層特定型の特徴を
持っていることに驚愕したものです。というのは，私の通う学校の友人，そ
の家族・親戚の家族にはこの大飢饉の間，誰一人として困窮した者はいなか
ったのです。この飢饉では中流階級の下層の人々さえ被害を受けたものはい
ませんでした。最下位にある経済階層の人々たち，つまり農村の土地無し労
働者たちだけが飢餓の被害をうけたのです。」

①ベンガルとはどこか（「位置」と「場所」）

　ベンガル地方とは，ガンジス川河口一帯で，温暖に気候で肥沃な土壌に恵
まれた豊かな農業地帯である。現在のバングラデシュとインドのウェスト・
ベンガル州にまたがる。古くから人口の多い地域であるが，現在2か国に分
断されていることからわかるように宗教的にはイスラム教とヒンズー教に分
断される。住民の多くがベンガル人であるが，少数民族も少なくない。

　またしばしばサイクロンが襲い，洪水の被害にあうことも少なくない。

②なぜ飢きんが起こったのか（「空間的相互依存関係」と「地域」）

　1943年の飢きんのきっかけは，自然災害であった。サイクロンとそれに続
く豪雨によって平年より収穫量がかなり少なくなったことが直接のきっかけ
といわれている。ただ，食料の絶対量が不足していたのならば社会階層にか
かわりがなく食料不足に陥るはずである。しかしながらセンは特定の社会階
層のみが飢餓の被害を受けていることを記述している。

　ベンガル地方は豊かな農業地域ではあったが，多くの人口を抱えていたた
め，ビルマから米を輸入していた。ビルマが日本に占領されたことにより，
コメの流通量が減少した。さらに日本軍が侵入した場合に備えてイギリス軍
が牛車・自転車・小舟まで徴発し，流通網を破壊した。

　これらは直接的な要因であるが，この地域を統治していたイギリスの政策
も関わっている。インドの民族運動の高まりに危険を感じたイギリスは，分
断政策をとる。イスラム教徒とヒンズー教徒を分断しただけでなく，地主制

（ザミンダール制）を利用して社会階層の分断も図ってきた。食料不足に際して地主層によるコメの買い占めを放置する一方，政府・軍関係者に限って備蓄米を放出するなど，社会の分断を図った。つまり食料不足＝飢きんはある意味，人為的に作り出されたといえる。

③ベンガル地方の現在（「地域」）

1974年，バングラデシュにおいて再び飢きんが襲った。大規模な洪水の後で，食料生産が滞ったことに加えて，輸入も減少，飢きんにつながった。ただしこの飢きんでも被害は一律でなく特定の社会階層に大きな被害を与えたことが明らかにされている。

これを最後にこの地域では，飢きんは発生していない。バングラデシュのコメの生産量は世界3位（2022年）であるが，高い人口増加率や自然災害などで慢性的に不足している状況にある。ただ，1990年代以降の経済成長により，国民生活水準は大きく改善しており。栄養不良人口の割合は10％程度で世界平均と同水準でとなっている。ただ，国民の経済格差は大きく，政治的には不安定な状況にある。一方，東部はインドの西ベンガル州となった。インドでは人口増加に伴う食料増産政策がとられた。いわゆる「緑の革命」は西部の小麦栽培地帯からはじまったが，1980年になると西ベンガル州でも灌漑設備の整備が進み，コメが増産されるようになった。こうした結果，インド全体では穀物は自給を達成している。また，経済成長に伴い中間層の割合も増えている。とはいえ経済格差は大きく，世界最大の栄養不足人口を抱えていことも事実である。

2）1946-47年ソビエト飢きん

1946-47年ソビエトで飢きんが発生した。第二次世界大戦後，戦後の混乱から世界各地で食料不足が発生した。日本や西ヨーロッパ諸国でも戦後の食糧難は発生していたが，大規模な飢きんには至っていない。しかし，ソビエトでは数十万〜200万人が犠牲となる飢きんが発生した。

第2章　ジオ・ケイパビリティ・プロジェクト第3段階の教材開発　45

①飢きんはどこで発生したか（「位置」と「場所」）

　1946-47年ソビエト飢きんは当時ソビエトの構成国であった現在のウクライナ，モルドバを中心に被害が広がった。ウクライナ，モルドバは肥沃な黒色土壌に覆われた豊かな農業地帯で，今日でも小麦やトウモロコシなどの大産地である。気候的には半乾燥地域に属しているため，時に干ばつに襲われることがあった。

　また，大平原地帯であり地形的障壁がないこともあって歴史的に見て様々な民族の交差点となってきた。特に遊牧民と農耕民の交錯する場所であったといえる。

②なぜ飢きんが起こったのか（「空間的相互依存関係」と「地域」）

　第2次世界大戦は，この地域が直接の戦場となったため，インフラに大きな損害を与えた。それによって，食料の生産と流通が滞っており，食料不足の状況にあった。これに拍車をかけたのが1946年の干ばつであった。

　一方，ソビエト政府は戦時経済体制からの脱却を図る政策を進めていた。食料配給制度を縮小し，食料価格の引き上げを行っていた。

　ところで，ウクライナはソ連の食料庫ともよばれる地域で，ヨーロッパをはじめとした地域への食料の輸出を行ってきた。第2次世界大戦後も戦勝国であったソ連は食料の輸出を継続した。食料が不足するウクライナから強制的に食料を徴発したことによって飢きんが発生したのである。

　1947年は比較的豊作であったことにより飢きんは解消することになった。

　ところで，ウクライナは1932年にも大飢饉が発生している。この時も直接のきっかけは天候不順による食料生産の停滞であったが，集団化政策による混乱や工業化を進めるスターリン政権下で外貨獲得の手段として食料輸出がすすめられたことが大きな要因であった。

③その後の対応（「歴史的因果関係」）

　ソ連政府は飢きんへの対応として食料資源の増産を目指す「自然改造計画」を進めることとなった。現在世界で最も大きな環境問題とされる「アラ

ル海の悲劇」を生み出すきっかけとなったといえる。

3）1968-72年　サヘル飢きん

　サヘル地域は今日でも栄養不良の問題を抱えている地域である。ブルキナ・ファソやマリでは4万人以上が飢きんに近い状況にあるとされ，ニジェールでは330万人以上が食料不足に陥っているという（WFPによる）。センは1968年から72年の飢きんについての分析を行っている。

①サヘルとは（「位置」と場所」）

　サヘルとは「境」を意味するアラビア語に由来し，サハラ砂漠の縁辺地域を指す。政治的には，モーリタニア，セネガル，マリ，ブルキナ・ファソ，ニジェール，チャドの6か国を指す場合が多い。気候的には，ステップ気候に属する。年間の水収支では蒸発量が降水量を上回るため，主要な生業は牧畜である。ただし，南部ではモンスーンの影響で降水量がやや多く農耕が可能となる。また，ニジェール川の周辺のように水が確保できる場所は豊かな農地となっている。こうした地域ではわずかな降水量の変化で干ばつになる可能性があり，過去においても何度も干ばつの被害を受けてきた。降水量の変動はこの地域の住民にとって既知のことであり，遊牧といった生業形態はまさにこのような自然環境に適応したものであった。さらに，伝統的には農耕民と遊牧民は調和した存在であった。すなわち自然環境上の制約から農耕地であっても休閑が必要であるが，この休閑地が遊牧民にとって必要な家畜の放牧場として機能してきた。放牧された家畜は「糞」をするが，これが肥料となり農耕地の地力の回復に寄与した。

②なぜ飢きんが発生したのか（「空間的相互依存作用」と「地域」）

　この地域の干ばつについては，「長引く干ばつ」としてすでに報告がなされていた。1969年にFAOは「例外的な不作のため深刻な緊急事態」と認定した。センによれば，食料供給量の低下がみられたものの，食料が平等に分配されていたならば，自国内に十分な食料があり，一人当たりの供給量は

FAO/WHO の推奨する一人当たりの食料摂取量を十分越えていたという。

　とするならば，どのような人々が被害を受けたのかを検討する必要がある。第一に被害が大きかったのは遊牧民であるとされる。彼らは干ばつにより生業の手段である家畜を多く失うこととなった。彼らは「家畜」を「穀物」と交換することにより食料獲得してきたが，干ばつによる食料価格の上昇と販売可能な家畜の減少により危機的な状況に陥ったと考えられる。さらに「家畜」の減少は「移動」を困難にした。また，南部に移動した遊牧民と農耕民の軋轢も生じた。前述のように，伝統的な農民と遊牧民は調和的関係にあったが，南部の農耕民は商業的な農業を取り入れるようになりつつあった。商業的農業では化学飼料の利用などで遊牧民との調和関係が崩れていった。ラッカセイなどといった輸出用商品作物の拡大が飢餓を拡大させる要因の一つと議論されることがあるが，これによって影響を受けたのも遊牧民であった。第二に被害を受けたのが北部の農耕民である。北部は南部以上に干ばつの影響が強く，生産量が減少したことによって食糧自給量も低下した。しかし，政府は被害が深刻でなかった南部地域を基盤としていたこともあって，対応が遅れた。その後，被害の状況が明らかになると大規模で国際的な援助がなされるようになった。

4）第2次世界大戦後の日本における食料難

　食料不足の状況が広がったとしても飢きんになるかどうかは，社会の状況によっても異なっている。例えば，日本においても第2次世界大戦戦後，深刻な食料不足に陥っており，都市では餓死者が出たことが報じられている。実際の授業では，当時の新聞記事や国会前も畑として耕されている写真，地方への買い出しの写真といった資料を提示したうえで，日本において食料不足が発生した理由と飢きんに至らなかった要因について検討する。

　日本における食料不足の要因は食料生産の低下と人口の増加である。労働力不足や農業資材の不足などの条件が重なり食料生産量は激減する一方，外

48 　第Ⅰ部：授業・教材開発編

地からの引き上げなどで都市部を中心に人口が増加した。食糧管理制度の下で主食の配給は行われていたが，しばしば遅配，欠配が発生していた。こうした中で人々は，様々な対応をとってきた。イモの茎や大根の葉など食べられるものは何でも食料にしたし，自家菜園による自給，農家への買い出しなど様々を行った。つまり，配給以外のさまざまな手段を使って食料を調達したのである。

　また，政府も様々な対応をとった。直接には連合国軍に食糧援助を要請，学校給食等を通じて食料の供給をはかった。さらに，農業生産の拡大を図るため，緊急開拓事業を進め，農地改革を行った。農地改革により，小作人が自作農になったことで，自ら生産手段を保有することとなり，生産意欲が高まり，増産へとつながった。つまり，短期間で食料不足状況を改善させたのである。ところで，農地改革の効果は，食料の増産のみではなかった。社会経済的な格差を縮小させることに大きな効果があった。いずれにしても戦後の混乱を短期間で終結させたことが，飢きんを回避させる要因になったと考えられる。

5．食料問題を考えるヴィネット

　飢きんは，一時的・局地的であったとしても食料不足がきっかけとなってきた。そこで，世界の各地で食料不足の解消，すなわち食料の増産が目指されてきた。ヨーロッパでは共通農業政策がすすめられ，1980年代には食料の域内自給を達成，逆に余剰生産物を生み出す結果となった。アジアやラテンアメリカ諸国ではいわゆる「緑の革命」が推進された。結果としてインドなどで食料自給を達成したのである。

　しかしながら，国連の報告書（2024）によれば，世界人口の約29.6％，24億人に相当する人びとに食料への安定したアクセスがなく，中等度または重度の食料不安に陥っているという。さらに，約9億人が深刻な食料不安に直面している。また同レポートによれば，飢餓人口は特定の地域に集中する傾

第2章　ジオ・ケイパビリティ・プロジェクト第3段階の教材開発　　49

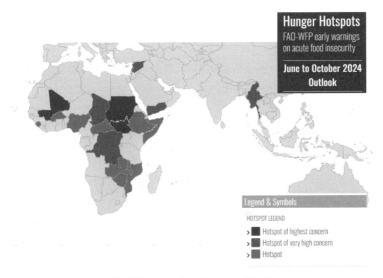

第2図　ハンガーホットスポット
https://www.fightfoodcrises.net/hunger-hotspots　（2024.9.23閲覧）

向にある。

　食料問題はどの地域で発生しているのか，その理由は何か。それは私たちとどのようにかかわっているのか。こうしたことを考察することが重要である。

　そこで，教員養成課程もしくは教員研修で活用できるヴィネット（研修材）として第2図を提起する。このヴィネットは現状を示しているのみであり，地域の環境や歴史的経緯が明示されているわけではない。しかし，そのことが，教員に求められる力をあぶり出すことになる。これからの教員に求められる力とは，単に生徒に「知識」を伝達する力ではなく，「思考」と「議論」を促す力である。「思考」とは，言い換えれば，資料を「深く」読み込む力であり，資料をきっかけに地域の環境や歴史的経緯，地域的相互依存関係を追及していく思考にほかならない。もちろんこの資料のみで，「議論」が終結することはありえない，議論の展開によって追加の資料が必要になるであ

ろう。それらを探索することも地理学習を通じて養成すべき力である。

　すなわち議論の出発点を示すことと，必要に応じて議論に関連のある資料を提示すること—ペダゴジー—が教員に求められている力となる。

注

1) Amartya Sen -Biographical. NobelPrize.org. Nobel Prize Outreach AB 2024. Wed. 25 Sep 2024.〈https://www.nobelprize.org/prizes/economic-sciences/1998/sen/biographical/〉（2024.9.24閲覧）の一部を筆者が訳出したものである。

文献

白井俊（2020）：『OECD Education2030プロジェクトが描く教育の未来　エージェンシー，資質・能力とカリキュラム』，ミネルバ書房.

志村喬（2021）：国際共同研究プロジェクト「ジオ・ケイパビリティズ」の展開と日本. 志村編著『社会科教育へのケイパビリティ・アプローチ』，風間書房，pp.1-20.

志村喬・山本隆太・広瀬悠三・金玹辰（2017）：イギリス発「地理的見方・考え方」に気づく1枚の図. 地理，62(6)，pp.96-101

ジュゼプ，F.G.（2021）：音楽教育におけるケイパビリティ・アプローチの可能性—自由の保障と拡張，社会正義の観点から—. 広島大学大学院人間社会科学研究科紀要「教育学研究」，2，pp.519-528.

セン，A.〔黒崎卓・山崎幸治訳〕（2017）：『貧困と飢饉』，岩波書店.

第3章
歴史授業におけるレリバンスの構築とケイパビリティ
－UCL；Centre for Holocaust Education の授業プラン群を事例に－

二井　正浩[*]

1．はじめに

　ケイパビリティについて，M. C. ヌスバウムは「人がそのおかげで何とかすることが可能になるような先行条件」と定義している。さらに，ヌスバウムはケイパビリティ・アプローチを「人は実際に何ができるのか，どのような状態になりうるのかということに焦点を合わせるアプローチ」であり，「人と人との繋がりのなかで互いに協力し合いながら，どのように生きていきたいかを自分自身で決めていくことができる，自らの生活を自らで築いていくことのできる，尊厳を持った自由な存在」としての人間を実現しようとするものであると説明している[1]。

　また森田（2020）は，川本（2012）の論を用いながら，それを「エージェンシーとしての自由」（agency freedom）と「ウェルビーイングのための自由」（well-being freedom）を実現するための「人が実際に"何ができ，何になれるか"という選択の幅」と説明している。

　このケイパビリティおよびケイパビリティ・アプローチが歴史教育の領域で論じられることは稀である。歴史教育が単に過去の出来事を学ぶものであるならば，それも首肯できよう。しかし，歴史教育が子ども自身の抱える諸課題や社会・世界の抱える諸問題の歴史的展開・背景を扱うものであろうとするならば，話は別である。本稿で試みるのは，ケイパビリティの思想およびケイパビリティ・アプローチを歴史教育に架橋することである。具体的に

---

[*]成蹊大学

は，歴史教育において学習者が自己関与性を担保され，学ぶ意味や意義を実感し「自分事」として捉えることができるような歴史教育，言い換えれば生徒と学習の間にレリバンス（relevance）が構築されていると思われる歴史教育について検討することを通して，その架橋の可能性を探る。

　一般に日本の歴史授業の多くは「流れ」（通史）を重視するあまり，生徒と学習の間にレリバンス（relevance）を構築しようという意識が希薄である。実体としての過去は現実世界には存在しないため，難度も高いのかもしれない。しかし，Bruner（1971）も教育におけるレリバンスについて「一つは，我々人類の存亡に関わる世界が直面している諸問題との関連としての社会的レリバンス（social relevance）。もう一つは，自己の実存的尺度に基づく真実・興味・意味といった個人的レリバンス（personal relevance）」と述べ，子どもが学習の意味や意義を実感することの重要性を強調しているように，歴史教育もレリバンスの問題を避けては通れない。

　本稿では，レリバンスの構築を重視した歴史カリキュラムの内に，ケイパビリティおよびケイパビリティ・アプローチについての学びが実現する可能性があると考え，UCL；Centre for Holocaust Education（ロンドン大学教育研究所 ホロコースト教育センター，以下「ホロコースト教育センター」と表記）が教師向けに開発・提供している授業プラン群を具体例として検討する。

2．ホロコースト教育センターの授業プラン群の構成に見られるレリバンスとケイパビリティ

　ホロコースト教育センターは，ホロコースト教育の研究と教育・訓練を行うUCLの機関であり，教師のCPD（Continuing Professional Development）も担っている[2]。このホロコースト教育センターが開発・公開している授業プラン群（classroom resources）の構成と概要を示したものが第1表である[3]。

第3章　歴史授業におけるレリバンスの構築とケイパビリティ　　53

第1表　授業プラン群の構成とその概要

第1部：「誰が犠牲者だったのか」

01　レオンからの記録（1時間，KS3の9学年以降）

「アウシュビッツのイギリス人」として著名なレオン・グリーンマンに関する展示館の動画を視聴し，彼の残したメモや結婚指輪，家族写真などから，レオンが失ったものは何だったのかを考えさせる。

02　真正な出会い（1時間，KS3の9学年以降）

レオンが幼い息子のバーニーのために作った玩具や写真，動画などをもとに，グリーンマン家がアウシュビッツ・ビルケナウに送られたことの意味について様々に考えさせ，問いを持たせ，ホロコーストについての学習をスタートさせる。（問いの例：誰が二歳の子どもを殺したのか。どのようにしてレオンは子どものための玩具を取り戻したのか。この出来事は今日の我々にとって重要なのか。バーニーがもし生きていたらどんな人生を送ったのだろうか。生き残ったレオンはどのような気持ちで生きていたのだろうか。当時の人々は何が収容所で行われていたのか知っていたのだろうか。なぜ人々は抵抗・反撃しなかったのだろうか。なぜ現代においてこのようなことが可能になったのだろうか。など）

03　ドイツ人であること，ユダヤ人であること（1時間，KS3の9学年以降）

ドイツで暮らしていガムプリッヒ家とヴォース家という中流ユダヤ人家族の生活をたどり，戦前の彼らの幸せそうな姿からホロコーストが起こるとは予期していなかったこと，状況が悪化していく中，ドイツから逃れようとするユダヤ人難民に周辺の多くの国は門戸を閉ざしており（1938年エヴィアン会議），ドイツから逃れられたガムプリッヒ家と逃れられなかったヴォース家は明暗を分けることになったことについて問いを持たせ，最後に現在ドイツ全土に埋め込まれている「つまづき石（Stolpersteine）」について感想を出しあわせる。

04　ホロコースト前のワルシャワのユダヤ人の生活（2時間，KS3の9学年以降）

ホロコースト以前のワルシャワでのユダヤ人の文化的・政治的・社会的貢献，非ユダヤ人とユダヤ人の共存に関する具体的事例を紹介し，その後ポーランドのユダヤ人の90%（300万人）がナチスによって殺害されたことの意味や社会や文化への影響について考える。

05　プラウエンでの生活（1時間，KS3の9学年以降）

ドイツ・ザクセン州の都市プラウエンでのユダヤ人社会の状況の変化を事例にして，1870年から1933年までの出来事の年表を作成し，1930年に郊外にシナゴーグがオープンしたこと，一方で1933年の総選挙ではプラウエンの半数以上の人がナチ党に投票したことなどの意味を考え，「プラウエンにおける戦前のユダヤ人の生活」というプレゼンテーションを作成させる。

06　物語リンク（1時間，KS3の8学年以降）

ルーマニアのヴァプニアルカ収容所に1942年から43年まで収監されたギュラ・フレンケルは収容所の作業の合間に収容所の様子を表現したベルトのバックル12枚を作成した。この12枚のバックルに描かれた状況について生徒に説明を構築させ，収容所の生活について解釈し物語を表現させる。また，このことによって，語り（歴史）の構築・本質・責任などについても考察させる。

54　第Ⅰ部：授業・教材開発編

07　生きるための努力（2時間，KSの9学年以降）

　　ホロコーストにおいてユダヤ人が直面した様々な課題について写真等の資料で具体的に理解させると同時に，これらの迫害に対して受動的な犠牲者ではなく，主体性を持ち反応・抵抗しようとしたユダヤ人の具体的な事例を10例取り上げ，事例の共通点と相違点，原因は何か，成功したか否か，そして何を示唆しているのかについてグループで話し合わせる。

08　サバイバルを生き延びる（1時間，KS3の9学年以降）

　　ホロコーストを生き延びた生存者がすべて幸せで「普通の」生活を送っているわけではなく，長期のトラウマと共に生きる困難さを体験していることについて，レオン・グリーンマンを具体的な事例にして資料（彼の未完の詩など）をもとに考察させ，生証人として生きることが複雑で時に深い痛みを伴うことを理解させる。

09　ヨーロッパのユダヤ人に何が起こったのか？（2時間）

　　ナチスとその協力者が迫害したのはユダヤ人だけでなく，ロマ・シンティ，ナチスから見た政治犯，同性愛者，障害者，黒人，エホバの証人の信者，なども対象であった。迫害を受けた各対象がそれぞれどのような迫害をどのような時期に受けていたのかを，それぞれの対象にあたる人物の経験を物語る資料をもとにグループで作業・整理させ，議論させる。そして，迫害の状況の変化をナチス政権の動向を解説した年表カードと関連付けさせながら整理させ，その政策の特徴と迫害の関係，特に第二次世界大戦の始まりとソビエトへの侵攻が迫害の状況との深い関わりについて気づかせる。

10　600万人は誰だったのか？（2時間，KS3）

　　レオン・グリーンマンの人生，多くのユダヤ人が居住していたトロヘンロッドの町の消失，戦前のヨーロッパ各国のユダヤ人社会の規模や多様性について資料をもとに理解し，個人・共同体・ヨーロッパといった多層な視点からホロコーストによって失われたものについて考察させる。

第2部：「ホロコーストはいつ，どこで起こったのか？」

11　「トレブリンカ」という名の空間（1時間＋α，KS4の10学年以降）

　　アウシュビッツ・ビルケナウ以前にホロコーストの舞台となっていたトレブリンカ収容所（ポーランド）で行われたジェノサイドについて焦点をあて，地図，写真，文書，関係者の証言等の資料をもとにその実体を明らかにし，ホロコーストの状況の変化について考えさせる。

12　ヨーロッパのユダヤ人に何が起こったのか？（2時間）

《09と同じ内容》

13　ナチスの強制収容所とは何だったのか？（3時間）

　　ナチスの強制収容所についての先入観を確認し，ホロコーストの責任は誰にあるのかについての様々な意見（ヒトラー，ヒトラーとナチス，ヒトラーとドイツ人，ドイツ人等々）について考えさせ，アンケート結果なども参照させながら自分の意見・疑問を持たせる。そして，ナチス支配の全期間にまたがる唯一の強制収容所であったダッハウ強制収容所の変化を調べ，強制収容所の流動的な性質について理解させる。

第3章　歴史授業におけるレリバンスの構築とケイパビリティ　　55

第3部：「加害者は誰か？誰に責任があるのか？」

14　人間であること？（1時間，KS3の9学年以降）

　　グリーンマン一家の出来事をを思い返し，ホロコーストの責任は誰にあるのかについて具体的人物等の事例を検討させ，「加害者」「協力者」「傍観者」「救護者・抵抗者」に類型する作業によってその責任の所在の複雑さ・共犯関係に気づかせる。そして，この共犯関係の網への気付きが，現代社会における我々の責任にどのような意味を持つのか考えさせる。

15　危殆化したアイデンティティ（1時間，KS5の17～18歳）

　　ホロコーストの加害者は非人間的な怪物ではなく，ホロコーストは人間的な原因による人間的な出来事である。人々が集団的暴力のシステムになぜ，どのようにして加担するようになったかについて具体的個人の様々な事例を検討させ，加害・加担・責任・因果関係について考察させる。

16　ナチスの反ユダヤ主義：それはどこに由来していたのか？
　　　　　　　　　　　　　　　　　　　　　（1時間，KS3の9学年以降）

　　ユダヤ人がホロコーストの標的になったのは，ナチスのイデオロギーに反ユダヤ主義があっただけでなく，ヨーロッパ全体で中世以来の長い歴史を通じて生じていた反ユダヤ主義，さらに近代以来の「人種」概念などがあったことを映像の視聴や年表作成を通じて批判的に検討させる。

第4部：「その原因と結果は何だったのか？」

17　我々はホロコーストについて知ったけど，それが何なんだ？
　　　　　　　　　　　　　　　　　　　　　（1時間，KS3の9学年以降）

　　ホロコーストの学習の終盤にむけて，生徒はこれまでの学習を振り返らせ，ホロコーストをテーマにした絵画や詩に向き合わせ，そこから今日の我々に残された困難な課題に取り組むために，生徒の内省的で反省的・省察的な思考を引き出させる。

18　サバイバルを生き抜く？（1時間，KS3の9学年以降）

　　ホロコーストを生き延びた人々のその後の生活について考察させるために，レオン・グリーンマンの映像や彼の遺した詩などをもとに彼の後半生に着目させ，トラウマと共に生きることの困難さについて考察させる。

19　虚無・喪失感：ホロコーストがもたらした永続的な結果？
　　　　　　　　　　　　　　　　　　　　　（1時間，KS3の9学年以降）

　　ドイツの敗戦によってホロコーストの悲劇が終結したわけではない。ヨーロッパ各地に数百年，数千年にわたって居住してきたユダヤ人コミュニティは消失し，この世に生を受けるはずであったユダヤ人の子孫は生まれることはなく，ユダヤ人の伝統は不可逆的に失われた。我々の身の回りの世界がとりかえしのつかない消失後の世界であることについて理解させる。

20　ヨーロッパのユダヤ人に何が起こったのか？（2時間）
　　　　　　　　　　　　《09および12と同じ内容》

第5部：「イギリスはホロコーストにどう関わったのか？」

21　「戦後」（5時間，KS3の7～8学年以降）

　　戦後，イギリスはホロコーストから救出した子どもたちを英国内に保護するプロ

56 第Ⅰ部：授業・教材開発編

グラムを実施した。このことを題材にした小説『戦後』を用いて，戦前の少年たち
の生活，戦争によってどのような影響を受けたか，ホロコーストとは何だったか，
ホロコーストはどのように終わったか，ホロコースト後，子どもたちはどうなった
かといった問いについて考察させる。

22　ホロコーストに対する英国の対応（2時間，KS3の8学年以降）
　　ホロコーストについて英国ではいつ認識され，どのような対応をしたのかについ
て具体的な資料によって検討し，どのような物語を語る事ができるのか，そして，
自分はどのような物語を求めたいのか考えさせ，英国人としてどのような価値観が
大切だと思うのか話し合わせる。

23　その後と今（4時間，KS2用の自習教材）
　　「ベルゲン・ベルゼンはどんな場所だったのか」を調査することから始まり，生存
者とイギリス軍の両方にとって解放が何を意味したのかを探りながら，BBCが直
面したジレンマ，つまりベルゼンの恐怖についての説明を放送すべきかどうかとい
う当時のジレンマについて考えさせる。

（筆者訳出・作成。なお，実施を想定するキーステージおよび学年については，原典に明記されてい
たものについてのみ示した。また，項番については筆者が付加した。）

　第1表を見ると，この教材プラン群は順序性と連続性をもつ一つのまとま
ったカリキュラムというより，第1部から第5部までの項立てを用意し，ホ
ロコースト教育センターで順次作成した授業プランを内容から判断して，最
もふさわしいと考える項に順序性も加味しつつ配置したもののように見える。
教材プランの多くはキーステージ3の9学年以上での実施を対象にしている
が，対象学年が微妙にズレたものもあり，また授業の趣旨にも重複すると思
われる部分も見られる。また，歴史授業以外の教科でも実施可能なものはそ
の点についてWebには明示してある。おそらく，ホロコースト教育センタ
ーは，これらの授業プランを項目順に全て実施することを想定しているので
はなく，実際に教室で授業を行う教師が，生徒の状況と授業時間数等にあわ
せて授業プランを取捨選択して実施することを想定していると思われる。そ
う考えると「ヨーロッパのユダヤ人に何が起こったのか？」の授業モデルが
第1部09，第2部12，第4部20に示され，どこで実施しても適当とされて
いることも首肯できる。

　この授業プラン群の構成を見てみると，第1部はホロコーストの事実につ
いて，個人の具体的経験から徐々に共同体・ヨーロッパ全体へと視点を広げ

て認識させ，そのプロセスで各々の生徒にホロコーストについての「問い」や疑問を持たせる構造になっている。そして第2部は，ホロコーストの実態を示す資料，人々の証言や体験をもとに具体的に，そしてより詳細に認識させている。第3部では，第1部と第2部で培ったホロコーストの認識をもとに，このような事態がなぜ生じたか，その責任は誰にあるのかについて熟慮し，この問題が複雑な共犯関係を持ち，意識の有無に拘わらず，ドイツ社会，ヨーロッパ社会の多くの人々がホロコーストに関与・加担していたことに気づかせる。第4部では，ホロコーストが個人，共同体，ヨーロッパ全体に残した傷跡について扱い，ホロコーストを学ぶ意義について再度生徒に考えさせる。第5部では，英国がホロコーストとどう向き合ったかについて扱い，英国，そして英国民としてどのような向き合い方をすべきであったかについて考えさせる，といった構成になっている。これらの構成からは，おおまかに第1部で事実をもとに問いを持たせ，第2部でホロコーストの事実に向き合わせ，第3部でホロコーストの原因（責任）を探らせる。そして，第4部でホロコーストの意味について考察させ，第5部で我々はどう行動すべきか，自分ならどう行動できるのかを考える，といった探究プロセスを読み取ることができる。

　また，授業プラン群の構成の縦糸にレオン・グリーンマンとその一家の出来事が貫かれているのも特徴的である。その結果，生徒の考察は常に自分と等身大の市井の人物の生き方に立ち戻ることになり，ホロコーストを「ユダヤ人」とか「犠牲者」といった抽象的な概念で括って語るのではなく，自分と同じ血の通った人間に起こった出来事としてとらえることを可能にしている。この授業プラン群は，レオンだけでなく市井の人々の様々な個人的な経験を物語る資料が考察の材料として随所に数多く用意されているのが大きな特徴となっている。これは，ホロコーストをドイツやヨーロッパ全体の人々の問題，ひいては生徒自身の問題ととらえ，ヒトラーやナチスの責任に矮小化させない姿勢も示している。

3．ホロコースト教育センターの授業プラン：
「第1部 07 生きるための努力」に見られるケイパビリティ

ここでは，第1表に示された授業プランの中から，レリバンスの構築を強く意識していると思われる歴史授業の典型的事例として「第1部 07 生きるための努力（Striving to live)」を分析する[4]。

この「生きるための努力」と題された授業モデルは，副題に「ユダヤ人はホロコーストの間，どのように反応し，抵抗したのか（How did Jewish people respond and resist during the Holocaust?)」という中心的な問い（Key Question）が明示されており，一時間目にユダヤ人が直面した様々な状況について取り扱い，二時間目にはユダヤ人がどのように，なぜ，彼ら／彼女らのしたような反応や抵抗をおこなったのか考察する，という構成となっている[5]。ここでは，特に二時間目の授業に着目したい（第2表）。

第1図はこの授業で使用される10枚の事例カードである。各カードに示された名前の左側の枠に示されたアルファベットは，**展開1**で生徒に分類させるA～Fのカテゴリーについて教師用に示したもので，実際に生徒に配付する際は消去して使用される。

第2表によると，この授業は，**導入**で一時間目に扱ったホロコーストでユダヤ人家族の直面した絶望・欺瞞・破壊について振り返った後，**展開1**でホロコーストにおけるユダヤ人の反応と抵抗に関する10件の具体的事例についてグループで検討し，事例を「A：収容所やゲットーでの武装抵抗，またはパルチザン活動」「B：ホロコーストの視覚的記録の作成」「C：ホロコーストの歴史的記録の作成」「D：信仰，友情，人間性，アイデンティティ，希望などの価値観の維持」「E：起こっていることを外界に周知」「F：逃避，潜伏」の類型に分類させる。例えばAの事例としてモルデカイ・アニエレビッチ，アウシュビッツの反乱（ロサ・ロボタ，エラ・ガートナー，エステル・ヴァイスブルム，レジナ・サフィルシュタイン)，Bとしてフェイ・シュルマン，

第3章 歴史授業におけるレリバンスの構築とケイパビリティ 59

第2表 生きるための努力 二時間目の授業展開

目標：ユダヤ人がどのように，なぜ，彼ら／彼女らのしたような反応や抵抗を行ったのか考える。 **導入**（5分）：一時間目の授業を振り返って，ホロコーストでのユダヤ人家族の直面した「絶望」「欺瞞」「破壊」について思い出す。 **展開1**（30分）：ホロコーストにおけるユダヤ人の反応と抵抗に関する事例検討。 　①生徒を5人ずつのグループに分ける。 　②各グループに事例を示すカードを10枚づつ配付する。ちなみに，この10枚のカードは次の6通りのテーマをカバーしている。 　　A：収容所やゲットーでの武装抵抗，またはパルチザン活動。 　　B：ホロコーストの視覚的記録の作成。 　　C：ホロコーストの歴史的記録の作成。 　　D：信仰，友情，人間性，アイデンティティ，希望などの価値観の維持。 　　E：起こっていることを外界に周知。 　　F：逃避，潜伏。 　③生徒に事例を示すカードを読ませる。 　④グループでの検討がスムーズに進むよう，次のような作業をさせる。 　　・事例ごとに内容を要約し主題を付箋に書き込んでカードに貼る。 　　・事例ごとに何を達成しようとしていたのか，そしてその理由を付箋に書き込んでカードに貼る。 　　・類似点や共通点に着目し，カードを分類する。 　　・各事例で達成しようとしたことは達成できたか。また，達成できなかったことは問題なのかについて話し合う。 **展開2**（15分）：クラスで事例について以下のような問いについて話し合う。その際，生徒には自分の意見を裏付ける事例を挙げて参加するようにうながす。 　　・10件の事例に共通することがあるとすれば，それは何か。 　　・10件の事例に違いがあるとすれば，それは何か。 　　・人々は常に自分がしようとしていることを達成したか。達成しなかったら，それは問題なのか。 　　・人々が事例のような反応や抵抗をした最も大きな要因は何か。 　　・10件の事例は，ユダヤ人の反応と抵抗について何を示唆していか。 **まとめ**（10分）：クラスでの話し合いやグループでの事例検討に基づいて，「ユダヤ人がどのように，なぜ彼ら／彼女らのしたような反応や抵抗を行ったのか」について作文する。

（筆者訳出）

Cとして，ザルマン・グラドフスキー，エマニュエル・リンゲルブルム，イツホック・ルダシェフスキー，Dとしてカロニムス・カルマン・シャピラ師，レオン・グリーンマン，Eとしてルドルフ・ウルバ，アルフレッド・ヴェッ

モルデカイ・アニエレビッチ

モルデカイ・アニエレヴィッチは、ドイツ占領下のヨーロッパでナチスに対する最初の武装蜂起を主導した。これはワルシャワ・ゲットー蜂起として知られるようになった。
彼は友人のイッツハク・ズッカーマンに次のような手紙を書いた。

「私たちが経験したことを言葉にするのは不可能だ。一つだけはっきりしていることは、私たちの大胆な夢を超えることが起こったということです。ドイツ軍はゲットーから2度逃げ出した。ある中隊は40分間、別の中隊は6時間以上持ちこたえた...。我々の中隊のいくつかは、散り散りになったドイツ軍を攻撃した。我々の損失は...最小だ。これも成果だ イェチエルは倒れた。彼は英雄として、機関銃で倒れた。私は偉大なことが起きていると感じている。我々が敢行したことは、非常に、非常に重要なことだ...。
ゲットーのユダヤ人が今生きている状況を説明することは不可能だ。持ちこたえることができるのはほんのわずかだ。残りは遅かれ早かれ死ぬだろう。彼らの運命は決まっている。数千人が身を隠しているほとんどすべての隠れ家では、空気が不足しているため、ロウソクを灯すこともできない...。
私たちは、シャビット・ラジオ局による私たちの戦いに関する驚くべき報告を聞いた。私たちがゲットーの壁を越えて記憶されているという事実は、私たちの闘いを勇気づけた。
友よ、平安あれ！もしかしたらまた会えるかもしれない！私の人生の夢が現実になった。ゲットーでの自衛は現実となった。ユダヤ人の武装抵抗と復讐は事実である。私はユダヤ人の壮大で英雄的な戦いの目撃者である。1943年4月23日」

Yad Vashem. Document number 145, Shoah Resources Centre, International School of Holocaust Studies.

1943年5月8日、戦車、機関銃、火炎放射器で武装したドイツ兵を相手に、わずか数丁の密輸銃と手製の手榴弾で数週間持ちこたえた23歳のアニエレヴィッチは、降伏するよりも自ら命を絶った。5月16日までにレジスタンスは制圧され、ゲットーにいた生存者は強制送還された。

アウシュビッツの反乱

1944年、ユダヤ人ゾンダーコマンド（アウシュビッツのガス室で働く囚人）は、SS看守への反撃を企てた。23歳の若いユダヤ人囚人ローザ・ロボタは、ゾンダーコマンドが火葬場の建物を爆破するための爆薬を手に入れる仕事を

Rosa Robota
Yad Vashem #84526

Ella Gärtner
Yad Vashem #08518

Esther Wajsblum
USHMM #80566

Regina Safirsztajn
USHMM #77570A

していた。ローザは、ユダヤ人女性囚人たちを説得し、彼女たちが働いていたドイツ軍用の武器を製造する工場から火薬を盗み出させた。
17歳のエステル・ヴァイスブルムと15歳の妹ハンカ、そして友人のレジーナは、工場から火薬を紙や布に包んで服の中に隠し、こっそり盗み出した。彼らはこの小さな包みをエラ・ゲルトナーに渡し、ゲルトナーはそれをローザに渡した。ローザはその小包を、アウシュヴィッツのレジスタンスの他のメンバーに、食品トレイの底に隠して渡した。火薬、石の小片、砕いたレンガを使って自家製爆弾が作られた。これらはゾンダーコマンドに密かに渡された。
1944年10月7日、ゾンダーコマンドは、ハンマー、石、斧でSSの看守を攻撃した。手製の爆弾で火葬場を爆破し、収容所を囲む有刺鉄線を切断して近くの森に逃げ込んだ。何百もの囚人が逃げ出したが、すぐに全員が捕らえられ、殺された。
SSは、ローザ、エラ、エステル、レジーナが火薬を盗んだことを突き止めた。拷問を受けながらも、彼女たちはレジスタンスの仲間の名前を言うことを拒否した。4人の女性は絞首台に連れて行かれ、他の収容者の前で絞首刑にされた。ローザは最期の瞬間、群衆に向かって『ハザク・ヴェエマッツ！』、『強くあれ、勇気を持て！』と叫んだ。

第3章　歴史授業におけるレリバンスの構築とケイパビリティ　61

A/B　フェイ・シュルマン

フェイは1919年、正統派ユダヤ人の大家族に生まれ、ソ連との国境に近いポーランドの小さな都市レーニン市に住んでいた。わずか16歳のフェイは、1935年に、一家の写真業を引き継いだ。

1941年6月のソ連への侵攻により、レーニン市はナチスの占領下に置かれた。1942年5月にゲットーが設置されるまで、まもなく健常な男性はすべてレーニン市から追放された。8月までにナチスはゲットーの清算を決定し、そこに住んでいた1850人のユダヤ人—フェイの家族を含む—を殺した。フェイは、ナチスから虐殺を記録したフィルムの現像を命じられた。

フェイはパルチザンの襲撃で町を逃れ、森に避難場所を見つけてパルチザンのグループに加わり、看護婦として働いた。しばらくして、フェイはカメラやその他の機材を取り戻し、その後2年間、パルチザンとしての生活を記録した何千枚もの写真を撮った。

USSR, Partisans, Winter 1944
Yad Vashem #53434

Polesie, Poland, Russian partisans from the Molotov Brigade, 1943-1944
Yad Vashem #51324

A/C/E　ザルマン・グラドフスキー

死のキャンプでは、ユダヤ人捕虜が数千人のユダヤ人男性、女性、子供たちをガス室に導くことを強制されました。そして、死体を引きずり出し、口の中の金歯を抜き取り、死体を焼却したのです。戦後、アウシュビッツ・ビルケナウの土中に埋められた文書が発見されました。その文書は、これらのユダヤ人捕虜の一部である「特別行動班」によって書かれたものでした。その中には、ザルマン・グラドフスキーの文章もありました。

「親愛なる発見者へ。あらゆる場所、土の隅々まで探し出して下さい。ここには、私や他の人々の書類が数十点埋められており、ここで起こっていたことのすべてを明らかにするでしょう。大量の歯も埋められています。私たち特別行動部隊が、殺された数百万人の人々の物的痕跡を世界に見つけてもらうために、できる限り多くの歯を地面にばらまいたのです。私たち自身も、解放の瞬間を迎えることはないでしょう。生き延びられる望みは失っています。

Auschwitz-Birkenau State Museum

ゾンダーコマンドは、ナチスが自分たちの犯罪の痕跡をすべて隠すために、自分たちが目にしたことを口外しないように自分たちを殺害するだろうということを知っていた。そこで彼らはいつの日か真実が明らかになることを願って、これらの書類を自分たちが埋葬された人骨の中に隠した。ザルマン・グラドフスキーもまた、1944年10月7日のゾンダーコマンドによる反乱のリーダーの一人であった。彼は、ゾンダーコマンドがSSの警備員を攻撃し、アウシュビッツ・ビルケナウの焼却棟の一つを爆破した後、殺された。

Auschwitz-Birkenau State Museum

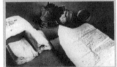
写真にあるアルミニウム製水筒は、アウシュビッツ・ビルケナウの焼却炉の灰の中に埋もれていた状態で戦後に発見された。この水筒の中には、ガス室での作業を強制されたユダヤ人特別作業班が書いた大量殺人の目撃証言が収められていた。

エマニュエル・リンゲルブルム

Portrait with son
Yad Vashem #4406

戦後、ゲットーの廃墟の下から、牛乳缶などに埋もれたリンゲルブルムの記録が発見された。

Uncovering the archive
Yad Vashem #39262

Milk churns and tins
Yad Vashem #11671

歴史家のエマニュエル・リンゲルブルムは、ワルシャワ・ゲットー内の日常生活と死の記録を残すグループを率いていた。この秘密のアーカイブは「オング・シャバット」と呼ばれた。ゲットーに到着したユダヤ人は、ポーランドの他の地域で起こっている出来事の話を持ち寄った。それらも記録された。さまざまな政治的見解や宗教的背景を持つ大人や子ども、男性や女性など、あらゆる人々が参加した。また、ユダヤ人の強制送還と虐殺に関する資料も収集し、何が起こっているのかを記録し、世界に知らせるようと、書類、写真、絵画などの記録を安全に保管するために地下に埋めました。

「すべてを記録しなければならない。1つの事実も漏らさずに。そして、その時が来たら、それは必ず来るのだが、殺人者が何をしたのかを世界に読んでもらい、知ってもらおう。」
Yad Vashem

1943年3月、リンゲルブルムとその家族はワルシャワ・ゲットーを脱出し、隠れ家に入りました。1か月後、リンゲルブルムは蜂起に加わるためにゲットーに戻った。彼は捕らえられたが脱走し、家族のもとへ戻った。1944年3月、彼らの隠れ家は発見された。エマニュエル・リンゲルブルム、彼の妻、13歳の息子、そして彼らがかくまっていた約30人のユダヤ人は、ゲットーの残骸となった廃墟に連行され、殺害された。

イツホック・ルダシェフスキー

1927年12月10日、リトアニアのヴィリニュスで生まれたイツホックの子供時代は、第二次世界大戦の勃発によって崩壊した。ソビエトの支配下で生活した後、1941年夏、ヴィリニュスはナチスの手に落ちた。その直後、幼いイツホックは日記を書き始め、家族がヴィルナのゲットーに移された後も書き続けた。

「最初のゲットーの日が始まる。私はすぐに通りに飛び出した。小さな通りは、まだ落ち着きのない大勢の人々でいっぱいだ……私はまるで箱の中にいるような気がする。呼吸する空気もない。どこに行っても、自分を閉じ込めるゲートに出会う。」
Ghetto Fighters'House Museum, Catalogue #53677

Yitzkhok in Vilnius (Vilna)
with his father Eli circa 1930
ヴィルナの水辺を歩くユダヤ人の父と息子
Pictured are Eli Rudashevsky and his son Yitzhak - USHMM #14780

イツホックはゲットーでの生活にすぐに適応し、大人の役割と責任を引き受けました。それでも、彼はさまざまなクラブに通う時間を見つけ、1942年10月にゲットーの学校が設立されると、日記にそのことを熱心に書き記しました。1943年9月、ゲットーが避難されることになり、15歳のイツホックと家族は隠れ家に入りました。2週間後、彼らは発見され、ポナリにある集団墓地で殺害されました。ゲットーからなんとか逃れることができたイツホックの従姉妹サラは、後にパルチザンとともに戻ってきた際に、彼の日記を発見しました。日記の存在を知っていた者は誰もいませんでした。

「私たちのグループでは、二つの重要な興味深いことが決まった。私たちの文学グループに、イディッシュ詩と、最も重要なゲットーの民間伝承の収集を行うセクションを新設することになった。このセクションには非常に興味をそそられ、強く惹きつけられました。ゲットーの民間伝承は驚くほど豊かに育まれており、将来の宝として収集し、大切にしなければならないからです。」
Ghetto Fighters'House Museum, Catalogue #53677

第 3 章　歴史授業におけるレリバンスの構築とケイパビリティ　　63

カロニムス・カルマン・シャピラ師

ラビ、作家、教師であったカロニムスは、戦間期に若者とその教育に献身的に取り組む人物として名声を得ました。カロニムスはハシディズムの著名な人物の家系に生まれ、その知性によって学問の分野で急速な成果を収めましたが、人との関わりにおける手腕もまた、彼を宗教指導者として頭角を現す存在にしました。

カロニムスは強い宗教的信念を持ち、世俗化の進展に幻滅していました。この思いと、学問への情熱が相まって、彼は戦間期のワルシャワ最大の由緒ある宗教学校を設立しました。カロニムスにとって、生徒たちは自らの学習に積極的に取り組み、「潜在的な偉大さ」というビジョンを持つべきであると考えました。

1939年9月のナチスによるポーランド侵攻の際、彼の妻と息子、そして親しい家族は爆撃により全員が死亡しました。カロニムスはワルシャワから逃れる機会を与えられましたが、彼は留まることを選び、ゲットーに収容されました。そこで彼は、ユダヤ人の文化的生活を維持し、精神的指導者としての役割を果たすために、精力的に活動しました。彼はさまざまな社会慣習を守り、秘密のシナゴーグを作り、少数の信者に説教を行いました。

1943年1月初旬、カロニムスは自分の著作を土中に埋めました。それから数か月後、ゲットーから強制移送された彼は、さまざまな収容所を経て、1943年11月の「収穫祭作戦」で殺害されました。

レオン グリーンマン

1910年にロンドンで生まれたレオン・グリーンマンは、妻のエルザと2歳半になる息子バーニーとともにオランダのロッテルダムに住んでいた。1942年10月、彼らは他のユダヤ人家族とともに捕らえられ、ヴェステルボルクの通過収容所に収容されました。レオン、エルザ、バーニーの3人は1943年1月にアウシュビッツに移送されました。エルザとバーニーは到着後すぐに殺害されました。

その日ヴェステルボルクから到着した700人のうち、50人の男性が仕事のために選ばれた。レオンもその一人だった。妻と幼い子供の運命を知らぬまま、レオンは生き残るために自らの才覚を駆使しました。彼は人々と協力し合い、助け合いました。彼はアウシュビッツ III のモノヴィッツの兵舎を訪れ、パンやスープを余分にもらうために歌を披露し、理髪師としての技術を生かして配給の不足を補った。彼は死の行進の最中にどこで眠るかを選択し、凍える夜に死なないようにしました。彼は家族と再会し、世界に何が起こったかを伝えることを決意していました。

肺炎で重病になっていたレオンは、エルザとバーニーがもうこの世にいない夢を見た。夢のことを友人に話し、もうこれ以上耐えられないと告げると、友人は、もしエルザとバーニーがイギリスに戻っていて、レオンが諦めてしまったことを知ったらどうするだろうかと尋ねた。その言葉でレオンは、家族と再会できることを願って生き延びようと決意した。

An Englishman in Auschwitz, page 96. Vallentine Mitchell Publisher

E/F　ルドルフ・ヴルバ と アルフレッド・ヴェッツラー

Rudolf Vrba
Auschwitz-Birkenau State Museum 20892/2

1944年4月7日、ルドルフとアルフレッド――二人のスロバキア系ユダヤ人――はアウシュビッツ・ビルケナウからの脱走を開始した。倉庫から持ち出した服を着て、二人は最初、収容所の外周フェンスのすぐ内側、日中収容者たちが働いていた場所の近くにある、くりぬかれた木の煙突に隠れた。親衛隊が捜索する中、2人は3日間そこに留まった後、ハンガリーのユダヤ人に何が待ち構えているかを広めるため、ポーランドとスロバキアの国境へ徒歩で向かった。一週間以上後、彼らはようやくジリナの町にたどり着き、そこで地元のユダヤ人指導者たちと接触し、自分たちの体験を話した。彼らは、スケッチ入りの報告書を作成し、4月末までに完成させ、ドイツ語に翻訳した。

ヴルバ＆ヴェッツラー報告書は、アウシュビッツ・ビルケナウで何が起こっているのかについてのこれまでの証言を裏付けるものであった。スロバキアのユダヤ人指導者たちはこの報告書を他の人々に伝えたが、この文書が連合国に届き、公表され始めたのは6月になってからであった。この間に、ハンガリーからアウシュヴィッツへの強制送還は激化していた。1944年7月7日、ハンガリーの国家元首は強制送還を停止した。報告書の全文は1944年11月にようやく公表された。

Alfred Wetzler
Auschwitz-Birkenau State Museum 14047

F　ウルスラ・クリップシュタイン

登校初日、キャンディーが詰まった伝統的なコーン「Schituete」を手にポーズをとるウルスラ・クリップシュタイン 1937年
USHMM #99697

ウルスラは1930年12月7日、両親イルマとレオの間にドイツのプラウエンで生まれた。1930年代を通じてドイツ系ユダヤ人の状況が悪化するなか、一家はアメリカ行きのビザを得るためにひたすら待ち続けた。1939年2月、ウルスラはケルンからブリュッセル行きのキンダートランスポート列車に乗せられ、後に両親が到着するまで孤児院で過ごした。

その後数年間、一家はベルギーの地下組織の助けを借りて暮らしたが、1942年にベルギー人家族のもとに身を隠した。その数ヵ月後、イルマとレオはユダヤ人であると糾弾され逮捕された。ウルスラはオランダ人の隣人の子どもだと警察に思われたため、無傷で残された。

ウルスラは家族の友人を頼り、その友人が12歳のウルスラを近くの修道院に避難させてくれた。

ウルスラはジャニーヌ・ハンベンネと改名させられ、1943年6月から1944年9月の解放まで、修道院で誰にも見つからないように暮らした。戦後、彼女は両親と再会した。一家は1947年にアメリカに移住した。

第1図　10件の事例カード　　　　　　　　　　　　（筆者訳出）

ツラー，Fとしてウルスラ・クリップシュタインといった分類が想定されるが，複数の類型に当てはめることのできる事例も少なくない。この分類作業を通して，生徒これらの人物の取った行動について具体的に考察することになる。

　展開2では，展開1で検討した10事例の共通点や相違点，それぞれの目的は達成されたか否か，目的が達成されなかったらその行為は無駄であったのかどうか，などについて教室で話し合わせることによって，事例で紹介された人々の行為の持つ意味について考える。そして，最後の**まとめ**では，この時間に行ったクラスでの話し合いやグループでの事例検討に基づいて「ユダヤ人がどのように，なぜ彼ら／彼女らのしたような反応や抵抗を行ったのか」について作文を行い，授業を終了する。

4．おわりに〜事例から見えるもの〜

　これまで，筆者はレリバンスの構築をめざす歴史授業における「実存的な問い」の重要性に着目してきた[6]。「実存的な問い」とは，「私自身」が過去や自分が生きている現在の社会に対してどう向き合うかを自己に向かって問うものである。「私はなぜ〜」「私はどのような〜」「私はどうすれば〜」「私は何を〜」といった「一人称の問い」と言っても良い。そして，ここで言う「実存」とは，生徒ひとり一人は「そこに現実に実在している人，"この人"といって指さすことのできる現実的個別的な存在であり，他の人と入れかえることのできない独自の存在」，そして「現実世界に投げ出され，その中で自己にふさわしい可能性・行動を追求する存在（投企：project）」であることを意味しており[7]，「実存的な問い」はこの「私自身」が現実世界にどう向かい合うかを，生徒自身，ひとり一人が探究していく問いである。このような「実存的な問い」について思惟することは，「自分事」の歴史授業，「レリバンス」を構築する歴史授業の実現の有効な方途の一つである。

　今回検討したホロコースト教育センターの授業プラン群の構成および授業

モデルでは，生徒と等身大の現実的個別的な市井の人物の社会・世界との向き合い方を具体的に検討することが大きな特徴であった。その結果，特別な偉人や英雄といった歴史上の有名人物の事例を中心に語るのではなく，市井に生きる普通の人々がホロコーストにどのように反応・抵抗し，尊厳を持った自由であるべき存在としてどう行為したかを考察するプロセスの中で，生徒は「自分だったら，どのような反応・抵抗ができただろうか」という「実存的な問い」を持つことが可能になり，ホロコーストとの間にレリバンスを構築し，ホロコーストを追体験できるものとなっていた。

　このようなレリバンスを構築する「自分だったら，どのような反応・抵抗ができただろうか」という問いを生徒が追究することは，とりわけケイパビリティの剥奪されたホロコーストのような状況の中では，「自分ならそこで何ができたのか」「自分ならどのような状態にすることができたのか」「自分ならどのように生きていきたいか（生きていけるのか）」を自分自身で選択することを迫るものであり，これはケイパビリティの意味や意義，重要性を追究することと同義になるのではないか。筆者は，そこにケイパビリティと歴史教育を架橋する視点の一つがあると考えている。

注

1）馬上（2006）は，ヌスバウムがケイパビリティについて「何ができるのか，どんな状態になれるのか」を問う「ケイパビリティ」は，むしろある機能（＝個々の潜在的能力発揮：筆者加筆）が社会的な仕組みのゆえに実際には機能できない状態を捉えようとするものであり，個人の努力や自己責任の問題として回収されてはならないものとらえていると定義・説明している。

2）Centre for Holocaust Education, https://holocausteducation.org.uk/about/ によると，UCL ホロコースト教育センターは，ユニバーシティ・カレッジ・ロンドンの教育社会学部である IOE の一部であり，2008年にピアーズ財団によってホロコースト教育開発プログラム（HEDP）として設立され，2012年よりロンドン大学でホロコースト教育センターとして教材開発・教師教育・教師研修等を行っている。（2024年 8 月23日）

第3章 歴史授業におけるレリバンスの構築とケイパビリティ 67

3）Centre for Holocaust Education, https://holocausteducation.org.uk/teachers-re-sources/ には，無料のオープンアクセスの授業プランとして，現在23パターンの授業が紹介され，それぞれ授業計画，授業で利用する資料・教材，VTR，プレゼンテーションデータなどが公開・入手できるようになっている。第1表はこれら各々の授業プランの内容の概要を筆者がまとめて示したものである（2024年8月23日）。

4）他にもホロコースト教育センターの授業プラン群に見られる典型的な事例として「第3部14 人間であること？」がある。これについては，全国社会科教育学会第65回研究大会・社会系教科教育学会第28回研究発表大会の合同研究大会（2016年10月9日）で二井正浩が発表した「歴史授業における『問い』と主権者教育に関する考察—三つのアプローチ—」（資料は https://researchmap.jp/m.nii/presentations/36373127 よりダウンロード可），日本地理学会2024年春季学術大会（2024年3月20日）で二井が発表した「ケイパビリティと歴史授業におけるレリバンスの構築〜新科目「歴史総合」と英国 PGCE 教材 "Human Being?" を事例に〜」（資料は https://researchmap.jp/m.nii/presentations/46101124 よりダウンロード可），および，二井（2024a）において分析を行っている。（2024年8月23日）

5）Centre for Holocaust Education, https://holocausteducation.org.uk/lessons/bea con-school-lead-teachers-programme/striving-to-live-how-did-jewish-people-re-spond/ には，指導案および映像資料，プレゼンテーション資料，事例カード等がすぐに利用できる状態で示されている。第1図はここに示された事例カードを筆者が訳出したものである。（2024年8月23日）

6）二井（2024b）では，「実存的な問い」の重要性について「これまでの社会科の"問い"は社会を対象に，社会を探究するための"問い"として論じられることが多かった。例えば，"なぜ"という問いは理由の説明，特に因果関係を問う場合に用いられることが多い。その為，これまで社会科の問いの中心に据えられることが多かった（例えば"なぜ源頼朝は鎌倉に幕府を設けたのか"など）。しかし"なぜ，私の子どもは病気になってしまったのか""なぜ，私はあの時，彼／彼女に優しい言葉をかけられなかったのか"といった問いは，"なぜなら，あなたの子どもは生まれた時から既に病気の原因を抱えていたから"とか"あの時，私は教室へと急いでいたから"といったような答えを求めているわけではない。発問者は子供の病気の原因を説明できるようになりたい訳でもないし，言葉がけができなかった理由を説明し，言い訳がしたいわけでもない。これらの問いは，一見，理由を問うているように見えるが，その真意は実存者である自分にとっての

68　第Ⅰ部：授業・教材開発編

現実や事実の"意味"を問おうとするものになっている。そして，その答えは自分にしか見つけられない。そういった自己に向かう問い，つまり"実存的な問い"の視点から社会科教育・歴史教育の現在の"問い"の在り方の系統を積極的に広げていくことが今後求められるのではないだろうか。」と説明している。

7）松浪（1962）はサルトルを引用して「人間の実存は一つの企てである。企てるproject とはその語義が示すように，前に投げかけることである。」と説明している。

文献

川本隆史（2012）：ケイパビリティ，大澤真幸・吉見俊哉・鷲田清一編集委員・見田宗介編集顧問『現代社会学事典』，弘文堂，pp. 343-344.

二井正浩（2024a）：エンパシーに着目したレリバンスを構築する歴史授業—P. サーモンズの「人間であること？」を事例に—．關浩和・吉川芳則・河邊昭子編『レリバンスの構築を目指す令和型学校教育』，風間書房，pp. 197-206.

二井正浩（2024b）：レリバンスの構築をめざす歴史教育の可能性—歴史教育において"実存的な問い"にう向き合わせるか—．社会系教科教育学論叢，4，pp. 79-80.

松浪信三郎（1962）：『実存主義』，岩波書店.

馬上美知（2006）：ケイパビリティ・アプローチの可能性と課題—格差問題への新たな視点の検討として—．教育学研究，73（4），pp. 420-430.

森田次朗（2020）：教育社会学にケイパビリティ・アプローチを応用する．中京大学大学院社会学研究科社会学論集，19，pp. 21-25.

Bruner, J. S.（1971）：*The Relevance of Education*, W. W. Norton & Company. Inc. ブルーナー，J. S. 著，平光昭久訳（1972）：『教育の適切性』，明治図書.

Centre for Holocaust Education：https://holocausteducation.org.uk/about/（2024年8月23日）

謝辞

第1図はホロコースト教育センターのホームページに授業資料として提示（https://holocausteducation.org.uk/wp-content/uploads/Striving-to-live-case-study-cards-for-classroom.pdf）されていたものであり，本章での訳出・掲載は，UCL の Alison Kitson 博士の協力，Andy Pearce 博士の快諾によって可能となった。この場を借りて心からのお礼を申し上げる。

第4章
ケイパビリティ拡張を目指した教職大学院での授業の試み
―地域の社会科教育実践史の活用を通して―

茨木　智志[*]

1．はじめに

　本稿は，地域の社会科教育実践史を取り入れたケイパビリティ拡張を目指した教職大学院における授業の試みを報告するものである。具体的には江口武正による文集『こうちせいり』（耕地整理。1954年）を取り上げた。

　まず，「力強いペダゴギーを組み込んだケイパビリティ論の拡張による教科教員養成国際共同研究」（以下，本共同研究）における本稿の位置づけを確認する。志村喬の整理によれば，教育におけるケイパビリティとは学習者の将来の生き方に対して自律・自由をもたらす潜在能力であり，これを保障し拡張することを学校教育の目的と設定する（志村，2021）。そして，教科教育として，教科の力強い知識のみならず，教科の力強いペダゴジー（ペダゴギー，教授法）を組み込むことで，ケイパビリティの更なる拡大による教科教員養成の向上を目指している（志村，2022；志村，2023）。このような中で本稿は，地域における社会科教育の過去の実践（社会科教育実践史）を活用した，教員養成を含めた教職大学院での授業の試みを通して本共同研究への寄与を企図したものである。

　本稿の背景には，学校教育全体が近年特に固定化・硬直化しているのではないかという問題意識がある。もちろん数多くの新たな授業実践や教材開発が日々行なわれており，様々な改革が学校教育にも試みられていることは間違いない。しかし，教科教育に限ってみても様々な枠組みが厳然として存在

---

[*]上越教育大学

しており，それは規定的なもののみならず，教師の意識の中にも存在している。すべてにおいて基準や基本は大切なものではあるが，上記のケイパビリティの拡張を意図する際には，教師の思考の中に様々な可能性が存在していることが重要な要素であると考える。本稿はこの点を促すために，教職大学院における授業において地域の社会科教育実践史を取り入れた試みとなる。

2．上越教育大学教職大学院における教科教育に関わる共通科目

　ここで，本稿で取り組んだ授業に関して説明をする。上越教育大学（以下，本学）の大学院では，旧来の教職大学院に加えて，修士課程であった教科教育等を含めて2022年度から全面的に教職大学院に移行し（臨床心理研究コースを除く），3コース・11領域・13分野の定員190名の組織となっている。教職大学院では共通科目・コース別選択科目・実習科目の46単位の修得と学修成果報告書の審査を経て修了認定がなされている。この中の共通科目について2024年度からカリキュラムを改めて16科目（各1単位）16単位の修得を求めるようにした。この共通科目は以下のように構成されている。

　教育課程の編成及び実施に関する科目：2科目
　教科等の実践的な指導方法に関する科目：4科目
　生徒指導及び教育相談に関する科目：4科目
　学級経営及び学校経営に関する科目：4科目
　学校教育と教員の在り方に関する科目：2科目

　教職大学院に在籍する全教員が各自の専門に相応しい共通科目のいずれかを担当する中で，「教育課程の編成及び実施に関する科目」は教科教育学専門の教員が中心となって担当している。この「教育課程の編成及び実施に関する科目」は，「教育課程の編成・実施の実践と課題」と「創造的カリキュラム開発の実践と課題」の2科目として，前期の特定の時間に連続して開講することとした。教職大学院においては少人数教育が求められている。その

ため，各授業の前半は4つのテーマについての講義としつつ，後半はその講義を踏まえたグループでの探究活動とクラスでの発表として，受講生を4クラス32グループに分けた。約5名から成る各グループには1～2名の現職教員の学生を配置し，なるべく領域・分野の異なる学生で構成するようにした[1]。

　科目設定とその中のテーマ設定について，教職大学院の共通科目，すなわち全学生の必修科目として，いかなるものが相応しいのかには議論を要した。種々の検討の結果，以下のような，それぞれ4つのテーマを設定した。

「教育課程の編成・実施の実践と課題」
　　資質・能力ベースの教育課程の編成・実施の在り方と課題
　　資質・能力ベースの教育課程を推進する単元構成の考え方
　　個別最適化の評価と改善の方途の実践と課題
　　教育課程の評価と改善の方途の実践と課題
「創造的カリキュラム開発の実践と課題」
　　小中高連携の視点からの創造的カリキュラム開発の実践と課題
　　グローバルの視点からの創造的カリキュラム開発の実践と課題
　　地域の視点からの創造的カリキュラム開発の実践と課題
　　教科横断の視点からの創造的カリキュラム開発の実践と課題

　各テーマの講義については授業担当者が分担して実施した。筆者が分担したのが，「創造的カリキュラム開発の実践と課題」の中の「地域の視点からの創造的カリキュラム開発の実践と課題」であった。

3．「地域の視点からの創造的カリキュラム開発の実践と課題」における江口武正「耕地整理」の意義

　このテーマの中心は「地域の視点」となる。これに「はじめに」で述べた筆者の問題意識を加味して，江口武正の実践した単元「耕地整理」を取り上

げることとした。この点について説明する。

　江口武正「耕地整理」は1954年9月から12月に新潟県中頸城郡津有村立戸野目小学校（後に高田市立戸野目小学校となり、現在は上越市立戸野目小学校）の5年生で実施された単元である。1956年1月に『村の五年生―農村社会科の実践―』（新評論社）として発行されると全国的に大きな反響を及ぼしたことで知られる。

　単元「耕地整理」は、初期社会科の授業実践に位置づけられる。初期社会科は、一般的に1947年版と1951年版の社会科学習指導要領による社会科授業が実施されていた時期のものとされている（木村, 2024）。そして1955年版と1958年版の社会科学習指導要領以後に、社会科は位置づけや性格を改めていき、その後の様々な経緯を経て今日に至っている（茨木, 2019）。初期社会科の時期は、戦後教育改革とその流れを汲んで、教育主体としての地方教育委員会の設立、各地での地域教育計画、各校でのカリキュラム改造などに見られるように、教育全体に地域（地方）の意味が強調された。社会科では、児童が実生活の中で直面する切実な問題、つまりそれぞれの地域社会の問題を取り上げて自主的に究明し、解決していくことが学習の理想とされた。これについて1951年発行の小学校社会科学習指導要領では「社会科の意義」として次のように強調されていた（文部省, 1951）。

　　社会科は、児童に社会生活を正しく理解させ、同時に社会の進展に貢献する態度や能力を身につけさせることを目的とする。…
　　…かれら（児童：引用者注）が実生活の中で直面する切実な問題を取りあげて、それを自主的に究明していくことを学習の方法とすることが望ましいと考えられる。
　　なぜなら児童がかれらにとって切実な現実の問題を中心にして、じぶん自身の目的と必要と関心とによって自主的に社会生活を究明してはじめて、もろもろの社会事象がかれらにとってどのような意味をもつかが明らかとなり、したがって、これに対するかれらの立場も自覚されてくるからである。しかもこのような問題解決の過程を通じてこそ、じぶんの生活の中につねに積極的に問題を見いだして

いこうとする態度や，共同の問題のためにじぶんの最善を尽して協力しようとする態度，したがって絶えずかれらの生活を進歩向上させていく能力をも，真に身につけることが期待できるのである。すなわちこのような方法によってのみ，社会生活の理解や，その中におけるかれらの立場の自覚や，これに適応し，これを進歩向上させていく態度や能力が，個々別々のばらばらのものとしてでなく，それぞれの児童なりに統一されたものとして，かれらのものになっていくのである。
（下線は引用者。仮名の表記を一部改めた）

　ここでは自主的な問題解決学習を通じてのみ，児童による意味の理解や立場の自覚がなされ，さらに態度や能力が身に付くことが主張されている。後述するように，江口武正の「耕地整理」は，ここで記されているような社会科（初期社会科）が理想とする授業を進めたものと見なされた。その後，系統学習による社会科観が浸透すると，「耕地整理」のような授業は後景に退くこととなる。その一方で，「新しい学力観」「総合的な学習の時間」「社会的見方・考え方」など，ある意味で初期社会科に通ずるものがその都度取り上げられて現在に至っているが，社会科が本来持っていた学習の在り方を，地域で実践された「耕地整理」を通じて確認する経験は，現在および将来の教師にとって専門教科・領域を超えて非常に重要なことであると考える。

　地域教育史研究の意義と課題を説いた佐藤秀夫は，地域教育史の意義を「地域の教育現実に立脚して，その変革の展望のもとに地域における教育の歴史を，官側の政策の「浸透」「定着」の相においてだけでなく，民衆の自己教育の歴史としても，とらえ直そうとするもの」と提示し，地域教育史研究には「研究の在地性」，つまり「逃れようもない自分たちの地域に責任をもつことから始まる」ものであること，地域を「中央」の客体ととらえずに「地域の自主性・主体性に立脚していること」などの共通点があり，さらに今後の研究においては，総合的に「教育実践の歴史をその研究対象の中心にすえること」などを主張している（佐藤，1976）。佐藤の主張は，教育史研究における地域教育史の意義と課題を提示したものであるが，江口武正の「耕

地整理」を今日において改めて地域教育史の一部として位置づける視点につながるものであり，教師が「耕地整理」という歴史上の実践を学んでいく意味につながるものと受けとめることができる。

江口武正の「耕地整理」を記録した『村の五年生』は1956年に発行されたときから大きな反響を呼んだことは前述した。加えて，その後も研究の対象として，また解説すべき事項として1970年代から2020年代まで継続して今日に至っている。特定の実践や教材の扱われ方，取り上げられ方，位置づけられ方の変遷が，授業づくり・教材づくりにとって重要な研究領域であることは木全清博が早くから指摘している（木全，1993）。江口武正の「耕地整理」は，これを今日において学ぶことの意味を考える豊富な材料を有している実践である。

以上のように，初期社会科という制度的に今日の社会科よりも幅広い想定で授業を構成することが期待され，また今日の授業方法とは違いのある問題解決学習に正面から取り組んだ江口武正の「耕地整理」という1954年に「地域の視点」で構想・実施された歴史上の社会科授業実践を取り上げることで，教師が意識的に押し広げていくべき授業の可能性を具体的な事例をもって学ぶ機会としたい。また，本学の近隣に当たる地域での実践である点は大いに活用できる。それは受講生の意識を高めることだけでなく，「耕地整理」を通して見た当時の状況と今日の状況との違い（景観など）を実地に確認できる点にも求められる。

4．江口武正の「耕地整理」実践を活用した教職大学院授業の構想

江口武正の「耕地整理」実践の活用方法を前述した本学での大学院授業の特徴に合わせて考える。受講生は学部を卒業して大学院に入学した現役大学院生および小中高の現職教員として大学院に入学した現職大学院生で構成されている。教育という共通項は明白である一方で，現役大学院生には教員免許を全く持たずに現在取得中の者から小中高の教員免許を取得済みの者まで

第4章　ケイパビリティ拡張を目指した教職大学院での授業の試み　　75

おり，現職大学院生を含めて各自の専門分野や経験・知識，興味・関心には非常に幅がある。そのような中で，江口武正の「耕地整理」を取り上げて各自の考察をもとに少人数のグループで意見を交換することで，授業で地域の課題に取り組むことの意味を，多様な受講生それぞれに応じた形で考え直す機会になると判断した。

　単元「耕地整理」の背景から説明がなされ，授業に際しての児童とのやり取り，作文や詩を含めた児童の活動の様子，江口が考え感じたこと，「父母や村人の意見」，その他の資料も掲載されているのが『村の五年生』である。単元を深く理解するためには『村の五年生』を読むのが最適であろう。これをすべての受講生が精読した上で授業に臨むのが理想であるが，それは難しい。そこで，1コマ90分の授業の中でこの授業実践に関わる資料を各自が読み，それをもとにグループで意見交換をすることを受講生の活動の中心に据えた。

　受講生が取り組む資料としては，単元のまとめとして学級で作成された文集である『こうちせいり』を利用した[2]。単元に関わる情報量は『村の五年生』に比べてはるかに少なく，まとめの文集であるため，成果物ではあっても学習のすべてが盛り込まれているわけではない。また，文集なるものは教育史の資料としては一定の注意を払うべきものであるとつとに指摘されている（佐藤，1976）。ただし，文集『こうちせいり』は単元「耕地整理」の授業実践に関わる一次資料である。授業過程の資料の重要性は実践史研究においても指摘されている（木全，1996）。利用したのは複写ではあるが，江口が鉄筆で文字を書き（原紙を切り），児童の版画や手書きの図表を随所に掲載した一次資料である。学生にとって過去の授業記録や実践報告を読む機会はあっても一次資料に接する機会はほとんどないと思われる。ここでは一次資料である文集『こうちせいり』を読むことを通して，地域の授業実践について考える良いきっかけになると判断した。なお，『村の五年生』では文集『こうちせいり』の児童の文をそのまま使用しつつも一部を漢字に直すなどの刊行

76   第Ⅰ部：授業・教材開発編

物としての読みやすさを配慮した修正を施している。

　そこで，授業の前半では，資料である文集『こうちせいり』を読む際に参考になる事項，理解を助ける事項に特化して講義形式で説明を行ない，授業の後半で受講生が文集『こうちせいり』に取り組むという構成とした。

5．文集『こうちせいり』を活用した「地域の視点からの創造的カリキュラム開発の実践と課題」の内容

　前述のように，90分の授業を大きく前半と後半に分けて，前半では地域の意味，授業者・江口武正，単元「耕地整理」，文集『こうちせいり』などに関わる説明を内容とする講義を行ない，後半では文集『こうちせいり』についての受講生の活動とした。全体的な内容は以下のとおりである（番号は授業時に使用したものである）。

【授業前半における説明】
　　0．「地域の視点から」とは
　　1．『村の五年生』（1956年）について
　　2．江口武正について
　　3．文集『こうちせいり』（耕地整理）について
　　4．単元「耕地整理」について
【授業後半における活動】
　　5．受講生による文集『こうちせいり』の考察と意見交換

5.1．授業前半における文集『こうちせいり』についての説明

　以下，授業内容の概要について述べる。授業の前半の説明の部分では次のような内容を取り上げた。

　「0．「地域の視点から」とは」では，地域に関わる基本を説明した。教育における「身近な地域」について，都道府県・市区町村・学区域などが対象

となり，それを児童・生徒の生活の場であり，"地域を知り，考える"という目的の場であるともに，"地域で知り，考える"という方法の場であることが，特に社会科で検討が続けられていることを確認した（朝倉，1985）。あわせて市境・県境・国境をまたいだ「地域」の存在や「郷土」「地方」「地域」の違いについても簡単に注意を促した。

「1．『村の五年生』（1956年）について」では，地域の視点からの創造的カリキュラム開発の具体的な題材として，江口武正『村の五年生』（1956年）の単元「耕地整理」を取り上げることを受講生に示した。なお，授業の場でも確認したが，「江口武正」「村の五年生」「単元　耕地整理」という言葉のいずれかを知識として持っている受講生はごく少数である。新潟県内の現職教員の大学院生でも，年齢層としては比較的若いということもあり，特に初期社会科や地域での教育実践史に触れる機会がないと知識として知らないのが普通である。そこで，『村の五年生』がどのようなものであるのかという説明とともに『村の五年生』がどのような影響を及ぼしてきたのかの説明をした。具体的には，『村の五年生』の書誌情報に加えて，1954年9月から12月に実施された新潟県中頸城郡津有村立戸野目小学校5年生の単元「耕地整理」の授業実践の記録であり，出版されると全国的に大きな反響を及ぼしたことを示した。『村の五年生』の影響については，主に社会科に関わる資料集や事典で継続して取り上げられていることを1970年代から2024年の今日までの各文献を提示すること，1992年に復刻もされていること（江口，1992）で示し，さらに『村の五年生』を題材にして各方面から進められた1990年代以後の研究について主な著作や論文を提示した。

そして「2．江口武正について」で，著者であり授業実践者である江口武正（1926〜2012年）について紹介した。江口の論著や活動は膨大なものであるが，ここでは1954年の単元「耕地整理」に至る頃までの足跡を確認するにとどめた。具体的には以下の内容である（和井田ほか，2006）。1926年10月に中頸城郡保倉村（現在の上越市）で生まれ，1941年3月に高等小学校を卒業

して高田師範学校予科に入学（14歳），1944年4月に本科1年生となるも戦局悪化により学業が停止されて学徒動員となり，1945年8月に徴兵されて松本の歩兵連隊に入営したが（18歳），敗戦により帰郷して10月に復学した。1947年3月に新潟第二師範学校本科3年を卒業して戸野目小学校に着任した（20歳）。着任後に様々な教育活動に従事しながら1954年9〜12月に単元「耕地整理」の実践を進めている（27〜28歳）。そして文集『こうちせいり』を読んだ農民教育家として知られる松丸志摩三（1907〜1973年）の強い勧めにより『村の五年生』が執筆されて1956年1月に出版された（29歳）。

「3. 文集『こうちせいり』（耕地整理）について」では，本学附属図書館所蔵本の写真を示しつつ，単元「耕地整理」の学習の結果をまとめた文集であり，表紙に書かれている「こうちせいり」「社会科学習のまとめ」「1954・12・1」「中頸城郡津有村立戸野目小学校五年一組」の記載を確認し，表紙・「もくじ」・本文35ページのB5判のガリ版刷印刷の冊子であることを説明した。あわせて本学附属図書館の「江口資料」についても紹介した（和井田，2005；釜田，2005）。

以上の概要を経て，「4. 単元「耕地整理」について」で単元の学習内容，つまり文集のもととなっている学習について説明をした。その際，『村の五年生』の以下の目次の内容を基本とした（江口，1956）。

まえがきにかえて
1. 田んぼのひろがり
2. 恵子の家の田
3. 村の耕地整理
4. 三十年前の耕地整理
5. 古い考え，おくれた考え。
6. さかいわ村の耕地整理
7. 農民のあゆみ
8. 学習のまとめ
9. この学習によせる父母や村人の意見

附　新しい村づくりと調査活動
あとがき（松丸志摩三）

　まず，単元「耕地整理」の背景になる情報を，江口の「まえがきにかえて」を使って説明をした。一つ目は，当時の津有村の状況について，中頸城郡48町村で最も大きい平坦地の米作の農村で耕地面積は郡下第一であり，農家が85％であること，農地改革前は小作地が多いことで有名であり，「貧乏な生活」をしていたこと，農地改革後は自作地の多い村に一変したが，「保守性であり，封建的な物の考え方」はなかなか取り去ることができていないことを江口の指摘として説明した。二つ目は，なぜ「耕地整理」の学習なのかを次の江口の説明により提示した（江口，1956，p.19）。

　　「『こうちせいり』という，村の現実を直視させることによって，正しい思考力を身につけさせ，自分の力，みんなの力で，家庭や村の現実をおしあげながら，夢の実現について力強く努力していける子どもを作る。」

　そして江口が考え，努力した点を，①詩や作文を通して学習を進め，深めること，②親が子どもたちと一緒に考える体制をつくること，③「ふるい考え，おくれた考え」を崩すことの3点として示した。以上は単元「耕地整理」および文集『こうちせいり』の大前提になっているものである。

　次に単元「耕地整理」の学習の展開として，上記目次の「1．田んぼのひろがり」から「8．学習のまとめ」までの具体的な学習や活動の内容を説明した。その際に，小原（1995）所収の単元「耕地整理」の展開を，教材・資料，学習活動，発見する問題の3項目にまとめた表を利用した。「1」から「8」までの説明の詳細は紙幅の関係で本稿では省略するが，『村の五年生』での記述や，谷川（1994），佐藤英一郎（1979），小原（1998），和井田ほか（2006），山本（2007），柴田（2010），中村祐哉（2023），佐藤幸也（2024）等の先行研究を参照した内容を随時に補足し，文集『こうちせいり』での該当箇所を示しながら単元の流れを押さえることに努めた。

80 　第Ⅰ部：授業・教材開発編

5.2. 授業後半における文集『こうちせいり』を読む活動

　　前半での説明を受けて，後半においてはデータで配布した文集『こうちせいり』を受講生が読んでの活動とした。ちなみに『こうちせいり』の内容は以下のとおりである。

第1表　文集『こうちせいり』の内容

○たんぼのまとまりときより〔距離〕
　・ぶんさんしている家の田・ぶんさんしていない家の田
○杉田さんの家の田
　・かたまっているわけ・日本でも珍しいこううんき・杉田さんの家のようす
○たんぼが分散したり遠いとどうこまるか
○こうちせいり
　・さかいわ村のお話・村のこうちせいり・三十年前のこうちせいり
○古い考えおくれた考え
○古い考えおくれた考えしらべ
○農民のあゆみ
　・原始時代・石器時代・こふん時代・なら時代・平安時代・かまくら時代
　・室町時代・安土桃山時代・江戸時代・明治大正時代・昭和時代
○小さいたんぼ，ちらばっているたんぼ
　・こうなってしまったわけ・こうちせいりをすれば
○学習をふりかえって
●あとがきにかえて〔江口武正〕

注：文集『こうちせいり』の「もくじ」から引用した。表記は原文のままである（〔　〕は引用者による）。なお，「もくじ」は文集の内容構成を正確に表してはいない。

　　まず，時間を決めて，各自が文集『こうちせいり』を読むことを求めた。なお，全体を通読することまでは求めない旨を伝えた。ワークシートでは「1」として「文集『こうちせいり』を読んで，印象に残ったところを示して，講義内容を踏まえつつ，あなたの興味・関心に引き寄せて考察してください（2〜3点。①②…と表記）」と指示した。

　　次に，前述した約5名のグループの中で，各自が記載した上記「1」の内容を報告しあって互いに感想や意見を述べあうことを求めた。ワークシートでは「2」として「グループでの意見交換によって，あなたが気づいた点・学んだ点を書いてください」と指示した。

第4章　ケイパビリティ拡張を目指した教職大学院での授業の試み　81

そして最後にワークシートの「3」として今回の授業の感想を求めて終了とした。

6．本授業に対する受講生の受けとめ

本授業「地域の視点からの創造的カリキュラム開発の実践と課題」は2024年6月24日に行なったものである。特に検証を目的とした授業ではなかったので，ここでは，感想として書かれた内容から受講生がどのように受けとめたのかの概略を示すこととしたい。

まず，江口武正の実践と文集『こうちせいり』についての知識がこれまでになく，上越という地域にこのような実践があったことを初めて知ったという感想がほとんどであった。そして授業実践と文集に接して，その内容や学習の展開，児童の活動や詩・作文などを見て「驚いた」「感動した」という声が非常に多かった。その中でも，70年前の授業実践ですでに今日において求められている探究的な学習活動，主体的・対話的で深い学び，アクティブ・ラーニング，教科横断的な学習，STEAM教育，自分事としての捉え，地域連携，地域学習，表現活動，話し合い活動，資質・能力ベースの教育，問題解決的な学習，学びの個別最適化，成果の可視化などが実現されているという感想，加えてキャリア教育，総合的な学習の時間，学びのデザインなどにつながる学習が実践されているという感想のような現在の視点や課題・要求を通しての評価が多く見られた。一方で，ここで挙げた現在の課題・要求などについて改めて考え直した，もしくは昔も今も変わらない価値があると知ったという記述も散見された。

文集『こうちせいり』に関しては，登場する児童について主体的に問いをもって行動している姿，文集に書かれた素直な言葉，家族への働きかけと家族の受けとめ，「子ども」の可能性など，さらに，それらを引き出した江口の力量などが述べられている。過去に書かれた文集に，教育に関して現在考えるべきことが多く読み取れる面白さ，児童の変容が見られる面白さ，昔の

82　第Ⅰ部：授業・教材開発編

ものを読む面白さなど，文集の面白さを述べた感想が多かった。その一方で，文集だけからは分からないという声もあった。また，文集に時代背景，男尊女卑，封建的，大地主，現在との違いなどの歴史を見出した例も見られた。

　グループでの意見交換については，他の受講生の話で初めて気付いた点が興味深かった，視野が広がったという感想が少なくなかった。

　地域については，地域の身近なところからの疑問への追求，自分事として落とし込める授業の進め方，児童の生活に即した地域の学習や地域の実態に応じた教育の本来の在り方などが印象に残るという声も多かった。

　教師の姿勢としては，教師として地域を知ること，問題意識を持つことの意味，児童・生徒の実態に即したカリキュラムや授業への取り組みの重要性などが挙げられ，教育の本質を考え直したという感想も見られた。

　授業実践全体については，当時の学校だからできた実践で現在では実施が困難という指摘もいくつかあったが，ここから今日において学ぶべき点を各自で挙げている感想が多かった。また，過去の先人の実践や文献に学ぶことの大切さを認識したと述べた記載も多く見られた。

7．おわりに

　「はじめに」で述べたように，教科の力強いペダゴジーを組み込むことで，ケイパビリティの更なる拡大による教科教員養成の向上を目指している本共同研究において，本稿は地域における社会科教育実践史を活用した教職大学院の授業を試みたものであった。

　社会科に関わる教職科目や教職大学院の授業において江口武正の単元「耕地整理」・『村の五年生』を取り上げることは珍しくはないが，全学生対象の共通科目（必修科目）で江口武正による文集『こうちせいり』に受講生全員が取り組んだ授業はあまりなかったと思われる。感想を見ても，本学の地域における社会科教育実践史の資料である文集『こうちせいり』を通じて，本学の受講生が教育や教師，授業，子どもなどへの再認識を促した面があった

と考える。ただし，多くの受講生も指摘しているように，今日から見て非常に多種多様な要素を含んだ授業実践の資料であるため，取り上げ方には検討の余地があろう。また，本学の地域には他にも多くの社会科実践史が蓄積されている。これらの利活用も進めていきたい。

付記

　本稿では受講生諸氏の感想を利用させてもらった。真剣に授業に取り組んでもらえたことと併せて，記して感謝申し上げる。

注

1）2024年度の受講生は全体で約180名であった。なお，「教育課程の編成・実施の実践と課題」と「創造的カリキュラム開発の実践と課題」の2科目の前半での4つの課題の講義においても，グループ別の活動を組み込んでいる。
2）文集『こうちせいり』は，上越教育大学附属図書館の「江口資料」に江口旧蔵の現物が保管されている。本授業では現物とともに保管されていた複写をもとにして，四隅の読みにくい箇所を補足したものをデータとして各自がパソコンで閲覧する形式で利用した。なお，児童の名前の記載は『村の五年生』と同様にそのままとしたが，受講生には文集『こうちせいり』のデータは授業限りの利用であることを指示した。

文献

朝倉隆太郎（1985）：社会科教育と地域学習．朝倉隆太郎先生退官記念会論文集編集委員会編『社会科教育と地域学習の構想』，明治図書出版，pp. 13-44.

茨木智志（2019）：社会科教育の歴史（1）・（2）．中平一義・茨木智志・志村喬編著『初等社会科教育研究』，風間書房，pp. 19-38.

江口武正（1956）：『村の五年生―農村社会科の実践―』，新評論社（教育新書）．

江口武正（1992）：『村の五年生―農村社会科の実践―』，国土社（現代教育101選）．

釜田聡（研究代表）（2005）：『研究資料　江口武正「上越教師の会」教育実践資料集（第2集）』（2004―2005年度上越教育大学研究プロジェクト研究成果報告書（第2集））．

木全清博（1993）：『社会科実践史から学ぶ』，木全清博，p. 1.

木全清博（1996）：社会科実践史の視点と方法．木全清博『社会科実践史論の展開』，滋賀大学教育学部社会科教育研究室，pp.5-6.

木村博一（2024）：初期社会科．日本社会科教育学会編『社会科教育事典　第3版』，ぎょうせい，pp.58-59.

小原友行（1995）：農村青年教師による初期社会科教育実践の授業論－相川・江口・鈴木実践の分析－．教育方法学研究，21，pp.139-147.

小原友行（1998）：『初期社会科授業論の展開』，風間書房，pp.448-454.

佐藤英一郎（1979）：江口武正『村の五年生』－農村社会科の実践－．浜田陽太郎・上田薫編著『社会科教育の理論と構造』（教育学講座第10巻），学習研究社.

佐藤秀夫（1976）：地域教育史研究の意義と課題．教育学研究，43(4)，pp.263-270.

佐藤幸也（2024）：江口武正「耕地整理」．日本社会科教育学会編『社会科教育事典　第3版』，ぎょうせい，p.318.

柴田好章（2010）：江口武正『耕地整理』の今日的意義と地域に根ざした教育の課題．『平成21年度上越教育大学学校教育実践研究センター客員研究員報告書』，pp.1-8.

志村喬（2021）：国際共同研究プロジェクト「ジオ・ケイパビリティズ」の展開と日本．志村喬編『社会科教育へのケイパビリティ・アプローチ－知識，カリキュラム，教員養成－』，風間書房，pp.1-20.

志村喬（2022）：パワフル・ナレッジ（powerful knowledge）論の教科教育界における受容・適用－社会系教科教育を中心事例にした書誌学的アプローチ－．上越教育大学研究紀要，41(2)，pp.379-392.

志村喬（2023）：国際展開した思考力教授手法・教材「ミステリー（Mystery）」のイギリス教員養成課程における開発と特質－地理・社会科教育での思考力育成，教材開発，学習評価－．上越教育大学教職大学院研究紀要，10，pp.217-228.

谷川彰英（1994）：江口武正著　村の五年生．谷川彰英責任編集『名著118選でわかる社会科47年史』（『社会科教育』396号），明治図書出版，pp.84-85.

中頚城郡津有村立戸野目小学校五年一組(1954)：『こうちせいり　社会科学習のまとめ』.

中村祐哉（2023）：地域社会問題の現在地に立つ子どもたちの学びの姿　江口武正（1956）『村の五年生』新評論社．佐藤正寿監修『社会科実践の追究』，東洋館出版社，pp.44-49.

文部省（1951）：『小学校学習指導要領　社会科編　（試案）　昭和26年（1951）』，日本書籍，本文p.1.

山本友和（2007）：初期社会科の実践－『村の五年生』の分析を中心に－．二谷貞夫・和井田清司・釜田聡編『『上越教師の会』の研究』，学文社，pp.61-78.

和井田清司（研究代表）(2005)：『研究資料　江口武正「上越教師の会」教育実践資料集（第1集）』(2004－2005年度上越教育大学研究プロジェクト研究成果報告書（第1集)）.

和井田清司・釜田聡・杉浦英樹 (2006)：「上越教師の会」における教育実践の展開過程～江口武正教育実践資料（江口資料）にもとづく一考察～．上越教育大学研究紀要, 25(2), pp.483-514.

第Ⅱ部：カリキュラム開発編

―「地理総合」「公共」―

第5章
社会科地理的分野および「地理総合」と力強いペダゴジーとの親和性
井田　仁康[*]

1．はじめに

　日本では学習指導要領が2017・18年に告示され，中学校では2021年から完全実施，高等学校では2022年から学年進行で実施された。この改定された学習指導要領では，思考力・判断力・表現力などを中核に，知識・技能と学びに向かう力・将来を担える人間性等といった資質・能力が示され，この資質・能力を育成できる教科が検討された。中学校社会科地理歴分野も高等学校地理歴史科の必履修科目となった「地理総合」も，前述の資質・能力を育成するのにふさわしいカリキュラム内容として改定および新設された。さらに，教育法として「主体的・対話的で深い学び」という，いわゆるアクティブ・ラーニングが採用された。

　井田（2021）は，こうした学習指要領の改訂を探究型の学習指導要領にシフトしたとし，従来の知識重視のカリキュラムからコンテンツとコンピテンシーとの両者を重視したカリキュラムとなったと評価した。この背景には，アメリカやイギリスなどがコンピテンシー重視の学習内容になった（金，2018）が，このカリキュラム改定によりイギリスでは表層的な知識・能力・価値習得にとどまった（志村，2018）という状況がある。こうした欧米での状況を鑑み，日本では知識も重視された，知識習得の体系化の中に思考力を組み込んだ（井田，2021），コンテンツとコンピテンシーの両者を重視したカリキュラムとなったのである。

　一方で，コンピテンシーの流行に対するアンチ・テーゼとして，知識を重

---

[*]筑波大学名誉教授

視する教育論の勃興とそれを支持する国際的な動向がある（伊藤，2022）。そこで本稿は，コンテンツとコンピテンシーの両者を重視した日本の中学校社会科地理的分野および高等学校地理歴史科「地理総合」が，国際的なコンテンツの揺り戻しのなかで提唱された力強いペダゴジーと，どのように親和性をもっているのかを検討してみたい。

2．社会科地理的分野および「地理総合」の特徴

　社会科および地理歴史科に限らず，2017・18年に告示された学習指導要領では，思考力などが中核となる資質・能力の育成が目指されている。中学校社会科地理的分野および高等学校地理歴史科の地理では，特に思考力の鍵となる地理的な見方・考え方が注目される。地理的な見方・考え方は，中学校社会科地理的分野においても，高等学校地理歴史科地理においても共通したものとなっている。その地理的な見方・考え方は，事象から課題を見出したり分析したりする際の観点となっている。一方，同じ教科である社会科の歴史的な見方・考え方がいわば分析の方法を，そして公民的分野の現代社会の見方・考え方では課題解決のための理論や概念を見方・考え方としている。つまり，地理における思考力は観点に着目して事象を見たり分析したりし，それによりさらに一層その観点を発展させようとすることに特徴がある。

　地理的な見方・考え方の観点としては，次の5つをあげることができる。すなわち，①位置や分布　②場所　③人間と自然環境との相互依存関係　④空間的相互依存作用　⑤地域，である。この5つの観点は，1992年に国際地理学連合国際地理教育部会（IGU-CGE）で提唱された地理教育国際憲章に基づいているが，このような地理的な見方・考え方は，地理的学習能力などともいわれ，日本でも従来から地理の観点として提唱されていた（井田，2003）。つまりは，地理的な見方・考え方は，日本を含めて世界的に「地理はこうした観点で追究する教科（学問）」といった共通の認識があり，地理教育国際憲章でそれを「地理学の五大概念」として5つに整理したとみるのが妥当か

第5章　社会科地理的分野および「地理総合」と力強いペダゴジーとの親和性　91

と考えられる。

　地理的な見方・考え方は，事象を地理的に見出すおよび地理的に分析するための観点であり，そこには地理的な見方・考え方に着目して何を見出し，何を分析しようとするのかといった，課題意識が必要となる。その課題意識をもつためには知識が必要となる。知識がなければ地理的な課題意識は生じてこず，分析することもできないであろう。すなわち，ここに地理におけるコンピテンシーとコンテンツとのバランスがもとめられるのである。地理的な見方・考え方を活用するためには知識が必要で，従来はまずはその知識を学校教育で積み上げていくべきと考えられた。そうした知識を提供する地理は「暗記科目」といわれようになったのである。換言すれば，様々なプロセスを経て導き出された地理として解釈される事象の「結果」が，学校教育の地理で教え込まれてきたともいえる。その知識には個別的な知識も汎用性のある概念的知識も含まれる。地理の観点として重要なのは概念的知識であるが，その概念的知識も「結果」としてのみ提示され教え込まれると，地理的な見方・考え方とはかけ離れたものとなり，暗記する事象として生徒たちに認知されてしまう。

　高等学校で2022年から施行された必履修科目「地理総合」は，主題学習を採用し，主題にそって課題を見出し，地理的な見方・考え方を駆使して分析・解釈し，課題解決を図るものである。すなわち「地理総合」は，課題解決のプロセスにそって学習することにより，概念的知識の習得やその課題に対して将来どのように対峙し，よりよい社会へと変えていったらいいのかを考え，実行するという科目である。中学校社会科地理的分野は，その基礎となる地理的な見方・考え方，地誌や系統地理といった地理のアプローチ，GIS を含む地図の読み取りや野外調査といった地理的技能を学び，地理とかかわる「主体的・対話的で深い学び」のプロセスを習得する。すなわち，社会科地理的分野および「地理総合」の特徴は，地理学習の内容（コンテンツ）と地理的な見方・考え方（コンピテンシー）とをバランスよく学び（第1図），

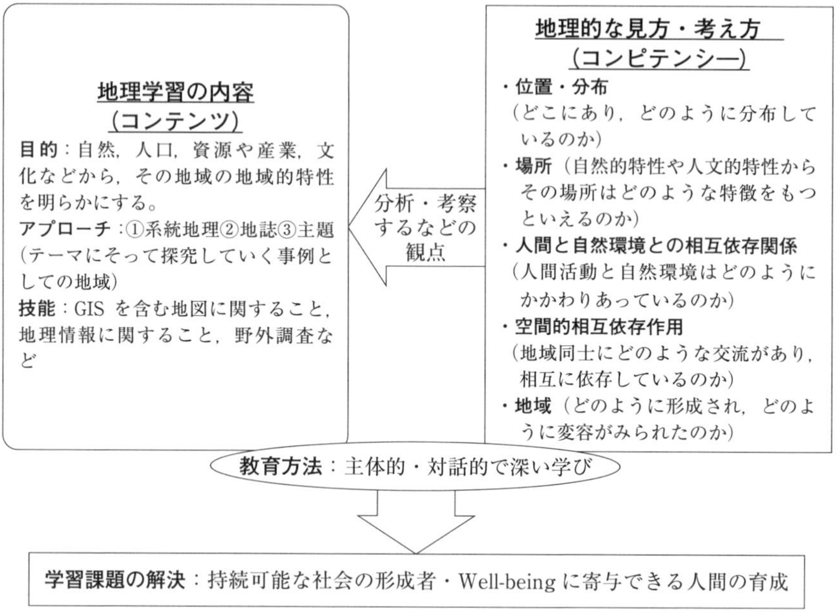

92　第Ⅱ部：カリキュラム開発編

```
┌─────────────────────────┐        ┌─────────────────────────────┐
│                         │        │   地理的な見方・考え方       │
│    地理学習の内容       │        │    （コンピテンシー）       │
│    （コンテンツ）       │        │ ・位置・分布                │
│ 目的：自然，人口，資源や産業，文│        │  （どこにあり，どのように分布して│
│ 化などから，その地域の地域的特性│        │    いるのか）               │
│ を明らかにする。        │        │ ・場所（自然的特性や人文的特性から│
│ アプローチ：①系統地理②地誌③主題│   分析・考察  │    その場所はどのような特徴をもつ│
│ （テーマにそって探究していく事例と│  するなどの  │    といえるのか）           │
│ しての地域）            │    観点     │ ・人間と自然環境との相互依存関係│
│ 技能：GIS を含む地図に関すること，│        │  （人間活動と自然環境はどのように│
│ 地理情報に関すること，野外調査な│        │    かかわりあっているのか）   │
│ ど                      │        │ ・空間的相互依存作用         │
│                         │        │  （地域同士にどのような交流があり，│
│                         │        │    相互に依存しているのか）   │
│                         │        │ ・地域（どのように形成され，どのよ│
│                         │        │    うに変容がみられたのか）   │
└─────────────────────────┘        └─────────────────────────────┘
```

教育方法：主体的・対話的で深い学び

学習課題の解決：持続可能な社会の形成者・Well-being に寄与できる人間の育成

第1図　地理学習の内容（コンテンツ）と地理的な見方・考え方
（コンピテンシー）との関係

持続可能な社会を構築する人間，さらにはすべての人が Well-being（幸福な人間）となるために寄与できる人間を育成しようとすることにある。むろん，地理だけを学習して持続可能な社会の形成者となれるわけではないが，空間的に，そしてそれぞれの地域の実情を踏まえた将来像を担えるという意味で，地理の役割は大きいのである。

3．学習プロセスの充実

2017・18年に告示された学習指導要領では，内容において「知識・技能と「思考力，判断力，表現力」が明確に分けて記述されるようになった。それ以前の学習指導要領は，内容において学習する項目が示されており，知識に関することと主に結びついていた。2017・18年告示の学習指導要領では，前

述のように内容の書き方の様式が変更され，内容として知識や技能だけでなく，見方・考え方に代表される思考力などが重視されていることが明らかとなった。一方でこうした思考力を育成するためには，どのような手順で学習していけばいいのかといった，いわば学習プロセスが重要となり，その学習プロセスの中でどのように見方・考え方を位置づけ，活用していくのかが思考力重視の授業では鍵となろう。

　まずは，学習プロセスである。学習プロセスは学習の順序性であり，ここでは追究の仕方と言い換えることができる。学習プロセスは，①課題の把握②資料の収集　③資料整理　④分析・解釈　⑤意思決定・価値判断　⑥行動・参加，とまとめることができる。課題の把握では，何が問題点で何をしなければならないのかといったことが明確に示される。学習者が自ら課題を見出すことが理想だが，あらかじめ学習する内容が決まっている学校の地理では，教師や教科書によって主題が与えられ，その主題についての課題を把握することになる。その課題は学習課題として正解が導かれるものもあれば，将来的にどうすべきか決まった解答はなく議論し続け，同時に行動を必要とするものもある。次に課題を解決するための資料収集がある。地理では，課題の把握とともに資料収集では地図の読み取りや野外調査といった地理的技能も必要となる。次に，これら収集した資料を文章として，また，地図化したりグラフや表にしたりして整理する。ここでも地図や地理情報といった地理的技能の活用や分布図などを作成して，課題を明確に見出すことや資料を整理したりすることもある。

　分析や解釈の段階では，地図の重ね合わせなど，地図や GIS を活用しての分析をはじめ，分析の観点となるのが地理的な見方・考え方である。地理を学習する重要な意義の一つが，事象を空間的に分析し，他教科での分析結果からは導き出せない分析結果や解釈を加えることである。こうした地理的な側面からの分析・解釈が，歴史的および公民的な側面からの分析・解釈と結びつき，社会的事象の多面的なそして総合的な分析・解釈となり，持続可

94 第Ⅱ部：カリキュラム開発編

能な社会の形成者として資質・能力を向上させていくのである。ここでいう持続可能な社会の形成者とは，こうした地理的な側面などからの社会的事象を分析し解釈したうえで，換言すれば社会的事象を多面的多角的に把握したうえで理解し，その理解に基づいて持続可能な社会にするにはどうするかといった意思決定およびこうすべきだとする価値判断をし，社会を構築していく者である。むろん，前述したように学習課題の中には，正解が導出できる知識に基づいたものもあるが，正解が導出できない社会的課題もある。学習課題には正解が導出できない社会的課題がある一方で，妥当性のある正解を導く，換言すれば一般性があり汎用性のある概念的知識を習得するような学習課題も必要である。こうした学習課題の積み重ねで概念的知識を習得し，様々な地域の人々の考え方を尊重しながら，いわば地域による人々の考え方をメタ認知でき，そのうえで解決の難しい社会的事象の課題に対峙することも重要である。こうしたプロセスを経た解決困難な課題を解決しようという学習は，持続可能な社会にするにはどうするかといった意思決定およびこうすべきだとする価値判断をすることができるので，より一層社会を構築していく者の育成に貢献できる学習と考える。すなわち，形だけの学習プロセスを追うだけで，概念的知識を習得もしくは活用できない地理学習では，持続可能な社会の形成者を育成することは難しいといえるのである。

　学習プロセスの最終段階で「行動・参加」を位置づけている。すなわち，頭の中で理解し意思決定・価値判断するだけでなく，学習としても行動や社会への参加をともうなうべきであるということである。伊藤（2024）は，日本の学習指導要領が「正義志向」でなく「参加志向」になっていないかと警告する。井田（2005）によると「参加」は2つのタイプに大別できるとする。すなわち1つめのタイプは，子どもの視点での「参加」で，社会を維持および変革していこうと働きかけることを目的とし，学習プロセスの「分析・解釈」に基づいて「価値判断・意思決定」したうえで成立する。このタイプの「参加」は，学習として「参加」の内容を教師が計画していた「参加」では

なく，生徒が学習を進めるうえで導き出した社会をよりよくするという「参加」で，意思決定や価値判断において「現在の段階での大人とともに社会参加は時期尚早だが，自分たちが実行可能な行動はある」という「参加」もありえる。一方第2のタイプの「参加」は，大人視点の「参加」で，あらかじめ学習のなかに「参加」が組み込まれ，「参加」することで社会の仕組みを理解したり，市民として社会に寄与したりするといった「参加」である。このタイプの「参加」型授業は，「参加」することが学習目的となる。伊藤（2024）の批判する「参加志向」は，第2のタイプの「参加」型授業を主にさしていると考えられ，むしろ「参加」よりも「社会正義」といった正確な知識に基づいた価値判断が重視されるといえよう。「参加」型の授業だとしても第1のタイプの「参加」において，より一層社会を厳しく批判し，よりよく変革していこうという社会正義にもとづいた「参加」とすべきであるということになろう。

　こうした議論から，先にあげた学習プロセスも再度検討が必要となる。OECD（経済協力開発機構）が発表した子どものたちに育成したい力の中心的概念として Agency がある[1]。Agency とは，変化を起こすために自分で目標を設定して，振り返り責任をもって行動する能力とされている。これを学習プロセスの中で位置づけると，「行動・参加」は，「Agency の習得・参加」とすることができよう。また，「参加」についても，授業での目的を「参加」とおくのではなく，分析・解釈で得られた概念的知識に基づいた生徒自らの意思決定・価値判断による「参加」とすべきであろう。

　社会科地理的分野および「地理総合」においても学習プロセスにそって授業を進めることになるが，学習プロセスの最後の段階を「Agency の習得・参加」とすれば，ここにいたるまでの思考力や批判力に基づいた「分析・解釈」がより一層重要となる。そこで，次に思考力の鍵となる地理的な見方・考え方と学習プロセスとのかかわりを考えてみたい。

4．地理的な見方・考え方と学習プロセス

前述したように，地理では分析・解釈などの観点として5点に整理された地理的な見方・考え方に着目している。井田（2022）に基づくと地理的な見方・考え方の5点は以下のように説明できる。

①位置や分布：その事象は地表面のどこにあるのか，その位置には規則性があるのか，その事象はどのように空間的な広がり，つまり分布をしていて，その分布にはパターン（傾向性）があるのか。特に分布のパターンを見出すことは，事象の一般的共通性を見出すことにつながる。このような空間的な分布は，事象を地理的にとらえるための基礎であり，そのためのスキルとして地図の活用がある。

②場所：その場所は，どのような自然的および人文的特徴を有しているのか。その特徴はその場所だけに見られるものなのか。その場所だけに見られる特徴であれば，それは地方的特殊性ということができる。その場所だけに見られるかどうかは，分布パターンと組み合わせることで，一般的共通性か地方的特殊性かを判断することができる。

③人間と自然環境との相互依存関係：人間の生活は自然環境から影響を受け，また人間は自然環境に影響を与える。人間と自然環境とはどのようにかかわり，それは場所，もしくは地域が異なることで，どのような違いがあるのかを考察する観点である。地理学は自然地理学と人文地理学に大別できるが，地理の観点としては自然地理と人文地理とは別ものとするのではなく，自然環境と人間活動は関連があり，それが地理および地理学の観点としても重要である。

④空間的相互依存作用：資源や人口の分布が不均衡などのために，物資や人の流れが生じ，それにより地域は相互に補完しあっている。地域間の物資や人の流動は，どのような理由に基づき，どのような特性をもつのかを考察する。

⑤地域：意味のある空間的範囲が地域である。その地域を画定する指標により，小学校区などといった狭い地域から地球を一つとみなすような地域まで，様々なスケールでの地域がある。地域内では，地域を構成する要素間の関係性（構造化）があり，それらの関係性が形成（システム化）され，変化を生んでいる。つまり，地域は静態的なものではなく，動態的なものであり，継続的に変化する。また，地域を構成する要素は，地域を作り上げている歴史，経済，文化なども含まれる。地理学が総合的学問であるといわれるように，地域の構成要素は多岐にわたり，これらの要素が絡み合って地域の特性となる。このような観点が地域となる。

　このような地理的な見方・考え方が学習プロセスのどの段階と主に関連をもって，地理学習を特徴づけるのかを示したのが第2図である。学習プロセスの課題の把握では，位置や分布および場所といった観点から地理的な課題を見出し，資料の収集や資料分析でも位置や分布，場所という観点から資料の収集・整理がなされる。分析・解釈では地理的な見方・考え方の5つの観点を駆使して地理ならではの分析・解釈を行う。地域は総合的な地理の観点ともいえ，課題解決ともいえる意思決定・価値判断およびAgencyの習得・参加で着目すべき観点となる。このように地理の学習プロセスでは地理的な

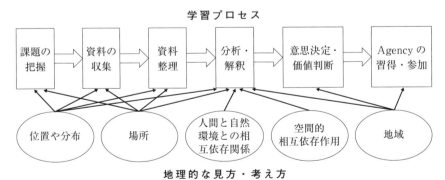

第2図　学習プロセスと地理的な見方・考え方との関わり

98 第Ⅱ部：カリキュラム開発編

見方・考え方が寄与し，着目すべき観点であるとともに，地理的な見方・考え方に着目して学習を進めることによって，学習者自身の地理的な見方・考え方を向上させることになり，より一層精錬された確固とした地理的な見方・考え方を習得することができる。

5．地理における「深い学び」

アクティブ・ラーニングともいえる「主体的・対話的で深い学び」は，2017・18年告示の学習指導要領におけるキーワードとなり，資質・能力を育成するための教育方法となっている。「主体的」とは自ら課題を見出すことで，前述の一連の学習プロセスを学習者が自ら計画的に進め，課題の解決にいたることが望まれよう。しかし，社会科の学習はあらかじめ学習内容が定められており，教師が学習の内容なり主題を提示することになろう。したがって，一連の学習プロセスを学習者が「主体的」に進めることは難しい。しかし，学習主題が教師から提示されたとしても，その主題のもとで学習課題をどのような手順で進めれば解決が図れるのかといったマネージメントやそれを実行することができれば，それは「主体的」いえよう。また「対話的」では，対話を生徒同士といった人だけを対象とするのではなく，ツールや資料をも広く対象とすることも含まれよう。地理では地図が主要なツールの一つとなるが，地図は地名や地形を確認するだけでなく，そこから何を読み取るかが重要になる。つまり，地図から目的をもって何かを見出そうとするのが地図の読み取りで，それは地図と「対話」する作業ともいえるのである。こうした地図との「対話」は地形図だけでなく，主題図など他の地図でも可能で，景観，文章資料などでも可能である。こうしたことから，「対話的」とは人と人との対話だけでなく，地図などとの対話をもさすこともできよう。

こうした「主体的・対話的」による「深い学び」であるが，「深い学び」は「見方・考え方を働かせながら，知識を相互に関連付けてより深く理解したり，情報を精査して考えを形成したり，問題を見いだして解決策を考えた

り，思いや考えを基に想像したりすることに向かう」[2]と説明される。換言すれば，概念的知識の習得および活用ができ，着目すべき見方・考え方を選択し，それに基づいた確固たる価値判断，意思決定などができ，自分をより一層成長させるといったことが「深い学び」であるといえよう。

さて，本稿ではここまで概念的知識を汎用性のある知識として使ってきた。それは概念とも原理ともいえるものである。他方，子どもに身に付けさせるべき学校でしか学ぶことができない知識を powerful knowledge といい，それを教科カリキュラムとした場合に powerful disciplinary knowledge とよぶ。地理としては，それは抽象的で理論的であり（概念的である），思考の体系の一部であり，信頼できるものであるが，異論に開かれている，動態的で進化し変化する，直感的である，教師や学習者の直接体験の外部に存在する，といった特徴を有する（志村，2021）。つまり，こうした地理での概念的知識の習得については，コンピテンシーを重視していた国でも重要視されるようになってきたのである。本稿での概念的知識も，powerful disciplinary knowledge と同意で使っている。

以上の概念的知識の整理を踏まえ，地理における「深い学び」とは，「主体的・対話的」に続く教育方法でありながらも，学習内容と絡めて以下のように意味づけることができよう。すなわち，地理としての「深い学び」では，地理的な見方・考え方に着目して分析・解釈し，既有の地理の概念的知識を活用および分析・解釈のプロセスで習得した地理を学習したからこそ学べる概念的知識（powerful disciplinary knowledge）を援用し，課題解決（意思決定・価値判断，Agency の習得・参加）が図られるのである。このような地理などの教科で積み上げられてきた概念的知識（powerful disciplinary knowledge）は，powerful knowledge として，持続可能な社会を担う子どもたちが将来にわたって地球的課題を把握し，その解決を議論していくうえでの重要な基盤となるのである。

6．力強いペダゴジーとの親和性

　地理的な見方・考え方が，学習プロセスの課題の把握から Agency の習得・参加にいたるまで深くかかわり，その際の概念的知識の位置づけについて論じてきた。地理の視点からいえば，こうした学習プロセスにおいては地理学を背景とした概念的知識（powerful disciplinary knowledge）の活用，習得が重要である。日本では，地理学習において知的スキルを含む地理的知識の習得が重視され，その習得方法として，地理に関する個別知識を積みあげて概念的知識を習得するといったいわば帰納的な学習方法がとられていた。しかし，実際の学習では個別知識を積み上げるだけで終わってしまい，概念的知識の習得にはいたらなかった。そのため地理は，前述したように「暗記科目」というレッテルを貼られてしまうことになった。他方でアメリカ，イギリスなどをはじめとする国々では，まずは理論や概念が学習され，それを事例地域で検証していくといったいわば演繹的な学習方法が採用されていた。この学習方法は子どもたちの学習活動の主体性や思考力や判断力などの育成を重視するものとなり，主に教育学的な方法論によっていた。そのため，教科・科目の内容的な独自性がうすれ，内容がともなわない方法論に偏った学習となる傾向となった。地理でいえば，地理的な理論や概念，地理的なスキルが習得されないまま，さらには地誌や系統地理といったアプローチといった観点も不十分なままに，調べ活動や討論，意思決定や参加といった学習が進められた。そこで提唱されたのが学問的知識，換言すれば教科・科目の内容的な知識に基づくとする powerful disciplinary knowledge 論であり，学習者の潜在能力を地理から引き出そうとする「ジオ・ケイパビリティズ」だと解釈できる。

　こうしたある意味，教育における教育学的観点と内容専門学的観点との綱の引き合いは，結果的に学習者に混乱を引き起こし，また教育全体の進展を阻害しかねない。教育学を内容専門学的な観点も含めて捉えなおそうとする

のが「力強いペダゴジー」といえるのではないだろうか。これにより，学習内容と教育方法との協調関係が生まれ，よりよい社会を築く人間を育成するという目的を一層進展させるものと考えらえる。

　そこで，地理における「力強いペダゴジー」の構造を考えてみたい。要素となるのは，教育の目的，スキルを含めた学習内容，学習方法となろう。まずは，教育の目的である。教育としての一般的な目的があり，この目的，すなわち人間の育成については広瀬（2021）が述べているように教育学で議論されるが，それと関連してそれぞれの教科・科目からアプローチする教育の目的がある。たとえば井田（2016）などでは地理で育成したい人間像を①より一層深い世界観をもって自然的・社会的事象を考えることができる人間②地域のスケールに応じて，その地域に貢献できる思考力・判断力・行動力を持つ人間③地域のスケールに応じて，その地域の将来を見据える創造性を身につけた人間とし，井田（2024）では「地図・GIS を手段として，地誌学習をはじめとした地理学習を通して，持続可能な社会を構築する担い手となり，身近な地域から地球規模での持続可能性を考慮できる人間」としている。そうした人間を育成することにより，それぞれの地域にあった人々の Well-being にせまることができるとしている。すなわち，教育の目的として議論とされている中の１つである「人間は究極的に幸福を求める存在であるため，幸福をもたらす人間と社会の形成を教育の目的」（広瀬，2021）とすれば，その抽象的な目的を，前述のような地理教育からアプローチする具体的な目的として関連づけることができ，ここに「強力なペダゴジー」の教育目的と位置付けることができるのである。

　次に学習内容と学習方法である。地理学といった内容専門学が背景となる学習内容と教科教育学をはじめとする教育学の研究成果が豊富な学習方法とは，両者がかみあっていないと有効な教育とはなってこない。その両者のかかわりが具現化したものが，学習プロセスと見方・考え方，そして学習内容にかかわる概念的知識，「深い学び」である。学習プロセスはすべての教育

にかかわるものだが，学習内容とかかわらせると，特に地理では地理的な見方・考え方が「分析・解釈」で特に強く関連付けられ，教科・科目の特徴が明確になる。さらには，こうした教科・科目を特徴づける見方・考え方は，学習プロセスの「課題の把握」から課題解決ともいえる「意思決定・価値判断」「Agencyの習得・参加」といった一連のプロセスにかかわる。こうした学習プロセスといった教育学的な枠組みから，地理学などの内容専門学の概念的知識（powerful disciplinary knowledge）を活用および習得することになり，教育学と内容専門学が協働した「強力なペダゴジー」となっていく。この「強力なペタコギー」を地理の観点とともに構造化したのが第3図である。さらに，こうした「強力なペダゴジー」は，学習者の主体的・対話的な学習方法を援用することで，概念的知識の習得および活用ができ，着目すべき見方・考え方を選択し，それに基づいた確固たる価値判断，意思決定などができる。つまりは，地理などの概念的知識と自分をより一層成長させる「深い学び」といったアクティビ・ラーニングともいえる学習方法とが相まって，人間育成ができるのである。

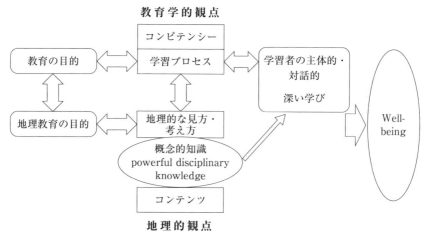

第3図　地理との「強力なペダゴジー」の構造

第5章　社会科地理的分野および「地理総合」と力強いペダゴジーとの親和性　　103

このような「強力なペダコギー」は，2017・18年告示の学習指導要領の社会科地理的分野においても「地理総合」においても目指すべき地理学習となっている。特に「地理総合」では，主題的学習が採用され，学習プロセスによった学習の展開がしやすくなっている。「地理総合」に限らず社会科地理的分野でも，地理的な見方・考え方に着目し，学習プロセスにそって学習が進められ，学習法としても学習者の主体的・対話的な学習方法が採用され，概念的知識の活用・習得が目指され「深い学び」を実現しようとする。こうしたことから，社会科地理的分野および「地理総合」と「強力なペダゴジー」は，きわめて親和性が高いといえるのである。

7．おわりに

本稿では，内容教科である社会科，とくに地理的分野と「地理総合」とのかかわりで，教育学的な教育の目的と地理としての教育の目的とを整合させ，学習プロセスにおける地理的な見方・考え方の位置づけを図ることで，地理学習内容から習得される概念的知識の活用や習得から深い学びにいたる「強力なペダゴジー」の構造を見出した。学校教育は教育学だけでも内容専門学だけでも成り立たない。学習者の教育は，教育学や地理学などの内容専門学が絡み合って成立し，個人としても社会としても Well-being に達しなければならない。そのために「強力なペダゴジー」は有用な概念で，中学校社会科地理的分野および高等学校「地理総合」はその具現化といえる。換言すれば，社会科地理的分野と「地理総合」は，「強力なペダゴジー」と親和性があるのである。

中学校社会科や高等学校地理歴史科「地理」では，現代世界や社会の理解だけでなく，持続可能な社会を築ける能力を育成すべく未来志向の学習が求められている。そのためには，学習プロセスの最後のステージとなる「参加」は，社会に貢献できるように参加するというより，未来のために現状を受け入れるのではなく，現状を批判的に価値判断し，何が社会的課題かを見

104　第Ⅱ部：カリキュラム開発編

極め，持続な社会のために変革する能力，すなわち Agency の習得が求められる。日本でも世界でも持続可能な社会の発展を阻害する課題が山積みとなっており，将来を担う子どもたちは，将来的には責任をもつ立場でそれらの課題に対峙することになる。「強力なペダゴジー」は，学校教育で責任をもって持続可能な社会のために社会的課題を解決する能力を育成するために必要不可欠となる。

注

1）https://kyoiku.sho.jp/146465/　小学校教員のための教育情報メディア「みんなの教育技術」by 小学館（2024年8月確認）

2）https://www.mext.go.jp/component/a_menu/education/micro_deteail/_icsFiles/　文部科学省ホームページ（2024年8月確認）

文献

井田仁康（2024）：次期改定に向けての小学校・中学校・高等学校の地理学習の新たな方向性－地誌学習を中心とした展望－．新地理，77（2），pp. 165-171.

井田仁康（2022）：Well-being に貢献する地理的思考力・判断力．社会科教育，59（10），pp. 4-9.

井田仁康（2021）：教科教員養成における国際的研修材開発プロジェクトの必要性．志村喬編著『社会科教育へのケイパビリティ・アプローチ』，風間書房，pp. 217-227.

井田仁康（2016）：高等学校「地理」の動向と今後の地理教育の展望．人文地理，68（1），pp. 66-78.

井田仁康（2005）：『社会科教育と地域』，NSK 出版.

井田仁康（2003）：地理的な見方・考え方．村山祐司編著『21世紀の地理　新しい地理教育』，朝倉書店，pp. 26-52.

伊藤直之（2024）：学問的知識の保証による社会正義の寄与．新地理，72（1），pp. 25-30.

伊藤直之（2022）：地理歴史教育における資質・能力論．伊藤直之編著『地理歴史授業の国際協働開発と教師への普及』，風間書房，pp. 3-18.

金玹辰（2018）：地理的な見方・考え方の育成と地理的探究に基づく学習．江口勇治・

井田仁康・唐木清志・國分麻里・村井大介編『21世紀の教育に求められる「社会的な見方・考え方」』，帝国書院，pp. 84-93.

志村喬（2021）：国際共同研究プロジェクト「ジオ・ケイパビリティズ」の展開と日本．志村喬編著『社会科教育へのケイパビリティ・アプローチ』，風間書房，pp. 1-20.

志村喬（2018）：学校教育で「持続可能な社会づくり」を実現する教員養成の在り方―地理教員養成・研修をめぐる国際動向―．科学，88(2)，pp. 166-170.

広瀬悠三（2021）：地理教育とケイパビリティの創出―地理教育と教育学の対話の先にあるもの―．志村喬編著『社会科教育へのケイパビリティ・アプローチ』，風間書房，pp. 59-77.

第6章

開発研究期の高校「地理総合」を学習者はどのように評価しているか
－大学生へのインタビュー調査からみえる地理学習の意義－

志村　喬*

1．国際研究背景と本稿の目的・方法

1.1．国際共同研究としての背景

　ジオ・ケイパビリティ・プロジェクトにおいて，学校教育の目的は学習者のケイパビリティ（潜在能力）を保障・拡張することである。教育学理念としてこの目的設定は国際的に首肯されるものであるが，その内実に踏み込むならば議論の余地がある（広瀬，2021）。コンピテンシーに偏重しコンテンツ（教育内容）フリー化した国際的な教育実態を「学習化（learnificatin）」と批判する G. ビースタが主張する教育目的の 3 類型，資格化，社会化，主体化（ビースタ，2016）を参照するならば，ケイパビリティ・アプローチは 3 類型の何れも保障し拡大するものであるが，論者によってはその比重に違いがある。とりわけプロジェクトが教育内容面で依拠している M. ヤングの「パワフル・ナレッジ（力強い知識）論」の受容・適用においては，教科教育・職業教育・教育行政界での違いが目立つ（志村，2022）。

　ヤングにより，①日常の経験を通して獲得する「常識」の知識とは区別され，②諸概念が相互に体系的に関わり合い（教科や学界などの専門家集団に共有され），③専門化された知識，と定義された「パワフル・ナレッジ」（Young and Lambert, 2014, pp. 74-75）が学校で教授学習されることは，学習者へどのようにケイパビリティを保障・拡大するのであろうか。この問いへの答えは，ケイパビリティが「潜在」能力であるが故に，検証可能な回答を得ることは

---

*上越教育大学

容易ではなく，それは上述のような同論の受容・適用の差異に繋がっている。

　国際地理教育界ではこの難問を，「学校で地理を学習したことが学習者にどのように評価され，学習者の進路・職業をはじめとした人生設計においてどのように意味づけられ関与したのか」との問いに転換し，ペダゴジカルな視座―実践された地理授業の視座―から研究が進められた。「パワフルな地理（Powerful Geography）」プロジェクトと命名された本国際共同研究は，ジオ・ケイパビリティ・プロジェクトを第1期から牽引してきた一人である M. ソルムを中心とした全米地理教育研究センター（NCRGE）を拠点に遂行され，成果はソルムら編『パワフルな地理―国際的な視点と応用―』（Solem *et al. eds.* 2024）として発信された。本研究へ筆者は日本側の代表として参画し，共通研究方針をふまえた調査を実施したため，その結果の一部[1]を本稿では報告する。

1.2. 本稿の目的

　日本では2018年（平成30年）の高校学習指導要領改訂において地理歴史科の必履修科目として，地理総合，歴史総合が新設された。約40年ぶりに社会系教科において地理学習と歴史学習の均衡がとれ，戦後高校カリキュラム原理に適う教育課程に戻った（志村，2018）。この改訂にあたっては，高校における地理学習・歴史学習の意義とそれを実現する教授学習内容及び方法の具体について，授業実践を通して明らかにする研究開発学校での研究が必須であった。地理総合の場合，京都府立西乙訓高校（2010～12年度），日本橋女学館高校（2011～13年度）の研究を踏まえ，神戸大学附属中等教育学校が2013年度から継続して研究に取り組み，同校における開発期の地理科目が地理総合カリキュラムの原型となった。したがって，神戸大学附属中等教育学校でなされた地理授業は，理論的にも実践的にも，望ましい地理（総合）学習の姿を示している。ついては，開発期の同校の地理を履修して進学した大学生の地理授業体験の振り返りから，高校地理学習の意義を明らかにすることを本稿は目的とする。

2．調査・分析方法

　調査対象者は，中高一貫教育校である神戸大学附属中等教育学校へ2015 (平成27) 年度に入学し中学校課程（第1学年から第3学年）で社会科（地理・歴史・公民的分野）を履修，2018年度からは高校課程（第4学年から第6学年）に進み，2020（令和2）年度の卒業後，東京大学（以下，A大学）もしくは京都大学（以下，B大学）へ進学した6名である（第1表）。学習履歴としては，高校1年生段階（同校では第4学年次）に開発研究が進んだ「地理総合」「歴史総合」双方を履修し，2年生・3年生段階ではその成果を取り込んだ「地理B」「世界史B」を選択履修している。科目名には地理Bなど旧教育課程の科目名称もあるが，地理歴史科全体での開発研究であり，教授学習内容・方法は現教育課程の地理総合へ反映されているものが多い。

　調査は，在籍大学別に3人ずつ集まり，次の質問項目について発表・相互

第1表　インタビュー調査対象者

在学校	ID	性別	大学での専攻	高校1年次の地歴科履修科目（必修）	高校2/3年次の地歴科履修科目（選択）
A大学	A	女	法学部	地理総合 歴史総合	地理B 世界史B
A大学	B	男	農学部	地理総合 歴史総合	世界史B
A大学	C	女	法学部	地理総合 歴史総合	地理B 世界史B
B大学	D	男	農学部	地理総合 歴史総合	地理B
B大学	E	男	法学部	地理総合 歴史総合	地理B 世界史B
B大学	F	女	農学部	地理総合 歴史総合	地理B

110　第Ⅱ部：カリキュラム開発編

意見交換する半構造化インタビューを2022年12月にそれぞれ実施した。

①印象に残っている高校の地理授業は何か。その理由は何か。

②a）高校の地理の授業で，何を学ぶ・学びたいと思っていたか。その期待は，結果的にどうだったか。b）「地理総合」の後に「地理B」を選択した／しなかった理由は何か。

③「地理総合」（＋「地理B」）を，中学校の地理や高校の歴史系科目と比べてみた場合，違いや特色は何か。

④「地理総合」（＋「地理B」）の学習は，進路選択や現在の大学での勉強（専攻分野）・将来の職業設計等に影響を与えたか否か，並びにその理由。

⑤高校で「地理を学ぶ」のは役立つ・意味のあることか否か，並びにその理由。

　インタビュー時間は，各回とも90分程度である。インタビューでの会話は，文字起こし後，同プロトコルに修正版グラウンデッド・セオリー・アプローチ（M-GTA）（木下，2003）を適用して分析した。

3．分析結果

3.1．導出されたカテゴリー・概念

　M-GTA分析の結果，抽出された20個の〈概念〉をもとに8つの【カテゴリー】が設定された。その一覧は次表である。

カテゴリー	概念	定義 （下線部は要点）
授業前の期待	自然・環境，生活文化	自然や環境，世界の生活文化といった内容を学習することを，地理総合に期待したということ。
	現代的課題	学習が現代的課題を考えられるような基礎になるという目的性を，地理総合に期待したということ。
授業の記憶	授業らしくない授業	クイズに正答したら現物を食べる，工夫したプリントで作業し説明する，グループでの討議・活動といった，普通の授業らしくない授業が印象深いということ。

第6章　開発研究期の高校「地理総合」を学習者はどのように評価しているか　111

	大気大循環	大気大循環の学習は，地理でイメージする気候の内容であったこと，地理総合の冒頭単元であったこと，法則的な説明・理解であったこと，その後の単元や地理Bでも参照・学習したことから，全ての学習者に強く記憶に残っているということ。
	アジア地域での共同体提案	アジア地域での共同体を提案する学習は，地域共同体の存在理由を考えてもいなかったし，現実に正解のないことをグループ調査・討議・発表したもので，考えたことのなかったこと・答えのないことの探究として非常に強く記憶に残っているということ。
授業評価	思考力・説明力の育成	地理総合の授業は，知識・情報の詰め込みではなく，説明をもとに，学習者が多面的・多角的に思考し説明できる力を身に付けることが目的とされており，法則・根本的な原理がある地理を身に付けたということ。
	知識の寡少性	地理総合の授業では，知識を多く習得しないので，場合によって思考が深まらない感覚もあったが，地理は知識量を重視するものではないという認識をもっていること。
選択科目の選択理由	知識の多寡と試験点数の相関	地理の多くの入試問題は，歴史の入試問題に比べ，事実的知識量の多寡に点数が比例しないとの共通認識をもとに，B科目選択を判断したこと。
	関心・学習指向	自身の関心のある領域や学習指向から地理Bを選択したということ
教科「地理」観	領域横断的で俯瞰的な視点	地理総合の授業は領域横断的で，他教科を含む様々な知識を俯瞰的な視点から関連付けて説明され，視野が広がったと振り返っていること。
	球面上の空間的な繋がりの視点	球体である地球の表面上の空間で，事象を繋げて学習したことと振り返っていること。
	体系的でシステム的な説明・理解	大気大循環が印象深いのは，体系的な説明がされた結果，システム的に理解できたからと思うこと。
	創造的な知識の組み替え・産出	高校の地理授業をとおして，地理は既有知識を論理に基づき創造的に組み替え産出するものと捉えるに至ったこと。
進路選択への影響	進学先選択への影響	進学した学部等の選択と，高校で地理を学習したことの関係性の有無。

112　第Ⅱ部：カリキュラム開発編

	大学での学修・生活への影響	高校での地理学習で身に付けたことと，現在の大学での学修や生活との関係性の有無。
高校地理学習の意義	深いレベルの思考	地理の知識によって深いレベルで思考ができ，それが役立つと考えていること
	世界の多様性の想像力	地理の学習によって世界が多様性をもって構成されていることを創造する力が身に付き，それは必要と考えていること。
	日常生活での有用性	災害からの避難や旅行などの日常生活で，潜在的にかもしれないが地理は役立ち活かされていると考えている事。
教科「地理」への期待	各地の人々の考え方	高校地理学習を振り返って，世界各地の人々の生活文化・行動の背景にある考え方（思想）についてもっと学びたかった・身に付けたかったということ。
	地球的課題への行動	高校地理学習を振り返って，地球的課題への自身の行動変革へは十分につながっていないと感じていること。

3.2.　カテゴリー・概念の内容例―インタビューからの生成事例―

　代表的なカテゴリー・概念の生成プロセスおよびその内容は次の通りである。

カテゴリー【授業の記憶】

　このカテゴリーは，3つの構成概念から構成されている。〈授業らしくない授業〉は，授業方面での記憶で，地理総合さらに地理Bの授業方法が，これまでの学校の授業観とは異なる活動的なもので，遊びのようで楽しかったとするものである。一方，〈大気大循環〉〈アジア地域での共同体提案〉は，学習内容面での記憶である，前者は自然・環境といった地理学習内容として期待していたものが，暗記ではなく，論理的で地球上での法則として説明され理解できたことを指している。さらに，後者は，次のような発言の下線部の内容から導出されている。

　　調査対象者Ａ：確かに共同体は，あの結構覚えてます。私も思い出しました。…,

すごいなんかありきたりな言い方になりますけど，考えた事もなかったので。…なんか EU があることを前提として，その問題を何か新聞で見たりとかあったんですけど，なぜ EU が地理的に存在するのかとか，何かそういうの考えたことなかったかなって思います。

これへの同意者がさらに続く回答からは，これまで知ってはいたものの，「考えたこともなかった」地域共同体の存在理由を「調べ」，さらに「絶対的な正答のない回答を考案する」という，学習テーマの斬新さが高く評価され，記憶に強く残っていることが分かる。

カテゴリー【授業評価】

このカテゴリーは，2つの構成概念から構成されている。〈思考力・説明力の育成〉は，次のような発言から導出されている。

調査対象者Ｂ：知識の詰め込みっていうよりは，世界のいろんな存在してる…ものを地理的に言葉で説明できるような，いろんな形で考えて説明できるような力を養う授業なのかな…

調査対象者Ｅ：どっちかっていうと歴史の方が覚えることメインなので，地理は何か違う。1個分かっていれば何個解けるみたいな，1対1対応じゃないんじゃないですか。

調査対象者Ｆ：情報を情報として伝えるっていう授業では全くなくて，むしろその根本的な原理をもとに，だからこの地域ではこうなってるよねとか，だからこの気候はこうなってるよね，とかそういうの面白いんです。こっちもその考える機会が与えられる授業だったというか，ただ情報受け取れて式の授業じゃなかったからこそ，楽しめていたし。歴史にこういう流れ的経緯は理解できたとしても，法則はなくって。でも地理は一つの何か法則があれば，この地域でも当てはまってる，この地域ではまってるみたいなことがわかる授業だったんで，私は地理に楽しみを覚えたように思います。

同様な発言は他の調査対象者にもみられ，地理総合の授業は，知識・情報の詰め込みではなく，根本的な原理をもとに，学習者が多面的・多角的に思考し説明できる力を身に付けることが楽しくなされたと高く評価されている。

114　第Ⅱ部：カリキュラム開発編

　一方，〈知識の寡少性〉は，探究的なグループ学習活動を通して，知識が不十分だったり・断片的であったりすると思考・理解が深まらない傾向があったとの経験をもとに複数から発せられた。但し，それは授業外を含め様々な知識を関連付けて捉え習得することで克服される，あるいは，地理は歴史と比較し知識量の網羅性を求めるものではないと語られ，必ずしもマイナス評価に偏ってはいない。

カテゴリー【教科「地理」観】

　地理総合及び地理Ｂの授業体験から，教科「地理」をどのような教科と考えたかとのカテゴリーであり，4つの概念から構成された。それぞれの概念導出に際して，参照された特徴的な発言は次である。

〈領域横断的で俯瞰的な視点〉

　　調査対象者Ｃ：領域ごとの何だろう。領域横断的に考えてるから知識を何か忘れても，芋づる式に導けるということで，例えば，新規造山帯と石油と産業とか，元々あるこの地形と社会的な営みの繋がりが，なんだろうなんか俯瞰的な視点から見られたことが非常に印象に残っています。

〈球面上の空間的な繋がりの視点〉

　　調査対象者Ｃ：空間的な繋がりで，例えばあの気候と環境問題など，平面の地図として見るのではなくて，地球儀で考えて地図の両端と両端，日本でいうとアメリカとヨーロッパとかの流れまでを考えて，うん，考えた授業が非常に印象的でした。

〈体系的でシステム的な説明・理解〉

　　調査対象者Ｄ：中学までの授業と特に比べたときには，何ていうか，中学時代のは，あの社会系の授業はわりと断片的な情報が多かったと思うんですけれど。高校に入ってからの地理ではそれを俯瞰してまた体系的に理解できる授業だったように思います。

〈創造的な知識の組み替え・産出〉

　　調査対象者Ｃ：地理の方が資料集と地図帳，とにかくいっぱい開いたと思う。…地理の場合はそう。なんか，視覚的に，うん，うん。頭の中の知識とか，その論理構

造を組み替える目的で使ってたから，そこは違うと思います。

調査対象者F：*地理総合とか地理Bの事例はもちろん，一旦その知識をインプットする場面はあるんですけど，その後にまたその知識を使って何かをする，何か問題を作ってもそうですし，何かそういうアウトプットの場面が多かったように思います。*

これら4つの概念は結びついており，俯瞰的な視点及び空間的な視点にたって，体系的でシステム的な説明による理解を図るのが教科「地理」の学習であり，それは創造的な知識の組み替え・産出という解釈になっている。

カテゴリー【進路選択への影響】

高校で地理を学んだことによる〈進学先選択への影響〉は直接にはみられず，高校での地理学習以前から各自がもっていた興味・関心（カテゴリー【選択科目の選択理由】の〈関心・学習指向〉）が，大学の学部選択に繋がっていた。

一方，進学した〈大学での学修・生活への影響〉では，次のような発言がみられた。

調査対象者B：*都市計画系の学問に進むことになっていて。まあその動機を考えたときに，当然その地理での授業なんかで都市の課題ってものが存在してるということをまず認識していたということが大きいのかなと思って。…。総合的に考えないといけない学問分野ってことを考えると，どうしても今いろんな要素，自然の部分，気候の部分ももちろん，人の行動の部分，いろんなことを総合して計画であったり，ロジックを組み立てるっていうこと。知識を組み合わせて論理を組み立てるっていうことをある程度学びの意識として持つようになったっていうのは大きくて。そこに対してきっと影響を与えたのは地理総合であったり歴史総合であったり…*

この発言は，地理で都市問題の存在を認識したことが都市計画への専攻へ何らかの影響を与えていること，様々な内容・要素をもつ総合的な教科である地理は，総合性を擁した都市計画学に有用であると感じていることを示唆している。また，地理総合及び歴史総合で身に付けた論理的な知識の操作と産出は，大学の学修で活かされていると判断している。法学を専攻したA・

Cも，知識の操作・産出は，問題解決で日々活用されている，将来の社会を設計する上で大切である，と語っている。大学での専攻選択へ直接の影響は与えていないものの，地理学習が大学での専攻分野における学修に活きているとの評価がある。

3.3. 構造図とストーリーライン

以上のような概念・カテゴリーの関係は，第1図のような構造図で示されるとともに，次のストーリーラインが紡ぎ出される。

　授業前の生徒の地理学習のイメージは，世界の〈自然・環境，生活文化〉の学習であり，それは小・中学校まで知識暗記型の地理学習内容と重なっていた。また，学習内容には環境問題のような〈現代的課題〉もあると推測する者もいたが，全般に【授業前の期待】は大きくはなかった。

　実際の『地理授業』での【授業の記憶】では，地理総合はクイズや実体験，グループ探究活動等の授業方法から〈授業らしくない授業〉と感じ，授業への取り組み姿勢及び選択科目としての地理の選択へ影響した。共通して記憶に強く残っているのは〈大気大循環〉と〈アジア地域での共同体提案〉であり，それら授業は〈思考力・説明力の育成〉となったと生徒らは【授業評価】している。そして，これらに代表される地理総合及び地理Bの学習体験から，生徒らの【教科「地理」観】は，地理は〈領域横断的で俯瞰的な視点〉・〈球面上の空間的な繋がりの視点〉で〈体系的でシステム的な説明・理解〉を促すもので，〈創造的な知識の組み替え・産出〉であったと総括している。これは，地理学習前の知識暗記・詰め込み型の地理学習観とは真逆である。

　一方，地理での〈知識の寡少性〉限界の指摘もあった。これについては，地理総合・歴史総合カリキュラムでの知識断片性であるとの声があったが，地理はそのような教科だと受け取った，地理授業だけで全ての知識を満たすものではなく他教科や授業外と結びつければできた，と問題視しない声が多かった。なお，学習全体を振り返ると，ほぼ全員が満足だとしたうえで，更なる【教科「地理」への期待】として，生活文化の背景にある〈各地の人々の考え方〉の学習，学習した環境問題といった〈地球的課題への行動〉への主体的なかかわりがみられた。

　地理学習と進路選択との関係として，受験に利用する【選択科目の選択理由】か

第6章　開発研究期の高校「地理総合」を学習者はどのように評価しているか　117

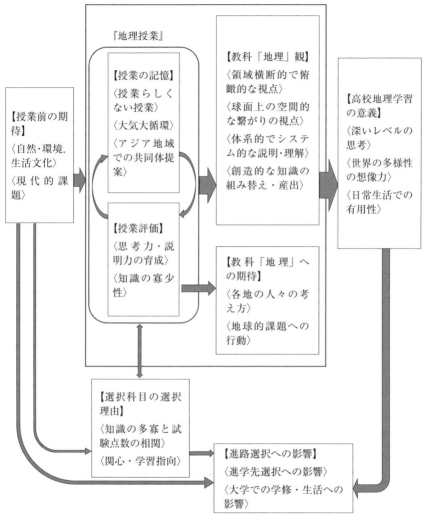

第1図　『教科「地理」』学習者の変容構造図

118　　第Ⅱ部：カリキュラム開発編

らみると，地理と世界史の相乗効果から地理を含めて選択することがほとんどであったが，世界史のみ選択した者は，〈知識の多寡と試験点数の相関〉が歴史の方が高いことを理由に挙げた。選択理由の根底には地理授業体験前からの個々人の地理にかかわる〈関心・学習指向〉があり，それは大学での専攻選択へ影響してはいるものの，高校における選択科目選択の直接的要因は受験戦略であった。

　このような地理学習経験を得て大学生になった調査対象者が考える【高校地理学習の意義】は，旅行といった〈日常生活での有用性〉はむろん，〈深いレベルの思考〉，〈世界の多様性の想像力〉をもたらすこととされた。このような意義を持つ地理学習は高校生時代の〈進学先選択への影響〉は直接にはなかったが，〈大学での学修・生活への影響〉での有用性は認識されており，大学での専攻分野・科目選択といった形での【進路選択への影響】がある。

4．考察−「地理総合」履修者インタビュー調査での「パワフルな地理」−

　研究開発中の地理総合の学習は，教科「地理」の認識を第1図のように変化させ，最終的に【高校地理学習の意義】は，旅行といった〈日常生活での有用性〉のみならず，〈深いレベルの思考〉，〈世界の多様性の想像力〉をもたらすこととされた。では，ジオ・ケイパビリティ・プロジェクトを先導してきたD.ランバートが「パワフル・ナレッジ」論をもとに示した次の3つの地理教育の価値・重要性（a，b，c）と，今回の知見は対応するであろうか。

　（a）記述的で説明的な深い「世界の知識」の獲得・発達
　（b）地理的理解・思想を支える関係的思考の発達
　（c）特定の場所や条件の中で，代替する社会的・経済的・環境的未来を考え，
　　　それを適用しようとする資質育成

（Lambert, 2016, p. 404）.

　分析結果から開発期の地理総合を履修した調査対象者らは，要素a・bを習得しており，認識論的側面で地理学習の意義が確認される。殊に，何人かの学生が述べた「今までそんなことを考えたことは無かった」は，地理学習

によって世界の事象に対する新たな見方や考え方，つまり地理の観点から見た多様な気づき・思考が生まれたことを物語っており，これら学習体験が，〈創造的な知識の組み替え・産出〉という新たな「教科としての地理観」を生み出している。学習者が教科固有の概念的知識を習得することが，教科固有の見方・考え方を育成することになることが強調されているが（Maude, 2023：Muller, 2023），本調査は授業実践を通して学習者自身の中に新たな地理的見方・考え方が育まれ，それが自己認識されていることを明らかにしている。

　一方，認識次元での思考に止まらず態度的次元を含む要素 c は，a・b と異なる様相を呈する。パワフル・ナレッジ論に関する諸論考の比較を通じて，同論における知識の本質について理論的考究を進めたモード（Maude, 2016, 2018）は，パワフル・ナレッジは学習者に知識をもたらすだけではなく，ある種の力（パワー）も与えると諸論が主張していることを看破した。結果，パワフル・ナレッジをめぐる議論は「知識を学んで何ができるか」へと進み（志村，2022），そこでは地理学習者が習得内容を自身の生活・生き方に応用すること，とりわけ社会的課題に地理学習成果を関連付け課題解決に取り組むことを重視しており，要素 c はこの議論に繋がる。インタビュー調査で，調査対象者 C は「私は法学部に所属しており，将来の社会や法制度について考え，それを創造する立場にあると考えています」と述べたことをはじめ，社会的課題を解決し新しい世界を創造することを意識した回答が複数の参加者から得られた一方，地理学習成果がそれら諸課題解決へ直接関与するとは明確には述べられていない。逆に，「高校地理学習を振り返って，地球的課題への自身の行動変革へは十分につながっていないと感じていること」が見いだせ，〈地球的課題への行動〉が【教科「地理」への期待】とされた。態度的側面を含めた要素 c 領域へ地理学習が繋がることを調査対象者らは求めている。規範・価値観・慣行等と関連する態度的側面への地理教育の貢献は，学校カリキュラムの中での地理の定位のされ方や社会文化背景の違いから世

界各国で異なる（Solem *et al.* 2013）。この課題は，日本でも地理教育だけでなく社会科教育全体，あるいは学校教育と社会問題との関連で検討すべきであり，ジオ・ケイパビリティ・プロジェクト第3段階（伊藤，2021）でも取り組みが進められている。

5．結語

最後に，教員の資質の面からグローバル文脈で本調査結果を定位する。ジオ・ケイパビリティ・プロジェクトを提起し先導してきたランバートは，カリキュラムづくりは，学習内容と教育目標を結びつける実践理論―単なる教授学習内容であるカリキュラム論ではなく，内容・方法・目標を包括する広義のペダゴジー論―として考えるべきとする（Lambert, 2016）。そして，日本の研究期結果（Kim *et al.* 2020：志村編著，2021）をもとに，日本の学校教師は目標をふまえて内容と方法とを統合した高い授業開発・実践能力―カリキュラム開発に止まらないペダゴジー能力―を有すると評した（ランバート，2021）。神戸大学附属中等教育学校での地理歴史科総合科目開発研究は，そのような日本の学校現場教師の高い力量を代表しており，本調査はその実際を国際共同研究次元で解明・発信した。しかし，日本の高校地理教育現場全体を俯瞰した場合，そのような高い力量を擁した教師が不足しているのも事実である（志村ほか，2023）。学校現場において教科固有のペダゴジー能力をも備えたカリキュラムリーダーを担う地理教師養成は，国際地理教育界同様，日本でも現在は喫緊の課題になっている。

付記
インタビューに応じていただいた卒業生の皆様，調査にご協力いただいた高木優先生（神戸大学附属中等教育学校）・永田淳嗣先生（東京大学）・広瀬悠三先生（京都大学）・井田仁康先生（筑波大学）に感謝いたします。本研究は，JSPS科研（基盤B）23K20702（研究代表者：志村喬）の成果である。

注

1）研究成果の全体は Solem *et al. eds.*（2024）所収の Shimura, T., Takagi, S., Yama-moto, R. and Ida, Y.: Prospects for Powerful Geography in Japanese Schools: Practical Development Research on Japanese National Curriculum's Compulsory Subject "Geography" pp. 167-187として発表した。本稿は日本の読者の文脈に配慮し，筆者が担当した開発期の「地理総合」を履修した卒業生へのインタビュー調査の分析・考察結果に絞り込んで改稿したものである。

文献

伊藤直之（2021）：社会正義に向けたジオ・ケイパビリティズ・プロジェクト第3段階. 志村喬編著『社会科教育へのケイパビリティ・アプローチ―知識，カリキュラム，教員養成―』，風間書房，pp. 23-40.

木下康仁（2003）：『グラウンデッド・セオリー・アプローチの実践』，弘文堂.

志村喬（2018）：「地理総合」と社会科教育. 碓井照子編『「地理総合」ではじまる地理教育：持続可能な社会づくりをめざして』，古今書院，pp. 57-67.

志村喬編著（2021）：『社会科教育へのケイパビリティ・アプローチ―知識，カリキュラム，教員養成―』，風間書房，pp. 23-40.

志村喬（2022）：パワフル・ナレッジ（powerful knowledge）論の教科教育界における受容・適用―社会系教科教育を中心事例にした書誌学的アプローチ―. 上越教育大学研究紀要，41(2)，pp. 379-392.

志村喬・小橋拓司・石毛一郎・後藤泰彦・泉貴久・中村光貴・松本穂高・秋本弘章（2023）：2022年以降の高校教育課程における「地理総合」「地理探究」設置の実態：新潟県・千葉県・兵庫県の公立学校並びに全国私立・国立大学附属学校のカリキュラム調査結果報告. *E-journal GEO*, 18(1), pp. 71-81.

広瀬悠三（2021）：地理教育とケイパビリティの創出―地理教育と教育学の対話の先にあるもの―. 志村喬編著『社会科教育へのケイパビリティ・アプローチ―知識，カリキュラム，教員養成―』，風間書房，pp. 59-77.

ビースタ，G.〔藤井啓之・玉木博明訳〕（2016）：『よい教育とはなにか』，白澤社.

ランバート，D.〔広瀬悠三訳〕（2021）：序文：日本での刊行に寄せて―日本の社会科教育へのケイパビリティ・アプローチの導入―. 志村喬編著『社会科教育へのケイパビリティ・アプローチ―知識，カリキュラム，教員養成―』，風間書房，pp. i-vi.

Kim, H., Yamamoto, R., Ito, N. and Shimura, T.（2020）: Development of the GeoCapabilities project in Japan: Furthering international debate on the GeoCapabilities approach. *International Research in Geographical and Environmental Education,* 29(3), pp. 244–259.

Lambert, D. (2016): Geography. Wyse, D., Hayward, L. and Pandya, J. eds. *The SAGE handbook of curriculum, pedagogy and assessment 1.* pp. 391–407.

Maude, A. (2016): What might powerful geographical knowledge look like? *Geography,* 101(2), pp. 70–76.

Maude, A. (2018): Geography and powerful knowledge: a contribution to the debate. *International Research in Geographical and Environmental Education,* 27(2), pp. 179–190.

Maude, A. (2023): Using geography's conceptual ways of thinking to teach about sustainable development. *International Research in Geographical and Environmental Education,* 32(1), pp. 4–19.

Muller, J. (2023): Powerful knowledge, disciplinary knowledge, curriculum knowledge: educational knowledge in question. *International Research in Geographical and Environmental Education,* 32(1), pp. 20–34.

Solem, M., Boehm, R. G. and Zadrozny, J. eds. (2024): *Powerful Geography; International Perspectives and Applications.* Springer.

Solem, M. Lambert, D. and Tani, S. (2013): Geocapabilities: toward an international framework for researching the purposes and values of geography education. *Review of International Geographical Education Online,* 3(3), pp. 214–229.

Young, M. and Lambert, D. (with C. Roberts & M. Roberts) (2014): *Knowledge and the Future School: Curriculum and social justice.* Bloomsbury.

第7章
開発研究期の高校「地理総合」を授業者はどのように実践してきたのか
―神戸大学附属中等教育学校の実践記録から―

高木　優[*]

1．はじめに

　国際共同研究「パワフルな地理（Powerful Geography）」プロジェクトでは，どのような地理教育が「Powerful Geography（力強い地理）」なのかに関連して，高等学校における地理学習が学習者にどのように評価され，進路選択にどのように作用したのかが調査された。調査結果は前章にあるが，インタビュー調査対象者として選ばれたのは，筆者が勤務する神戸大学附属中等教育学校（以下，本校）の卒業生6名である。本校は平成25（2013）年度より，文部科学省から研究開発学校制度の指定を受け，途中で科目名の変更はあったが，4年生（高校1年生に該当，以下略）全員に，「地理総合」を実施してきた。現在，大学に通っているほとんどの学生は，平成30年告示の高等学校学習指導要領実施前に高校生であったため，高等学校における地理学習経験が無い場合もあり得る。しかし，本校生は全員が，地理を学んでいるため，調査対象者として適していた。調査対象者は，平成30（2018）年度に，「地理総合」を履修した。そこで，実践記録（神戸大学附属中等教育学校，2014～2020）から，調査対象者がどのように「地理総合」を評価し，どのような「地理総合」を経験してきたのかについて報告する[1)]。

2．インタビュー調査結果から

　調査対象者は今回のインタビューで「地理総合」を次のようにふり返って

---

[*]神戸大学附属中等教育学校

いる。「地理総合」は，授業らしくない授業と回答した。さらに，地理総合の授業では，知識・情報の詰め込みではなく，説明をもとに，学習者が多面的・多角的に思考し説明できる力を身に付けることが目的とされており，法則・根本的な原理がある地理を身に付けたと記憶している。また，地理総合の授業は領域横断的で，他教科を含む様々な知識を俯瞰的な視点から関連付けて説明され，視野が広がったとふり返っている。具体的な学習内容として，アジア地域での共同体提案の学習を回答した。アジア地域での共同体を提案する学習は，それまでなぜ必要なのかなどの存在理由すらも考えてもいなかった地域共同体を新たに構想するものであり，現実に正解のないことをグループで調査・討議・発表したもので，考えたことのなかったこと・答えのないことを探究した学習として非常に強く記憶に残っていたようだ。

3．実践記録から

3.1．生徒意識調査について

　文部科学省指定の研究開発学校制度とは，文部科学省のホームページに次のように説明されている。

　教育課程の基準の改善に資する実証的資料を得るため，学習指導要領等現行の教育課程の基準によらない教育課程の編成実施を認め，新しい教育課程，指導方法等について研究開発を行う制度。

　平成25（2013）年度に指定を受けた本校は，研究開発課題を「グローバル人材育成に向けて，地理歴史科を再編成して「地理総合」「歴史総合」（必履修科目）を設置し，中高一貫教育課程に位置付けながら，その学習内容と方法，評価について研究開発を行う」とし，高等学校（本校では後期課程，以下省略）地理歴史科に「地理総合」「歴史総合」（必履修科目）を設置することで，グローバルな時空間認識を通して，生徒のグローバル人材として必要な思考力や判断力，表現力等の資質・能力がどう育成されるかを，以下の方法により検証してきた[2]。

(1)　グローバルな時空間認識を通して，グローバル人材としての資質・能力を育成する「地理総合」「歴史総合」を必履修科目として設置し実践するとともにその汎用性を検証する。

(2)　中学校社会科地理・歴史的分野での学習内容を踏まえた「地理総合」「歴史総合」の実践を通して中学校社会科との関連性を明確にする。

(3)　「地理総合」「歴史総合」で培ったグローバル人材としての資質・能力を発展的に活用する選択履修科目との関連性を検証する。

(4)　グローバル人材として必要な思考力や判断力，表現力等の資質・能力がどう育成されたかについて評価問題を作成・実施し検証を行う。

　その中で，実施報告として，研究開発の結果及びその分析について，資料・根拠に基づいて実証的に記述する必要があるため，毎年，生徒意識調査を行ってきた。「地理総合」実施学年の，4月，10月，3月に，中学校社会科との比較や，「地理総合」の学びなどについて，以下の通り調査した。

①　「中学校社会科」と「地理総合」の比較

②　「地理総合」学習前の期待と学習後の成果

　さらに，6学年（高校3年生に該当，以下略）に，4学年での「地理総合」での学びのふり返りとして，以下の5項目について調査した。

①　「地理総合」は，生徒参加型であったか

②　「地理総合」は，「地理B」の学習に役立ったか

③　「地理総合」は，受験のための知識の習得に役立ったか

④　「地理総合」は，大学などでの学びに役立つか

⑤　「地理総合」は，社会で必要な力が身についたか

　4学年での生徒意識調査では，「中学校社会科」と「地理総合」の比較のため，年度始の4月に「中学校社会科」に興味が持てたか，理解できたかを問い，年度末の3月に「地理総合」は「中学校社会科」と比較し，詳しく知ることができて興味が持てたかを問うた。今回の調査対象者についてのみ以下に記す（第1表）。

126   第Ⅱ部：カリキュラム開発編

第1表 「中学校社会科」と「地理総合」の比較

| | 「中学校社会科」への意識調査
（2018年4月） | | 「地理総合」への意識調査
（2019年3月） |
	興味が持てたか	理解できたか	「中学校社会科」と比較し，詳しく知ることができて興味が持てたか
大変そう思う	1	4	5
そう思う	4	2	1
あまりそう思わない	1	0	0
思わない	0	0	0

単位：人   （神戸大学附属中等教育学校，2018より筆者作成）

　また，「地理総合」学習前の期待と学習後の成果を比較するため，以下の2点について問うた。1点目は，「地理総合」では，世界の出来事や課題について地理的な観点から深くとらえたいか，また，深くとらえることができたかを，2点目は，持続可能で活力のある世界をつくるために，地球社会における諸課題を見つけどのようにすればよいか地理的な視点から考えたいか，また，地理的視点から考えることができたかである。今回の調査対象者についてのみ以下に記す（第2表）。

第2表 「地理総合」学習前の期待と学習後の成果(1)

| | 世界の出来事や課題について地理的な観点から | | 持続可能で活力のある世界をつくるために，地球社会における諸課題を見つけどのようにすれば良いか地理的な視点から | |
	深くとらえたい （2018年4月）	深くとらえることができた （2019年3月）	考えたい （2018年4月）	考えることができた （2019年3月）
大変そう思う	2	3	3	4
そう思う	3	3	2	2
あまりそう思わない	1	0	0	0
思わない	0	0	0	0

単位：人   （神戸大学附属中等教育学校，2018より筆者作成）

第7章　開発研究期の高校「地理総合」を授業者はどのように実践してきたのか　127

　さらに，同様に「地理総合」学習前の期待と学習後の成果を比較するため，以下の2点について問うた。1点目は，「地理総合」では，地図やグラフ，統計などの資料から関連性を読み取ったことを言葉や文章などで表現したいか，また，表現することができたかを，2点目は，「地理総合」では，地理についての知識やその意味を知りたいか，また，知ることができたかである。今回の調査対象者についてのみ以下に記す（第3表）。

第3表　「地理総合」学習前の期待と学習後の成果(2)

	地図やグラフ，統計などの資料から関連性を読み取ったことを言葉や文章などで		地理についての知識やその意味を	
	表現したい（2018年4月）	表現することができた（2019年3月）	知りたい（2018年4月）	知ることができた（2019年3月）
大変そう思う	3	4	1	4
そう思う	1	1	4	2
あまりそう思わない	2	1	1	0
思わない	0	0	0	0

単位：人

（神戸大学附属中等教育学校，2018より筆者作成）

　6学年での生徒意識調査では，4学年での「地理総合」での学びのふり返りとして，以下の5項目について調査した。1つ目は，「地理総合」は，生徒参加型であったか，2つ目は，「地理総合」は，「地理B」の学習に役立ったか，3つ目は，「地理総合」は，受験のための知識の習得に役立ったか，4つ目は，「地理総合」は，大学などでの学びに役立つか，5つ目は，「地理総合」は，社会で必要な力が身についたかである。今回の調査対象者のうち令和2（2020）年の生徒意識調査に回答したものについてのみ以下に記す（第4表）。

128　　第Ⅱ部：カリキュラム開発編

第4表　「地理総合」での学びのふり返り

	生徒参加型であったか	「地理B」の学習に役立ったか	知識の習得に役立ったか	大学などでの学びに役立つか	社会で必要な力が身についたか
大変そう思う	4	5	5	5	5
そう思う	1	0	0	0	0
あまりそう思わない	0	0	0	0	0
思わない	0	0	0	0	0

単位：人

（神戸大学附属中等教育学校，2020より筆者作成）

　このように，「中学校社会科」と「地理総合」を比較すると，どの調査項目についても，「地理総合」実施前の期待値より，実施後の成果のほうが高い評価となっている。また，6学年時での「地理総合」での学びのふり返りについても高い評価となっている。今回のインタビュー調査対象者は，本校在籍中の4学年時に「地理総合」の学習にしっかり取り組み，何らかの学びを得ていたといえる。

3.2.「中学校社会科」と「地理総合」の感想

　「地理総合」の実践のふり返りとして，さまざまな機会に生徒の感想を記録してきた。今回のインタビュー調査対象者の，「中学校社会科」についてのふり返り，「地理総合」について中間調査，年度末調査の一部抜粋とともに，今回のインタビュー調査での回答の一部抜粋を加え，以下に記す（第5表）。

第5表　感想と回答

インタビュー対象者1	
中学校社会科について（2018年4月）	知識がものを言う場面が多かったように思う。特に日本の地理ではその様なことが多かった。
地理総合について（2018年10月）	これまでの授業と比べて考える意識が高くなった。知識を得るだけでなく使うことの大切さが分かってきた。

第7章　開発研究期の高校「地理総合」を授業者はどのように実践してきたのか　　129

地理総合について （2019年3月）	各国の特色を学ぶだけでなく，地形や，大気，歴史などからその背景を考察する習慣が身についた。また自分たちで課題を解決する場面も多く，ためになった。
今回の調査での おもなコメント内容	地域共同体を作って提案するのは，明確な答えが存在しないので，自分たちでいろんな根拠を探しながら発表までもっていったので記憶に残っている。 知識を組み合わせて論理を組み立てるっていうことを学びの意識として持つようになったのは大きい。

インタビュー対象者2	
中学校社会科について （2018年4月）	地名を覚えるのが難しかった。
地理総合について （2018年10月）	知識を得るだけでなく，資料から考えられることを言葉にしたり，小集団で考えたりすることが多いので飽きない。
地理総合について （2019年3月）	地理的な特徴を覚えるだけではなく，様々な要素（食文化・生活など）と結びつけて考え，学ぶことができた。また現地化や地域共同体など自分たちで考えるものも多く自発的に学ぶことができた。
今回の調査での おもなコメント内容	なぜEUが存在するのかとか考えたことなかったかなって思います。

インタビュー対象者3	
中学校社会科について （2018年4月）	地域の環境や人の生活と深くかかわっていて興味深いと感じた。
地理総合について （2018年10月）	世界の地理的な要素をよりマクロな視点でとらえ関連づけることができた。
地理総合について （2019年3月）	地球の地理的なシステムを学べたことで，より構造的に地理的事象を見ることができた。
今回の調査での おもなコメント内容	中学までの社会系の授業はわりと断片的な情報が多かった。高校に入ってからの地理ではそれを俯瞰してまた体系的に理解できる授業だった。

130 　第Ⅱ部：カリキュラム開発編

インタビュー対象者4	
中学校社会科について （2018年4月）	世界の気候やそれに伴う，国々の特産物や生活の特徴を学べたのがとても役に立った。
地理総合について （2018年10月）	世界の各地域の詳しい特徴や辛い歴史を知ることができた。
地理総合について （2019年3月）	地域ごとの特徴とそれに応じた私たちの生活を考えることができた。
今回の調査での おもなコメント内容	どっちかっていうと歴史の方が覚えることがメインだが，地理は何か違う。1個分かっていれば何個も解けるみたいな，1対1対応じゃない。

インタビュー対象者5	
中学校社会科について （2018年4月）	あまり好きな教科ではなかったが，ちゃんと勉強すれば点数は取れた。地域の特色からその国の文化を知るのは楽しかった。
地理総合について （2018年10月）	授業は良い意味で授業っぽくなくって楽しい。試食が嬉しい。
地理総合について （2019年3月）	先生の授業は，講義らしくなくって毎授業楽しんで受けることができた。地域の食べ物の試食など，身をもって学べて楽しかった。
今回の調査での おもなコメント内容	根本的な原理をもとに，この地域ではこうなっているとか考える機会が与えられる授業だったから楽しめた。 地理は一つの何か法則があれば，他の地域でもあてはまる授業だった。アウトプットの場面が多かった。

インタビュー対象者6	
中学校社会科について （2018年4月）	地名の暗記が多い。
地理総合について （2018年10月）	今までひたすら暗記でしのいできたので知識の関連性に気づくことができ，意味とともに深い理解を得ることができた。とても興味深く良い授業だと思う。
地理総合について （2019年3月）	いわゆる地理の基礎知識に加え，ユニークな視点から地理を考えることができた。研究授業も十分に楽しんで取り組むことができた。

今回の調査での おもなコメント内容	領域横断的に考えるから知識を何か忘れても，芋づる式に導ける。俯瞰的な視点から見られた。空間的なつながりで，地球規模で考えた授業が印象的。資料集と地図帳などをいっぱい開いた。それらを，視覚的に頭の中の知識とかの論理構造を組み替える目的で使っていた。

　おおむね，「中学校社会科」は，地理的事象などについて学んだことを暗記する授業であるとの印象が強いようである。一方，「地理総合」は，学習したことや資料から読み取ったことをもとに，さまざまな主題（テーマ）について，考察する授業であったようである。今回のインタビュー調査での回答にも表れているが，「地域共同体」「現地化」などの主題（テーマ）について取り組むようないわゆるパフォーマンス課題に主体的に取り組むことができていたこと加え，普段の授業におけるさまざまな学びを領域横断的に結び付け，深く考察できていた様子がわかる。

3.3.「地理総合」の研究開発について

　「地理総合」の研究開発で，最も重視したことは，どのような学習内容を生徒に伝えるのかではなく，生徒の資質・能力をどのように伸ばすのかということである。そのために，学習内容と学習活動を組み合わせ，どのように授業（単元）を構成するのかについて，創意工夫を繰り返してきた。当初より，教員が一方的に学習内容を教える授業ではなく，生徒主体の学習活動を中心とした学びを目指していた。その中で，次第に「地理総合」は，内容のまとまりを1つの単元として構成し，1つの単元を通して生徒が問い（主題）に取り組む主題的相互展開学習（第1図）となった（高木，2014）。

　その後も，さまざまな試行錯誤があり，主題的相互展開学習と定まったのちにも，多くの改善や修正を行ってきた。これらの取り組みは，本校だけで成し遂げたものではない。研究開発学校は，専門的見地から指導助言，評価を受けるとともに，公開授業などを開催し，他校における研究に資するよう，

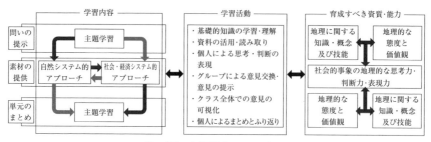

第1図　主題的相互展開学習

情報提供を行う必要がある。そこで，毎年，授業公開し，指導助言をふまえ，「地理総合」を改善してきた。平成25（2013）年度から9年間の研究開発期間中に，本当に多くの先生方に，公開授業に参観していただき，多くの励ましと的確な助言をいただいた。これらの支援が，研究開発の大きな推進力となったことはいうまでもない。

3.4.「地理総合」の実践について[3]

　本校では，生徒主体の学習活動の中でも，4人組のグループ学習を重視している。ある主題（テーマ）について，どのように思考したかをグループ内で発表するとともに，メンバーから自分の考えとは異なった考えを聞くことで，より思考が深まる。この対話的な学習に，5人組以上では自分の考えを発表せず，他人の考えに同意するだけのフリーライダーが生まれる可能性が高くなる。また，3人組以下だと特定の個人の考えがグループを代表する考えとなりやすい。さらに，4人組はT字型の机配置をとる。この配置は，全員が前方を向いている状態から4人組のうち前方の2人のみ机を移動すればよく，素早く4人組をつくることができる。同時に，グループ学習中に追加の指示をする場合に，後方の2名は前を向いているため，教員の指示に気づきやすい。

　このグループ学習は，個人思考・グループ学習・個人思考の学習過程をと

る。つまり，いきなりグループ学習とはならない，短い時間でも個人思考の過程を確保する。グループ学習に向け，自分の考えを準備する時間を確保することで，グループ学習を活発にし，学びを深めることができる。さらに，グループ学習後にもふり返りのために個人思考の時間を設定する。この時間によって，グループ学習において得た他のメンバーの考えを取り入れ，より自分の考えを深めることとなる。

　このグループ学習最大の課題は，グループ学習の結果を１グループずつ発表していくため時間がかかりすぎることと，他のグループでどのような学習が展開したのかが分からないことである。これらを解決するために，縦60m横45cmのホワイトボードを取り入れた。このホワイトボードは，それまで，翌日の持ち物を共有するための掲示板として利用されたり，授業の冒頭でその日の授業でどのような主題（テーマ）を扱うのかを共有するために利用されたりしていた。このホワイトボードを各グループに配り，グループ学習を記録するために活用した。また，グループ学習後に，前方の黒板に掲示し，各グループ学習の成果を学級で共有できるようにした（写真１）。このようにすれば，１グループずつ発表しなくても，短時間で各グループの活動が共有

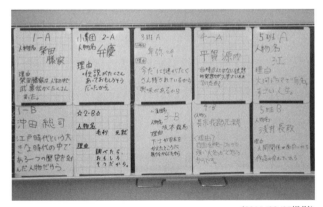

(2011/02/05撮影)

写真１　ホワイトボードの活用

される。さらに、ふり返りの個人思考の際に容易に他のグループの意見を参考にすることができる。

　研究開発学校として最初の公開授業は、2013（平成25）年10月21日である。生徒の資質・能力を伸ばすために学習活動としてグループ学習を取り入れ、各グループの思考の可視化のためにホワイトボードを活用した。参観した先生方は、高等学校でグループ学習が成立することに大変驚いていた様子であった。そして、授業でグループ学習を取り入れることは、意欲的な試みであるとの評価を受けた。このように、2013（平成25）年ごろは、高等学校地理歴史科の授業でグループ学習が実施されることがほとんどない状況であった。その中で、グループ学習を行う前に個人思考の時間を設けていることの重要性を指摘した参観者もあった。

　さらに、授業の展開について研究開発を進めた。2014（平成26）年2月10日の公開授業の際には、A・B・C複数の資料を示し、それぞれの視点で同じ対象物を見た際に、どのような違いがあるか、多面的で多角的な思考を生徒に課した（写真2）。

　この公開授業では、最初の視点と最後の視点との間の変容をみとろうとしている点に関心が集まった。資質・能力が身についたかどうかは、最初の学習活動とその後の学習活動における生徒の成果の変容を把握する必要がある。また、主題を中心とする単元構成も注目された。主題や単元などの言葉が次

（2014/02/10撮影）

写真2　複数の視点による思考

第に定着しつつある様子がみられる。ただし，最終的に各グループの学習成果に教員がアンダーラインを引き，まとめる過程をとったが，アンダーラインを教師が指定して焦点化するのではなく，子どもたちが主体的によみとっていけるようにすべきであるとの助言があった。この助言は，その後の授業展開の改善に活かされる。

次の写真3は，2016（平成28）年の公開授業の一場面である。グループ学習の記録がホワイトボードによって共有されている。ホワイトボードには赤色でアンダーラインが引かれているが，これは生徒が自ら引いたものである。教員がアンダーラインを引くと，授業のまとめは教員のまとめとなり，ふり返りの個人思考が教員のまとめとなってしまう。ふり返りの個人思考を生徒個人の思考をまとめる場とするためには，むやみに授業のまとめを教員が行うべきではない。もちろん，授業の目標が知識及び技能の場合は，授業の最後に生徒全員が同じまとめに集約されることが必要である。しかし，授業の目標が思考力，判断力，表現力等の場合は，生徒がそれぞれ異なったふり返りになるはずである。そのためには，できる限り教員が生徒の思考を邪魔しないことが重要である。このように，公開授業を参観した先生方からいただいた助言が高等学校地理歴史科の授業を進化させてきた。

（2016/02/22撮影）

写真3　ホワイトボードへのアンダーライン

写真4は，2015（平成27）年に実施された風の谷を主題（テーマ）とした実践である。このころから，公開授業を非常に多くの先生方が参観するようになった。本校の取り組みに関心が集まるとともに，主題（テーマ）を中心とする単元構成や，個人思考・グループ学習・個人思考の学習過程，思考の可視化のためにホワイトボードの使用など従来の高等学校地理歴史科の授業ではあまりみられることのなかった授業がさまざまな学校で実践されるようになった。このころ，話題となっていたことが，解が定まっていない問いをどのように授業として構成するかである。それまでは，学級全体で何らかの地理的事象が共有される授業が一般的であった。つまり，授業の目的が知識及び技能を身につける授業が多かった。しかし，中央教育審議会などで，学力の三要素及び観点別学習状況の評価が議題となるようになり，三観点の中でも，思考・判断・表現の観点の学習状況をどのようにみとるのかに関心が集まるようになった。知識・技能以外の観点をみとるには，解が定まっていない問い，いわゆるオープンエンドの問いが授業構成上必要である。つまり，授業のふり返りの個人思考で生徒がさまざまな自分の考えを表現できる問いと学習活動の設定が必要である。しかし，そのような授業を1時間の公開授業で表現することは困難を極めた。そこでも，授業の問いを明確にすることが解決策となった[4]。

(2015/02/23撮影)

写真4　解が定まっていない問い

写真5は，2016（平成28）年に実施された日本の電化製品などの商品を南アジア地域で販売することを想定し，南アジアの自然システムや社会・経済システムにあわせ現地化することを主題（テーマ）とした実践である。この授業には160名以上の参観者があった。写真を見ていただけると分かると思うが，この授業は，すでに授業者のもとから離れている。授業者は生徒と専門家が対話できる環境を設定しただけである。しかし，この授業は生徒が専門家へプレゼンテーションすることがねらいではない。生徒が専門家からさまざまな指摘を受ける中で，現地化をどのように改善するのかが真のねらいである。つまり，どのように社会や世界と関わり，よりよい人生を送るかに関連して，学びに向かう力，人間性等を育成することを目標としている。参観した先生方からも，授業には，導入・展開・まとめ・ふり返り・改善という流れがあるが，ふり返り・改善の部分に注視した授業が公開されることは少ない。今回は，本物のオーディエンスによる評価を受け，グループ学習の後，個人によるふり返り・改善に取り組ませた実践であるとのコメントがあった。

（2016/11/22撮影）

写真5　生徒と専門家との対話

138　第Ⅱ部：カリキュラム開発編

4．おわりに

　一般的に授業は，教員が生徒にどのような資質・能力を身につけてほしいかに加え，学校が生徒にどのような資質・能力を身につけると表明しているのかをねらいとして構成されている。しかし，本校での研究開発学校制度に係る公開授業では，授業者は，生徒の資質・能力をどのように育成するのかとともに，参観者にどのような授業を見てもらうべきかという，2つの命題を抱えながら授業実践してきた。ふり返ってみると，今回のインタビュー調査対象者が4年生時に授業者が行った公開授業は，どちらかというと生徒がどのように「地理総合」に向き合っているかを，参観者にどのように紹介するのかを意識した授業であったように思える。その中でも，今回の調査対象者の記録から，「研究授業も十分に楽しんで取り組むことができた。」とのコメントを見つけた際は，何か救われたような気がした。

　学習者が授業をどのように感じるかは，授業者がどのように実践しようとしてきたかに，大きな影響を受ける。学習内容を伝えたかったのか，学習活動を深めたかったのか，どのような資質・能力を伸ばしたかったのかなどについて，年間の見通しをもって授業実践することが，これからの授業実践ではよりいっそう大切になってくる。本稿では，今回の調査対象者が本校在籍時にどのように「地理総合」を評価し，どのような「地理総合」を経験してきたかを報告する中で，資質・能力の育成を目指し主題（テーマ）を中心とした単元構成，グループ学習，個人思考・グループ学習・個人思考の学習過程，ホワイトボードでの思考の可視化などの実践例を紹介した[5]。授業は生徒と授業者の関係性のもとで成り立っている。その中で，生徒の資質・能力をどのように伸ばしていくのかについて，考え続けていきたい。

付記
　研究開発学校指定に係る公開授業に参観していただいた先生方，研究開発に協力し

ていただいた本校生徒，先生方に感謝いたします。

注

1 ）Shimura et al.（2024）における筆者担当執筆部分では，カリキュラム内容・教授
　方法開発の実際を報告した。本稿では，開発した授業を受けた学習者による評価
　の実際を，プロジェクト調査結果と関連付けながら考察し報告する。
2 ）研究開発の経緯・概要は，神戸大学附属中等教育学校（2014，2015，2016，2017，
　2018，2019，2020）にある。
3 ）「地理総合」開発研究授業の詳細は，高木（2016，2018，2019a・b，2020）で報
　告した。
4 ）評価についての研究成果は，高木（2022a），石井・高木編（2023）へと展開した。
5 ）高木（2022b，2024）でも，開発研究成果の実践的紹介を行った。

文献

石井英真・高木優編（2023）:『ヤマ場をおさえる　単元設計と評価課題・評価問題
　中学校社会』，図書文化社.
神戸大学附属中等教育学校（2014，2015，2016，2017）:『文部科学省指定研究開発学
　校高等学校地理歴史科「地理基礎」「歴史基礎」実施報告書』（vol.1，2，3，4），
　神戸大学附属中等教育学校.
神戸大学附属中等教育学校（2018，2019，2020）:『文部科学省指定研究開発学校高等
　学校地理歴史科「地理総合」「歴史総合」実施報告書』（vol.1，2，3），神戸大学
　附属中等教育学校.
高木優（2014）:高等学校「地理基礎」における主題的相互展開学習の開発と授業実
　践－神戸大学附属中等教育学校の取り組みを事例に－. 新地理，62(3)，pp.94-
　99.
高木優（2016）:高等学校「地理基礎」における南アジア＆アフリカ世界地誌学習の
　授業実践－神戸大学附属中等教育学校の取り組みを事例に－. 新地理，63(3)，
　pp.73-83.
高木優（2018）:高等学校「地理総合」における持続可能な地域づくりと私たちの授
　業実践－神戸大学附属中等教育学校の取り組みを事例に－. 新地理，66(2)，
　pp.83-91.
高木優（2019a）:「地理総合」をどのように実践したのか？神戸大学附属中等教育学
　校の取り組みから. 明治大学人文科学研究所紀要，85，pp.203-236.

140　第Ⅱ部：カリキュラム開発編

高木優（2019b）：地理的な見方・考え方を生かした「地理総合」の授業デザイン：主題を設定し単元全体を見通して構成する．原田智仁編『高等学校地理歴史・公民』，明治図書出版，pp.68-71．

高木優（2020）：地理総合での地球的課題を主題とした学習が地理探究での地誌学習にどのようにつながるか．新地理，68(2)，pp.73-80．

高木優（2022a）：地理総合―「単元」のデザインと主体的に学習に取り組む態度の評価．荒井正剛編『中等教育社会科教師の専門性育成』，学文社，pp.94-103．

高木優（2022b）：アカデミックな楽しさを喚起する．石井英真編『高等学校　真正（ほんもの）の学び，授業の深み』，学事出版，pp.76-87．

高木優（2024）：中学校社会科・地理総合・地理的探究とヨーロッパ理解の課題．新地理，72(1)，pp.84-89．

Shimura, T., Takagi, S., Yamamoto, R. and Ida, Y. (2024): Prospects for Powerful Geography in Japanese Schools: Practical Development Research on Japanese National Curriculum's Compulsory Subject "Geography" Solem, M., Boehm, R. G. and Zadrozny, J. eds. (2024): *Powerful Geography; International Perspectives and Applications*, Springer, pp. 167-187.

第8章
公民教育におけるケイパビリティ・アプローチの検討
－新科目「公共」の成立を契機として－

鈴木　隆弘[*]

1．はじめに

1.1. 高等学校における教授方法の特質

　30年ほど前，筆者の教育実習の際，社会系教科担当の教諭から「偏差値上位校と低位校では，同じように教えるべき」との経験則に基いた指導を受けた。入学試験によって同程度の学力の生徒，また進路において同様な指向性を持つ生徒で構成される高等学校の特質からすれば，簡単には承服しがたい経験則に思える。しかし，その教諭は，「憲法の自由権について教えていた時，『皆さんは令状無しに取調べられたり，逮捕されたりすることはありません』と発言した。いつも授業を聞いているとは思えない態度の生徒が，突如『俺たちはいきなり取調べられたり，逮捕されたりしないのか』と叫んだ」との指導時におけるエピソードも追加して教えてくれた。

　この経験則を「力強い学問的知識」（以下 PDK とする）の視点から考えてみたい。PDK は概念的知識に基づくものであり，地理でのカリキュラムづくりにおいて教員は，①生徒の日常経験，②教師の教授方法選択，③教科としての地理，この①～③の結節点上に位置するものとされる（志村編著，2021）。これに従うならば，先の教諭は，②教師の教授方法選択において，偏差値上位・低位校双方で同様の指導法を採用し，同様なカリキュラムで対応すべきであると判断したことになる。同様の②カリキュラムを適用すべき理由として教諭は，「上位校の生徒は頭で自由権が分かる。低位校の生徒は

---

[*]高千穂大学

普段の生活から自由権が分かる。」と分析していた。つまり，当該指導教諭は，適切な②カリキュラムに従えば，上位校では③教科の論理に基づいて概念的知識を理解することでき，低位校では①生徒の日常経験から概念的知識へと到達できると判断していたと思われる。しかし，一般的な感覚からすれば，上位校と低位校では大きく異なるであろう①日常経験の点からしても，上位校と低位校ではおそらく差異が生じうる③教科固有の論理とその操作の点からしても，②カリキュラムや授業方法が同じであって良いと容易には思えない。つまり，これだけでは，全ての生徒がPDKを獲得しうる理由の説明にならない。

1.2. 高校生に対する法知識と法意識の調査から

　全国の高校生に対し実施された法知識・法意識調査では，「被疑者を警察官が逮捕する前に，原則として警察官は警察署長から逮捕令状を発行してもらう必要がある。」（筆者注：答えは×）という法知識の設問に対して，正解率は21.1％，不正解率は77.4％であった。この高い不正解率に対し，「現代社会の教科書等でも，逮捕などの強制捜査時には裁判官が発する令状が必要だと書かれているにもかかわらず，非常に高い」（橋本・土井ほか編著，2020，pp. 15-16）との分析がされている。この設問は，憲法33条・35条を知っていれば解ける問題であるから，事実的知識の設問であるともいえる。しかし，「令状主義の趣旨が捜査権力による違法な捜査を抑止するものであることを理解していれば，令状の発行権者が裁判官であることを知らなくても，捜査機関である警察内部で令状を発布することはおかしいことに気づくはず」とも分析されている通り，概念的知識を適切に獲得できていれば，事実的知識（条文に関する知識）が無くとも適切に解答できたはずだとの指摘がなされている。

　先に紹介したエピソードでの生徒の発言から見ると，上記のような「捜査権力による違法な捜査を抑止する」ために令状主義というルールがあるとい

う学問的知識は，当該生徒には存在していなかったことになる。もし，概念的知識があったならば，教師による発問に対して叫ぶ必要はなかったはずだからである。当該生徒の①日常経験には「令状主義」なるものが存在していなかったからこそ，教師による発問によって，生徒はPDKの存在を知り，驚きの声をあげたと考えることができる。つまり，教師は，生徒の①日常経験には，「捜査権力による違法な捜査」という学問的知識とは反する過酷な現実があふれていることを踏まえた上で，日常生活での経験に埋没しただけでは獲得し得ない，反直感的な③教科固有の論理に基いたPDKを，講義型の発問（②）によって示し，PDKを知り，理解するためのきっかけを提供したのだと分析できる。

1.3. 本章の構成

　本章では，上記のような②教師の教授方法選択という課題意識に従いながら，まず公民教育におけるPDKについて中平の議論を踏まえて検討する。次に，新科目「公共」の成立過程，目標，並びにその教科書記述，及び教科書から想定される授業場面の分析を通じて，公民教育におけるPDKとその課題について明らかにする。教科書からは，「公共」における知識像がPDKとは異なることを示し，残された課題を示す。

2．公民教育におけるPDK

　PDKについて検討すべき公民教育上の課題として，中平が指摘する「地理教育には，それが依拠する学問として地理学があるが，公民教育には共通した学問体系がない。公民教育の内容は，例えば法学や経済学，政治学，宗教学，倫理学など依拠する学問が多岐にわたるからである。一方で，公民教育が依拠する学問は，現代社会を構成するという面からいえば，複雑に絡み合いながら存在している」（中平，2019，p.377）があるが，これをまず明らかにしたい。これは，公民教育において，PDKがそもそもよって立つ学問的

知識とはいったい何であるか，また PDK がよって立つ学問自体が絡み合っており，明確に準拠する学問分野が不明確という課題のことである。

中平は，本課題に対して，フェイクニュース「下戸税」を題材に明らかにしようとしている。中平は，同フェイクニュースに対する学部生及び大学院生と，現職社会科教員の分析の違いに着目して，公民教育における PDK について検討している。

中平がこのフェイクニュースを上記の双方に提示したところ，学部生はフェイクであると瞬時に見抜くことができなかったが，教員たちはそうではなかったという。中平は，教員がフェイクニュースと見抜いた理由を「国に余計な個人情報や思想，趣味などを伝えることはおかしい」，あるいは現行制度に対する「課税の基本，税の徴収方法の基本」，そして「あるべき社会像」から見た時，個人の尊重という憲法的価値という認識があったことから，「下戸税」なるものは日本では導入されないと判断できたと指摘している。

中平の分析から言える点は，次のとおりである。

学習指導要領のいう「現代社会の見方・考え方」や，中平が分析している「法的な見方・考え方」，あるいは令状主義の成立の背景などの公民教育が依拠する学問分野の一つ，法律学の学問体系に依拠した概念的知識は，複数の社会的事象に見られる共通した一般的な知識であり，説明可能な知識となっている。しかし，この学問的知識については明確に触れられることはあまりない。

確かに私たちは憲法的価値観に基づき，人権の大切さについて学び，同時に教授してきた。しかし，先の令状主義に対する正答率にしろ，中平の示したフェイクニュースにしろ，「捜査権力による違法な捜査を抑止する」であるとか，課税は公平・公正に行われなければならないといった，法学に依拠した学問的知識について，直接生徒に対して教えるような授業場面はあまりないのではないか。先に述べたように，違法捜査に直面する①日常経験を持つ生徒たちは，PDK に反した状況をいやというほど経験していながらも，

第8章　公民教育におけるケイパビリティ・アプローチの検討　　145

それに対抗する知識や認識を獲得できていない。だからこそ，抗議すること
もできないでいる。なぜなら，生徒自身が「悪い奴は警察から取り調べされ
ても仕方が無い」という一般的だが全く誤った，しかし常識的かつ日常的な
認識につつまれてしまっていて，自らがおかれた状況に対し直感的に判断し
てしまっているのである。だからこそ，②概念的知識をただ発問するだけと
いう教授方法でも，生徒の中に気付きが生まれ，③教科固有の論理への道が
開かれたといえるのではないか。しかし，このような認識は，令状主義につ
いて「何人も…権限を有する司法官憲が発し，且つ理由となってゐる犯罪を
明示する令状によらなければ，逮捕されない」（憲法33条）という条文に基づ
いた事実的知識だけを，教授していたのでは獲得されにくい。

　公民教育においては，学問的体系に裏打ちされた概念的知識を教授するこ
とは，依拠する学問体系も内容も多岐にわたることから，それが何であるか
を明らかにすること自体が実際には困難ではある。ランバート達が暮らすア
ングロ・サクソン型の（法）制度と，日本の（法）制度は異なるため，いく
ら制度を学んだとしても，それが普遍的概念であるかどうかも明白ではない。
しかし，現代社会に関する内容という観点からは，「代表無くして課税無し」
といった近代民主主義国家及び社会における原則や理念，そういったものが
概念的知識，PDK といえるのではないだろうか。ただし，そういう近代社
会における原理・原則は，公民科において明示されることは少なく，後述す
る「公共」などのように，課題探究学習などを通じて，生徒が自ら身につけ
るべきものとされたまま，これまで放置されてきたのではないだろうか。

3．「公共」からみた PDK

3.1.　学習指導要領「公共」の目標から

　学習指導要領（文部科学省，2018a，p.79）によれば，高等学校公民科「公
共」では，③科目（教科）固有の論理として「人間と社会の在り方について
の見方・考え方を働かせ」，②教授方法として「現代の諸課題を追究したり

解決したりする活動」を実施した上で，さらに③「現代の諸課題を捉え考察し，選択・判断するための手掛かりとなる概念や理論について理解する」ことが目指されている。

同解説（文部科学省，2018b，p. 31）では，この③に該当する知識・技能の資質・能力について「単に知識を身に付けることではなく，基礎的・基本的な知識を確実に習得しながら，既得の知識と関連付けたり組み合わせたりしていくことにより，学習内容の深い理解と，個別の知識の定着を図る」こと，「社会における様々な場面で活用できる，現代の諸課題を捉え考察し，選択・判断するための手掛かりとなる概念や理論を獲得していく」ことを求めている。

ここでの問題点は，前者の「基礎的・基本的な知識」であろう。前回2008・09年改訂学習指導要領では，習得・活用・探究という学習段階に従い，「基礎的・基本的な知識」を，反復などを通じて確実に習得することが求められた。ここでいう基礎的・基本的知識とは，PDK のような学問的な概念的知識というより，人権一般，条文などの事実的知識であると考えられる。よって，学習指導要領においては，基礎的・基本的な知識は，繰り返し課題へと取り組みながら，生徒自らが組み立てることで定着すると想定しているといえる。加えて③科目固有の論理，いうなれば「見方・考え方」も，課題解決を通じた繰り返しプロセスを経ることによって，選択・判断に必要な一般化された概念的知識が獲得できると想定していると考えられる。

では，このような「公共」における知識は，PDK から見た時にどのような課題があるといえるのだろうか。

「公共」は，その科目設計において，「現代の諸課題を追究したり解決したりする活動」を通して，概念・理論を身につけることが目指されている。これは，近年，議論が活発化している探究学習のありようともつながる課題でもある。

「公共」には大項目Ｃ「持続可能な社会づくりの主体となる私たち」にお

いて課題探究学習が設定されているが，本単元は，18歳成人を迎える直前の，公民科全体のまとめ活動として想定されている。よって本大項目では，探究学習が想定されている以上，その実施までにしっかりとしたPDKが身につけられていなければならないこととなる。しかし，内容の取扱いを見ると「課題の探究に当たっては，法，政治及び経済などの個々の制度にとどまらず，各領域を横断して総合的に探究できるよう指導すること」（文部科学省，2018a，p. 84）との指示はある一方，中平が指摘するようなPDKとなる「あるべき社会像」については，十分に明らかにされていない[1]。

　たしかに，「公共」全体には，「幸福・正義・公正」といった概念が示されている。また，大項目A「公共への扉」の（3）「公共的な空間における基本的原理」において，「人間の尊厳と平等，個人の尊重，民主主義，法の支配，自由・権利と責任・義務など，公共的な空間における基本的原理について理解すること」（文部科学省，2018a，p. 80）と身につけるべき概念的知識が示されてはいる。しかし，これらをみるかぎり，「公共」のいう概念的知識と，PDKで想定されている概念的知識とはズレが生じていると考えざるを得ない。

　解説では「公共的な空間の在り方などを決め，その決定を実現する際には，民主主義や法の支配に基づかなければならないこと」（文部科学省，2018b，p. 47）などとは書いてあるが，何をもって「民主主義」とみなすのか，あるいはどのような状態になれば「法の支配」が実現されたといえるのかが明示されることはない。確かにこれらを考える上では，政治学や法学，特に憲法学などの学問的知識が前提となることに加え，学問・学者間でも統一された見解があるとはいえない。だが，概ね「法の支配」がどのような状態なのかについての見解は，明確に語られることはなくとも学問内では一定程度一致していると考えられる。それは令状主義でも同じ[2]であって，だからこそ，たとえば学会内部では議論が成り立つのである。しかし，それが一体どのような状態なのか，あるいは何なのかについては，学習指導要領には明記され

148　第Ⅱ部：カリキュラム開発編

ていない。

3.2.「公共」の誕生

　そもそも「公共」はどのような経緯によって生まれた科目なのだろうか。

　一般的に新科目が設定される場合，新教科・科目の構想に基づいて，研究開発指定校が指定される。この学校では，教育課程の基準の改善に資する実証的資料を得る目的のために，学習指導要領によらない教育課程の設定が認められ，そこで得られた研究成果とその資料に基づき，新科目が設計されていく。しかし「公共」は，このような開発プロセスを採らなかった[3]。

　2010年，野党時代の自由民主党は，そのマニフェストに「道徳教育や市民教育，消費者教育等の推進を図るため『公共』を設置します。」（自由民主党，2010）と記載，その後，政権復帰した自民党は，マニフェストに従い文部科学部会提言を文部科学大臣に提出し，教育課程に「公共」が含まれていったという経緯がある。その提言で「公共」は，「職業選択や納税，年金，防犯・防災というテーマを一括して扱う科目として新設し，社会生活に役立つ知識を身につけ」るものであり，職業選択などのこれら「テーマは，『公民』や『家庭』などで断片的に教えられており，全体像がわかりにくい」こと，また「手続き方法などの情報も不足している」（読売新聞，2013）と，広義の公民教育の課題を指摘している。ここでの科目イメージは，社会生活に役立つ，いわば生きて役立つ知識を，テーマに従って総合的に教授すること，具体的には年金受給のための手続き方法などを教えることが求められていたといえる。

　しかし，「公共」は，通常とは異なる手続きである自民党からの提言によって，中教審が動くこととなったため，適正手続きが採られたとはいえない新科目となった。この点について川口は「『公共』は，そもそも伝統的規範を取り戻す科目として，2010年の参院選における自民党の選挙公約に記載されたところから始まった」が，「18歳選挙権の法制化を背景に，新しい政治

第 8 章　公民教育におけるケイパビリティ・アプローチの検討　　149

教育の担い手としても『公共』が注目され」，「こうした多様な要請の『協
定』あるいは『妥協』のポリティクスの帰結」（川口，2022，p. 442）として成
立したものとまとめている[4]。

　この科目の性質が伝統的規範から18歳成人育成に変容したことは，「公共」
の成立に際し，教科調査官として携わった樋口による「新科目『公共』導入
のもっとも大きなポイントは成人年齢が20歳から18歳に引き下げられること，
つまり高等学校 3 年の教室の中に私たちの社会に責任を持つ大人が存在する
ということでした。」（樋口，2021）という発言からも確認できる。

　「公共」は，そもそも「伝統的規範を取り戻す」といった復古主義，道徳
教育の充実を図る政治的な思惑からスタートした。そこでの科目のアイデン
ティティは，年金保険の受給方法など①日常生活の中で，生きて働く知識の
学校における教授が期待されていた。しかし，18歳成人制度導入という状況
を前にして，主権者育成を完了させるための科目として，その装いを変容さ
せていったとまとめることができる。

　ただ，本稿において明らかにされるべきは，川口の指摘する「妥協」のポ
リティクスの帰結としての，「公共」を取り巻く「知識」像の変容である。
「公共」は，伝統的規範を身につけた子どもの育成を目指して，教育勅語に
あるような徳目主義的な道徳知識及び規範，それに基づく態度育成を目指し
た科目として構想されたように見える一方，読売新聞が報じたような「制度
について理解するだけ」といった多くの人々が持つ公民科教授のイメージに
対して，制度の使い方について知り，行動できる生徒を育成したいという
「生きて働く知識」の醸成を目指した科目として構想されていた。しかし，
その後の政治状況の変化やさまざまな議論を経て，18歳の，成人段階で求め
られる知識を身につけさせる科目へと変容したと考えられる。だが，ここで
残される課題は，ではいったい，（A）18歳成人（主権者と言い換えても良い）
に求められる PDK とは何なのかである。

　これまで述べたように知識面の議論は上記の通りであるが，「公共」は

150 第Ⅱ部：カリキュラム開発編

2017年・18年学習指導要領の改革の影響も受けており，学び方学習の側面も強い。樋口は「公共」について「高等学校１年もしくは２年で履修する公民科の必修科目として，主権者として社会に参加するために必要な知識を学ぶだけではなくて，適切な判断力や様々な社会的課題に対して適切に判断し，解決する力を身につけること」（下線筆者）が目的であるとする。この点は，下線部の「解決する力」が特に重視された場合，伊藤が批判するような「学び方学習」になる恐れがあるともいえる（伊藤，2021）。先に大項目Ｃについて述べたが，このような課題探究学習では，いわゆる「学び方を学ぶ」に終始する恐れが強い。これにより「公共」には，学習指導要領全体の改革の影響を受けて，課題（Ｂ）探究プロセスが重視された結果，学び方学習に陥るという懸念が存在することとなる。つまり，（Ａ）PDK が身についているかについては，（Ｂ）探究プロセスがそれを保障するとはいえず，加えてそれを保障する過程についても十分とはいえないのである。

3.3. 令状主義に関する「公共」教科書記述

ここでは，まず「公共」教科書の分析のうち，令状主義についての教科書記述を見てみたい。

現在，「公共」の教科書は，８社12冊が発行されている[5]。このうち，令状主義は，ほとんどの教科書に掲載され，大項目Ｂのうち，主に法的主体の育成に関する箇所に掲載されている。なお，１冊のみ，令状主義の用語掲載はなく，条文の内容の説明のみの記述となっている。

Ａ社では「さらに，捜査機関が逮捕・住居侵入，所持品の捜索・押収などをおこなうには，裁判官の令状が必要である（令状主義）。」と記載されている。またＢ社ではこのような用語と説明に加えて，「このような細かな規定が憲法に置かれているのは，大日本帝国憲法での人身の自由が侵害されたことへの反省に立つものである。」との，条文が求められた背景の説明がなされている。次頁でも分析するＸ社では，教科書本文ではなく，「刑事手続きと

刑事裁判」と題されたコラム1頁中において令状主義の説明がなされている。

　このような記述内容からみれば，令状主義などの各条文をもとに，学習課題「なぜ黙秘権という権利があるの」（C社）などを調べ，その課題解決に向けたプロセスを通じて，令状主義についての概念的知識が獲得できると想定されているようにみえる。しかし，この課題（主題）設定では，被疑者の人権や刑事手続きからいくら課題に迫ったとしても，「令状主義の趣旨が捜査権力による違法な捜査を抑止するものであること」という学問的知識に至るのは困難ではなかろうか。この知識には，大日本帝国憲法での経験だけでなく，権力は暴走するものであって，それを抑制するために憲法が制定されているといった，近代立憲主義についての概念的知識をしっかりと理解することが必要であり，その現れについて事例に則した学習が求められるのではないか。

3.4. 教科書の記述から想定される授業場面

　では，「公共」では具体的にどのような授業場面が想定されているのか。

　ここでは，他社と比較した場合，知識教授よりも探究活動を重要視していると思われるX社の教科書について検討する。なお，筆者の専門性の観点から，ここでは雇用と労働問題の単元のうち，労働問題の場面に絞って以下，分析を行う。

　学習指導要領解説では，雇用と労働問題について「近年の雇用や労働問題の動向を，経済社会の変化や国民の勤労権の確保の観点から理解できるようにすること」としており，「違法な時間外労働や賃金の不払いなどが疑われる企業等との間でトラブルに見舞われないよう予防する」ことを求めている。

　X社は，このうち「労働問題」について，「雇用と労働」と「労働者の権利」の二つのテーマに分け，後者「労働者の権利」を教科書1頁の中に収めている。この1頁の中には，学習課題（主題），本文，グラフ資料1点，資料2点を掲載し，まず学習課題として「なぜ労働者は手厚く保護されている

のだろう。労働組合は何のためにあるのだろう。」が提示されている。教科書の本文では，重要な学習語句として，労働力／勤労権／労働三権（団結権・団体交渉権・団体行動権）／労働組合／労働三法（労働基準法，労働組合法，労働関係調整法）／労働基準監督署／労働委員会／労働局が強調されている。この重要学習語句は，他社の教科書とも大差はない。グラフ資料として①「労働組合組織率の推移」が掲載され，資料2点として②「公務員の労働基本権」③「憲法と労働法の関係」がそれぞれ4分の1頁分，掲載されている。なお，次頁にはコラム「求人票を見てみよう」が掲載されている。

　この教科書も，重要学習語句をみれば基礎的・基本的知識が，しっかりと掲載されているといえる。本文を読めば，憲法でも保障された権利として，つまり人権として勤労権と労働三権が私たちにもあること，労働者を保護するための法制度や機関や整備されていること，労使紛争の際に解決へと導いてくれる機関が存在することも分かる。しかし，この教科書において資料を除いた本文16行の中で学ばれるべき，しばしば反直感的なPDKとは一体何なのだろうか。

　グラフの資料①からは，かつては上昇していた労働組合の組織率が近年下がっていること，資料②からは公務員の労働権が制限されていること，資料③からは憲法と労働法（労働権）に関する整理された情報が読み取れる。学習課題には「なぜ労働者は手厚く保護されているのだろう」「労働組合は何のためにあるのだろう」が示され，その課題解決が求められている。しかし，この学習課題を目指し調べても，PDKへは到達できないだろう。

　そもそも「労働者は手厚く保護されている」という課題からは，生徒が自ら労働問題を解決するための主体となるための知識を獲得することは難しい。本単元は，経済的な主体と主に関わるものであるから，生産者，あるいは勤労者としての自覚に加えて，私たちがどのような権利を持っているのかという知識面，労働法学や憲法学に裏打ちされたPDKが必要となるはずである。

　では，労働法にはどのようなPDKがあるといえるのか。労働法総体は，

第 8 章　公民教育におけるケイパビリティ・アプローチの検討　　153

契約法の原則とその例外のうち，その例外に相当すること，またその制定理由が「契約自由の原則」を守るために存在することが重要である（法教育推進協議会，2009）。つまり，ここでの概念的知識は，契約自由の原則，その例外規定の存在，そして例外規定が存在する理由であり，これらを獲得することが求められているのである。契約の原則は，各個人，あるいは法人が対等の関係にあるからこそ成立する（と擬制した上で）近代社会は成立している。しかし，その原則が崩れる状況が生まれたため，平等性を守るためにこそ例外規定が生み出され，その労働分野における現れが労働法である，といったPDK が獲得できて初めて，経済的主体になる契機が生まれるのではないだろうか[6]。

　当該単元の課題は「労働組合は何のためにあるのだろう」という問いに対して，その組織率の低下を指摘するグラフ資料①から考えることではなく，「契約自由の原則の例外として労働組合が存在する」という PDK がまず獲得できる資料こそが求められる。また，資料②のように「公務員の労働基本権」を示し，それが制限されていることを生徒に提示するのではなくて，「公務員の労働基本権はなぜ制限できるのか」というような課題，あるいは「公務員の労働基本権の制限は，労働法と照らし合わせた場合，認められるべきなのか」と思考・判断できる学習課題へと変化させた上で，公務員に対する制約といった例外では無く一般的な労働法の原則が示される必要があるだろう。すくなくとも，公務員に対する労働法基本権の制限は，労働法の例外であって，一般的・概念的知識ではなく，当然 PDK とはいえない。この制限に一般性がないことは，公務員に対する労働権制限が国ごとに異なること自体によって証明されている。つまり，資料②は，現代法における一般性を持った概念的知識とは言えないのである。

3.5.「公共」の持つ基本的性格と PDK

　では，なぜこのような問題が生じることになるのか。それはすでに述べて

いる「公共」の持つ基本的性格にあるといえる。

「公共」は，学習指導要領の中で「その課題の解決に向けて事実を基に協働して考察，構想」するなどと，知識のアウトプットについて協働性が求められている。ランバートからすれば，「公共」の知識はコンピテンシーに依拠していることとなろう。また，PDK を身につける際には思考が必要なことは当然だが，思考にはその基盤として学問的知識が必要となることがある。たとえ，生徒が労働法違反に直感的に気がついたとしても，学問的な裏打ちがなければ，単なる不平・不満として使用者からは対応されてしまうかもしれない。各条文のような事実的な知識だけでは，労働法違反という事実を確認，判断することができたとしても，自らのもつ①日常経験からの直感的なものに留まり，転移可能な概念的知識まで昇華しえない。労働法が生まれた背景やその存在理由について，学問的知識を獲得して初めて，（経済的な）主体となることができるのである。

また，「公共」は，今期学習指導要領の中で立案されたことから，（B）探究プロセスに力が入れられている。確かに，育成すべき主体が単なる個人から，社会の中における個人という変容はあったにしても，そこで獲得される最終的な「知識」は，各個人の中で昇華させることが求められているが，それが大人になった時，つまり18歳を迎えた段階においてそれが「生きて働く知識」となるかは検証されえない[7]のである。

4．まとめ

4.1.「公共」から明らかになった PDK のありようとは

まず，第 1 節では PDK を教授する上で②カリキュラム選択の議論から，PDK が明示的に教授されていないことを示した。第 2 節では，中平の検討に従いながら，公民教育における PDK は，その総合的な性格から明確化しにくく，それが課題であることを示した。第 3 節では，科目「公共」の目標とその成立過程，またそれを踏まえた教科書記述及びその想定される授業場

面の考察から，（A）18歳成人に求められる PDK が明示化されていないこと，加えて（B）探究プロセスでの18歳成人に求められる PDK の保障も明確でないこと，一方でそれが課題探究学習によってもたらされていることを明らかにした。ただし，（A）については，「公共」の実践が展開されていく中で，今後明らかにされていく可能性がある。20歳成人育成から，18歳市民育成という，それまでの主権者育成プロセスと大きく変化した現在において，PDK が明らかにされていない「公共」には期待できない，とこの段階で結論づけるのは不可能であり，時期尚早である。

　しかし，「公共」における課題探究型ともいえる授業スタイルと年間カリキュラム，かつ協働学習を前提とした（B）についてはどう見るべきであろうか。そもそも，学問的な，いうなれば「人権の尊重」といった一般的概念・理念は，課題探究から獲得される知識ではなく，①日常経験と③教科固有の論理（学問的知識）の往還によって身につけられるものなのではないか。つまり，「公共」においては，大項目Ａ「公共への扉」で身につけた概念及び「幸福・正義・公正」を，その後の大項目Ｂ，そしてまとめ単元の大項目Ｃで適応しながら，現代の諸課題を学習するといったプロセスよりも，①日常経験に立脚した「現代の諸課題」と③公民教育固有の論理に基づく，力強い学問的知識（PDK）を連携させた学習が今は求められているのではないだろうか。生徒に課題探究を通じて学習させていくアプローチは，中学校で学習した内容が完全に定着していなければうまく機能しえない。つまり，（A）が明らかでない上に，前提となる PDK が定着しているかすら不透明な中では，（B）課題探究活動をいくら展開したとしても，PDK が定着するとは思えないのである。一方このことは，授業場面においては，①・③の往還を保障する②教師の教授法選択が大きな意味を持つことも示している。

4.2. 課題

　学校において，中平がいう「あるべき社会像」を示すことには確かに困難

がある。「現代社会」で示され，「公共」にも引き継がれた「幸福・正義・公正」という先行学習概念は，幸福を追求する中において，正義が対立した際の調整原理としての公正という関係性とその位置づけが与えられている。

しかし，ケイパビリティ・アプローチに立つ実践者達が展開する「社会正義アプローチ」に従った場合の「公正」とはいったいなんであろうか。それは，恵まれない状況にいる子どもたちへこそ，高い質の教育を提供するということであって，①日常経験から理解出来る生徒たちに対しては，③の教科固有の論理の獲得を目指す教育を実践することであろう。しかし，現状の「公共」において，①から③，あるいは③から①へと展開する筋道を示すことができていないことは明らかにできたが，それではどのような PDK を，②どのようなカリキュラムで行い，教授するのかについては明らかにできなかった。

一方で，「公共」成立時から残されている別の課題もある。恵まれない状況にいる子どもたちに対して，実践的スキルなどを提供するべきだというコンピテンシーベースの教育が示す，マニフェストが示した課題に対して，PDK の立場からも，「公共」もその解決策を未だ十分には示せていないということである。

「公共」構想時の議論，たとえば生活保護について教えても，生活保護の受給方法については教えていないという批判に対して，公民教育は答えられてない。「公共」に対しては，キャリア教育や道徳教育的側面に加えて，共和主義の公民観などが加えられていることに対する批判の声もあるが，「今，困っている生徒に対して，（知識面において）一体何ができるのか」といった，「公共」構想時の初発の問いに対しては十分に答えられていないように思える。「そんなことは，学校で教える必要はない」という反論はあるだろうが，ケイパビリティ・アプローチは，社会正義の社会科であり，虐げられた生徒，本章冒頭において叫び声をあげた生徒たちのためにこそ，行われるべきものであろう。

第8章　公民教育におけるケイパビリティ・アプローチの検討　　157

　学校の役割を，社会正義の実現に向けた「あるべき社会像」を示す場であると捉えるなら，「公共」初発時にみられる，生活保護受給方法などの具体的「生きて働く知識」も，その知識のありようの検討が求められることとなる。この点については今後の課題としたい。

注

1 ）工藤文三は，この問題について次のように指摘している。「例えば『幸福』，『正義』，『公正』を理解概念とする教科書ではどのような内容を扱えばそれが理解できるかが不明確となり，教育現場も困惑する。」（重松，2016，p.26）

2 ）「令状主義」を学問的知識に基づいて説明するならば，それは基本的人権を保護するための重要な原則であり，捜査等の対象者への人権侵害をさけるため，中立外部機関である裁判所の，専門家でもある裁判官によるチェック及び許可を得て実施することになる。人権理念（とその保障）は，「警察官の判断で逮捕できるようにした方が効率良く，かつ社会全体から見れば良い結果になるだろう」というような直観を排除している点を抑える必要がある。

3 ）当時，日本社会科教育学会会長の坂井俊樹は次のように述べ，学術界における危機意識が「公共」に対して現れていたと指摘している。「現時点で『公共』は『歴史総合』や『地理総合』とは異なり，文科省研究開発学校の施行及びその検証結果を踏まえながらの議論がなされていない状況である。」（重松，2016，p.25）

4 ）川口の次の指摘も重要である。審議において「繰り返し説明で登場したのが，社会を変えられると思う生徒が諸外国と比べて少ないという調査結果からなる『政治的有効感の向上』の必要性と『自律的な主体性育成』の重要性を指摘する規範言説と『課題解決的な学習の重要性』という教授言説のセット」（川口，2022，p.443）であった。つまり，エンパワーメント場面でもある「政治的有用感の向上」は，「課題解決的な学習」によって達成され，それが「自立的な主体育成」につながるだろうという教授過程観の存在である。これは，「課題解決的な学習」を通し，生徒を育成しようとしている点において，未来Ⅱ型カリキュラムであるといえる。

5 ）教科書については，健全競争を維持するなどの観点から特定の会社名を挙げることは現在望ましくないとされるため，ここではA〜C，X社として示す。

6 ）労働法は，判例によって成立しているルール（たとえば解雇四条件）も多く，個

158 第Ⅱ部：カリキュラム開発編

別具体的ケースからそれを学ぶ場合，断片的な条文ごとの事実的知識を積み上げ
ていくことになる。しかし，労働法違反か否かを判断するためにその全てを教授
することは困難である。労働法教育に取り組むある教員は「生徒が働いている際
に持つ違和感はだいたい労働法違反」と指摘するが，公民教育における PDK 成
立には直感的な契機も存在するのかもしれない。

7）今期学習指導要領公民科では「政治・経済」「倫理」は，必履修科目から選択科
目へと変更されており，PDK については，あくまでも全市民（全高校生）が身に
つけることを期待されていないと言うべきかもしれない。このこと自体の問題性
は明白であるが，かつての「現代社会」成立時の論争，全国民，全高校生に対し
て必要な知識を教授しないのかという批判と相似するようにみえる。

文献

伊藤直之（2021）：社会正義に向けたジオケイパビリティズ・プロジェクト第3段階.
　　志村喬編著『社会科教育へのケイパビリティ・アプローチ─知識，カリキュラム，
　　教員養成─』，風間書房．pp. 23-40.

川口広美（2022）：公民科の新科目「公共」の成立はいかに正当化されたか─学校シ
　　ティズンシップ教育をめぐるポリティクスに注目して─，日本教育学会大會研究
　　発表要項．81．pp. 442-443.

重松克也（2016）：公開研究会「新科目『公共』（仮称）を考える」報告．社会科教育
　　研究．127，pp. 25-35.

志村喬（2022）：パワフル・ナレッジ（powerful knowledge）論の教科教育界におけ
　　る受容・適用─社会系教科教育を中心事例にした書誌学的アプローチ─．上越教
　　育大学研究紀要，41(2)，pp. 379-392.

志村喬編著（2021）：『社会科教育へのケイパビリティ・アプローチ─知識，カリキュ
　　ラム，教員養成─』，風間書房．

自由民主党（2010）：自由民主党 J-ファイル2010（マニフェスト）．

中平一義（2019）：ケイパビリティ論に基づく公民教育における PDK─フェイクニュ
　　ースに対する学生と教員の捉え方の差異から─．上越教育大学研究紀要，38(2)，
　　pp. 375-386.

橋本康弘・土井真一・佐伯昌彦・吉村功太郎編著（2020）：『日本の高校生に対する法
　　教育改革の方向性─日本の高校生2000人調査を踏まえて─』，風間書房．

樋口雅夫（2021）：「2022年度より高等学校公民科の必修科目「公共」がスタート。新
　　科目の中身と求められる教員について教育学部教育学科　樋口雅夫教授に聞く

（前編）」. https://www.tamagawa.jp/education/dream_uni/detail_19446.html（2024年10月30日確認）. 学校法人玉川学園.

法教育推進協議会（2009）：私法分野教育の充実と法教育の更なる発展に向けて. 法務省. 16p.

文部科学省（2018a）：『高等学校学習指導要領（平成30年告示）』. 文部科学省.

文部科学省（2018b）：『高等学校学習指導要領（平成30年告示）解説公民編』. 文部科学省.

読売新聞（2013）：高校授業に「公共」科目　自民党PT提言. 2013年6月18日夕刊3面.

第Ⅲ部：理論考究編

―ケイパビリティ・アプローチと国際教育動向―

第9章
地理教育における「知識」の接続
―GeoCapabilities の観点からの考察―[*]

ティネ・ベネカー[†]

訳：山本隆太[‡]

1．はじめに

　地理教育における指導の質について考えてみることは非常に重要です。質の高い教育についての議論は，その教育の背景にあるカリキュラム思考の質と切り離せないものだと思います。カリキュラム思考においては，さまざまタイプの知識同士がつながっていきます。本日はこのことについて議論したいと思いますが，特に私は，GeoCapabilities アプローチに埋め込まれたオランダの視点およびヨーロッパの視点からこれを論じたいと思います。

2．「知識」をつなぐ

2.1．オランダ　ロッテルダムでの取り組み

　2007年から2010年にかけて，私は地理教育と地理学の間に存在しうる「分断（divide）」を把握しようと努めてきました（Béneker et al., 2010; Béneker, Tani and Taylor 2009; Béneker et al. 2007）。この課題設定について，マースデンの1997 年の論文（Marsden, 1997）を参照しながら，国際的な同僚とともに数年にわたり議論してきました。その議論の目的は，「分断」が観察されう

---

[*]本稿は，日本地理学会2024年春季学術大会公開シンポジウム（主催：地理教育専門委員会・地理教育国際共同研究グループ）「国際地理教育界におけるカリキュラムとペダゴジーをめぐる研究動向の展望―「ジオ・ケイパビリティズ」プロジェクトを基軸に―」（2024年 3 月21日，青山学院大学）の招聘発表者であるベネカー氏の講演記録に基づく。シンポジウムの全体記録（概要）は，E-journal GEO に掲載予定である。
[†]ユトレヒト大学，オランダ
[‡]静岡大学

るかどうか，実際に存在するかどうかを調査することでした。私たちは具体的なトピックとして「都市（the city）」を選びました。ターゲットは，オランダ，イギリス，フィンランド，アメリカの前期中等地理教育で，私たちは各国のカリキュラムや教科書を調べるとともに，授業における都市の扱いについて現場の教師にインタビューしました。

　また同時に，都市地理学における最先端の研究について，大学の研究者にインタビューしました。すると，両者のあいだには明らかな違いが現れました。もちろん，学校地理（学校で教えられる地理）は学術的な地理を直接反映するものではありません。学術的知見の選択と変換（selection and transformation）は知識の再文脈化（the recontextualisation of knowledge）の際に常に行われています。そして，「潜在的に力強い知識」が選択されることを私は期待または望んでいます。力強い知識は学習者にとって生活に密接したものであり，意味のある確実な知識ですから。

　さらに，第3ステップとして，学習者に都市のイメージを記述してもらい，都市というものをどのように利用するか，都市について何を学びたいかを尋ねる，という研究を行いました。この調査結果は，私たちに別の種類の分断を提示しました。それは，若者の都市についての日常経験（young people's everyday experiences）と，学校で学んだ都市を用いる場面との間の分断です。彼らの生活世界は，学校で扱われている都市よりも，地理学者が私たちに語った都市とよりよく合致しているように見えました。

　例えば，オランダのロッテルダムの生徒たちは，消費と社会交流の場としての都市を描き，体験しましたが，地理教育はそのことをまったく自覚していませんでした。そして研究者らは，これらの点について，グローバリゼーション，新自由主義，脱工業化社会といった文脈における現象として正確に指摘していました。長きにわたり，地理教育は都市の形態と機能という静的で（時代遅れの？）都市イメージに焦点を当てていたことになります。

2.2. ジオ・ケイパビリティ－プロジェクトによる進展－

　それ以来，分断について考察し続けてきましたが，この間，教育における「知識」に関する議論は，マイケル・ヤング（Young, 2008, 2014）などの教育社会学者によって引き起こされ，主要な学者の一人であるデビッド・ランバートとともにジオ・ケイパビリティのアプローチを通じて地理教育学者にも取り上げられるようになりました。（Lambert *et al.*, 2015; Lambert 2018）。

　学問知識と学校知識との関係についてますます多くのことが明らかになり，学校知識と若者の日常知識との関係についても多くの論文が発表されました。これをもう少し詳しく見てみると，第一の分断は，「教えるべき内容をどのように選択するか」という問題として課題設定がなされ，研究されています（Bustin, 2019; Béneker and van der Vaart, 2020; Bladh *et al.*, 2018 ; Firth, 2011）。ジオ・ケイパビリティのアプローチでは，これは「カリキュラムメーカー（curriculum maker）」とよばれる教師の役割と関連付けられています。カリキュラムメーカーとは，力強い学問知識（いわゆる PDK）を明示的に利用して，何を教えるか，なぜ教えるかを選択する人物のことです。

　次に，シルパ・タニ（Tani, 2011）によって提起されたように，第 2 の分断は，教えられる内容と生徒の日常的な知識と経験に関するものです。この隔たりは，多くの場合，ペダゴジカルな問題設定から研究されます。つまり，生徒の学習をどのように促進するのか？そのために教師はどのようなペダゴジカルな選択を行うのか？（ジオ・ケイパビリティのアプローチでは，これは，「誰に教えるか」を適切に理解する強力な教授戦略（powerful teaching strategies）を使用することと呼ばれます）（Roberts, 2014, 2023; Catling and Martin, 2011）。

　しかしながら，特に地理教育という分野において，「日常」という言葉の使用はしばしば混乱を招く可能性があるため，少し補足しておきたいと思います。結論からいえば，日常の地理（everyday geographies）は人文地理学者や若い研究者によって研究されています。文化的な転換の流れのなかで，「子供の地理学（young people's geographies）」と同様に，「社会集団の地理学

(the geography of groups of people)」にも注目が集まるようになりました。学術的な地理学におけるこの知識と関連する考え方や取り組みは「アカデミックな知識」のなかに包含されているのであり，学校知識を導出するためのソース（情報源）となっています。

したがって，ペダゴジカルな理由とは別に，「日常」も地理教育の対象となり得るわけです。地理教育をより意味のあるものにするためにも，「若者の地理」のこのサブカテゴリーの活用はますます注目を集めています（Biddulph, 2011; Tani, 2011; Roberts, 2014; Hammond, 2020; Mitchell and Béneker, 2022）。

これについて，もう少し理論的な観点から論じましょう。バーンスティン（Bernstein, 1999, 2000）やヤング（Young, 2008, 2014）の理論とアイデアは，「日常知識（everyday knowledge）」，「学校知識（school knowledge）」，「学問知識（academic knowledge）」の３つを扱っています。私たちは，学校知識と学問知識の関係を，再文脈化のプロセスから理解することができます。それはつまり，学問で生み出される学問知識と，学校で再生産（リプロデュース）され，学習の対象となる学校知識との間には，「再文脈化のフィールド（field of recontextualisation）」が存在するということです。このフィールドでは，知識が選択され，編集され，形作られ，学校での使用に適したものとなります。ですから，学問知識と学校知識の間には重要な関係性があるのです。

バーンスティンは，「日常知識」と「学校知識」に断続的なギャップを見ていました（第1図）。ギャップを埋めるまたは越えることによって，つまり，構成された知識によって，生徒は世界を見ることを学びます。これは世界を経験的に見て学ぶのとは異なります。世界は「経験の場（place of experience）」としてではなく，「思考の対象（object of thought）」として扱われます。非常に重要なことは，対象から距離をとることを学ぶことや，言語を使って説明することを学ぶことです。そして，これを，特定の文脈を超えてつながりを作ったり体系化したりする機会を通じて学びます。ヤングにいわせれば，「日常知識」は学校カリキュラムの一部ではありません。学校では，教科や

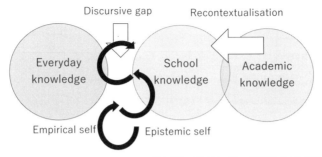

第1図 バーンスティンよる日常知識・学校知識・学問知識の関係

学問に基づいて「考えることに熟達すること」が重要です。

地理教師のバーノンはこの点をさらに詳しく調べています (Vernon, 2019)。彼女は，地理学のような学問においては，抽象的に考えることが重要だと示しました。それによって，生徒はより高度な思考スキルを習得します。ここで彼女は「経験的自己 (empirical self)」と「認識論的自己 (epistemic self)」という用語を使っています。経験的自己から認識論的自己へと発展することをスパイラルあるいは階梯的なものと見なしており，そのスパイラルや階梯で，教師と生徒は様々なタイプの知識の間を行き来するとともに，抽象と具体的現実と自身の経験の間を行ったり来たりすると考えています。

3．GeoCapabilities 3 プロジェクトとオランダの事例研究

3.1．PDK とヴィネットの開発

EU が助成金提供した GeoCapabilities 3 プロジェクトでは，ヨーロッパの5か国から，課題が多く困難な状況下にある地理教師14人が参加し，移民 (migration) をテーマとしてプロジェクトに取り組みました。移民に関する学校やカリキュラム上の知識について洞察を得るとともに，それを学術の最新の知見と比較し，潜在的に力強いトピックを特定しました。また，生徒たちに移民について教える際の課題を特定しました (Biddulph et al., 2020)。

例えば最初の課題は，「移民について教えるとき，それを生徒にとって，より強力で有意義なものにするにはどうすればよいか」というものでした。

GeoCapabilities 3 プロジェクトの次なる段階は，地理の教育と学習に対して，PDK（力強い学問知識）の実践的な応用を組み込んだ一連の教授学的原理（pedagogical principles）を開発することでした。GeoCapabilities アプローチは循環的なプロセスであり，教師が第2図に示す4つのステップを経てディシプリン（discipline：学問）に戻るというものです（Mitchell et al., 2022, p.166）。こうして，教師の発達モデルがデザインされ，そこでは PDK の「ヴィネット（vignettes）」を作成することと，知識のネットワーク化に参加することが不可欠とされました。

ヴィネットとは，地理の授業において，PDK を示す端的な事例のことであり，授業計画のことではありません。教師たちは，移民に関する教育を改善すると考え，生徒の興味を引く可能性のある重要なトピックについてのイラストを書きました。たとえば，移民の流れ（フロー）や移民の方たちの認

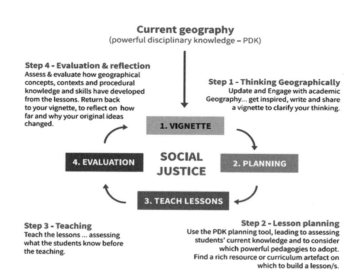

第2図　ジオ・ケイパビリティにおける教師の4つのステップ

識，または「ホーム（home：家・故郷）」の概念などです（Mitchell and Béneker, 2022）。移民研究者とその研究成果から得た新たな見識が，基礎として役立ちました。

　ヴィネットの作成は，教師が移民についての考えを明瞭にするのに役立ちますし，教師が移民を教えるため現在のアプローチを振り返り，批判的に考えイノーベティブな授業計画をサポートするものでもありました。教師が移民に関連する社会的および教育的問題をより深く理解するのに役立ったといえます。これにより，教師は移民の授業と単元構成を再構築し，学習の足場となる新たな機会を見つけました（Béneker *et al.*, 2023）。

　オランダ・ユトレヒトにあるグレゴリウス中等教育学校の教師たちは，生徒の日常生活に細かな注意を払うよう動機づけられていました。というのも多くの生徒は，家族が移民の背景を持っていたためです（Mitchell and Béneker, 2022）。教師たちは，試験要項や教科書に記載されているような，学校地理における移民の公式な扱い方に「挑戦」したいと考えました。

3.2.「ホーム」というテーマ

　「ホーム（home）」の概念を用いて，カリキュラムのトピックを変更し，「オランダへの移民」を開発しました。「ホーム」という言葉は，もはやこれまで教師たちが使ってきたものではありません。生徒たちへの課題として，アイデンティティや故郷の感覚と関連するような移民歴について，家族にインタビューすることが課されました。その後，生徒と教師は，この授業が非常に有意義であったと振り返りました。

　理論的な枠組みに当てはめると，教師たちは教員研修担当者らのサポートを受けながら，「オランダへの移民」というテーマをつくりあげ，「移民に関する基礎概念」についての授業を従来とは異った方法で実施しました。そのために教師たちは，移民やトランスナショナリズム，アイデンティティに関する地理学の学術的なアイデアを理解・活用し，「ホーム」の概念と，「ホー

ムの地理学」を探究しました。このヴィネットでは，くつろぎを感じる3つの側面が3つのRとして挙げられています：儀式（リチュアル，rituals），人間関係（リレーションシップ，relationships），制限（リストリクション，restrictions）です（Selasi, 2014）。さらには，教師たちは「ホームの地理学」とでもいうべき知識を用いて，移民の歴史や家族の故郷にいるときの気持ちについての調査を生徒に課しました。生徒たちもまた，家にいるときの自分自身の気持ちを省察しました（第3図，第1表）。

2年生（13歳）にとって，教科書で説明されている移民は，国内移民，外国移民，出稼ぎ労働者，移民送り出し地域，プッシュとプルなどの抽象的な

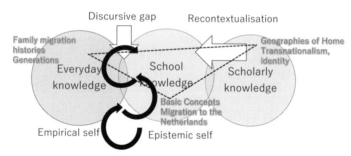

第3図　移民を主題とした場合の知識の関係

第1表　移民の背景と「ホーム」の概念の整理

Problems	Internal migration	International Migration	Home
Causes for migration		Moving	*Family reunion*
Guest labour			Safety
Work	Income	Language	Freedom
Not used:	Migration from countryside to city	Refugee	

概念が多く含まれる難しいテーマです。生徒は，このテーマの用語を理解し，活用することに苦労します。今回開発した一連の授業実践の数週間後，生徒たちに学習した概念を整理させ，私たちはこの学習の評価を行いました。

教師と研究者の観察では，生徒たちが，抽象的な概念を理解するために，課題調査の際に耳にした個人的な話を利用していることがわかりました。日常知識と学校知識の間にみられる断続的なギャップを行き来しながら，生徒たちは，この授業が有意義であると感じていました，というのも，オランダへの，またはオランダからの移民プロセスと結びつくかたちで自分たちの家族についても学べたからです。

4年生（15歳）は，「ホーム」について，自分の家族だけに関係するものとしてではなく，より広い視野で考えました。生徒らは「ホーム」を社会的関係を築く場所と見なしました。さらには，生徒は主に自分が住んでいる都市にアイデンティティを感じており，自分の将来も見据えています。

生徒からの上記2つの引用（第1表）からは，研究課題を通じて，家族の世代ごとに「ホーム」の意味が異なる可能性があることを生徒自身が明確に述べられるようになっていることがわかります。彼らは視点を切り替えることができるようになりました。ほとんどの生徒にとって，移民の学習に取り組むことは，たとえば移民やその選択の結果などのように「人生の選択肢を特定する」ケイパビリティなどの充実・育成に寄与しました。

4．結論

本ジオ・ケイパビリティ・プロジェクトは，5か国の教師のさまざまな経験を伴いながら，移民に関するさまざまなヴィネットや一連の授業開発へと至りました。これらは，ウェブサイト上のストーリーマップやツールキットで見ることができます。そこには，このプロジェクトの詳細についても掲載しています。

今日の結論として，私からの気づきを3つ挙げたいと思います。

172 第Ⅲ部：理論考究編

　まず第一に，GeoCapabilities アプローチを実践に応用する試みからは，カリキュラムリーダーシップ（curriculum leadership）とナレッジワーク（knowledge work）を通して，教師の専門知識が強化されたことが認められました。このプロジェクトは，地理的な力強い知識の概念をもってしてカリキュラムの目的を探究する余地や機会を提供し，それによって生徒の選択肢を広げることを視野に入れていました。また，これを教室で実践するための教師用ツールを開発することで教師をサポートしました（Mitchell *et al.*, 2022）。

　第二に，重要なのは，教師と生徒がそれぞれの方法で，「これはどのような点で力強いのか？」そして「誰にとって力強いのか？」など，知識に関する問いに取り組む必要があるということです。そして，非常に重要なのは，「どうやってそれを知ることができるのか」ということです。言い換えれば，「何がこの知識を生んだのか？」，あるいは，「知識は力なのか？」です（Béneker *et al.*, 2023）。ペダゴジカルに重要な課題は，いかにしてすべての若者に対して PDK の認識論的性質を利用できるようにするかであり，また，これを経験や知見を通じて得た知識などと結び付けさせていくことです（Winch, 2013）。

　そして第三に，さらなる発展が求められる領域は，力強い学問概念の選別と教授とを，生徒がすでに持っている経験的知識とどのように組み合わせるかということです。これは「ペガゴジカルな配慮（pedagogical nicety）」ではなく，カリキュラム作成の問題であり，この観点こそが，「PDK による教育は解放・自由である（teaching with PDK is emancipatory）」という GeoCapabilities の主張の核心へといたります（Béneker *et al.*, 2023）。次のステップは，この種のカリキュラム作成の実証に貢献できる具体的な実証研究プロジェクトを組織することかもしれません。

引用文献

Béneker, T., Bladh, G. and Lamber, D.（2023）: Exploring 'Future three' curriculum scenarios in practice: Learning from the GeoCapabilities project. *The Curriculum Journal*, 3583), pp. 396-411.

Béneker, T., Sanders, R., Tani, S. and Taylor, L. (2010): Picturing the city: young people's constructions of urban environments. *Children's Geographies.* 8(2), pp. 123-140.

Béneker, T., Sanders, R., Tani, S., Taylor, L. and van der Vaart, R. (2007): Teaching the geographies of urban areas: views and visions. *International Research in Geographical and Environmental Education.* 16(3), pp. 250-267.

Béneker, T., Tani, S. and Taylor, L. (2009): Urban geographies: what should we teach? *The New Geography*, 57, pp. 115-122.

Béneker, T. and Van der Vaart, R. (2020): The knowledge curve: combining types of knowledges leads to powerful thinking. *International Research in Geographical and Environmental Education*, 29(3), pp. 221-231.

Bernstein, B. (1999): Vertical and horizontal discourse: An essay. *British Journal of Sociology of Education.* 20(2), pp. 157-73.

Bernstein, B. (2000): *Pedagogy, symbolic control and identity: Theory, research, critique.* 2nd ed. Rowman & Littlefield

Biddulph, M. (2011). Young People's Geographies: Implications for Secondary Schools. Butt, G. (eds.) *Geography, Education and Future.* Bloomsbury

Biddulph, M. Bèneker, T., Mitchell, D., Hanus, M. Leininger-Frézal, C., Zwartjes, L. and Donert, K. (2020): Taching powerful geographical knowledge —a matter of social justice: initial findings from the GeoCapabilities 3 project. *International Research in Geographical and Environmental Education,* 20(3), pp. 260-274.

Bladh, G., Stolare, M. and Kristiansson, M. (2018): Curriculum principles, didactic practice and social issues: Thinking through teachers' knowledge practices in collaborative work. *London Review of Education*, 16(3), pp. 398-413.

Bustin, R. (2019): *Geography Education's Potential and the Capability Approach: GeoCapabilities and Schools.* Palgrave Macmillan.

Catling, S. Martin, F. (2011): Contesting Powerful Knowledge: The Primary Geography Curriculum as an Articulation Between Academic and Children's (Ethno-) Geographies. *The Curriculum Journal.* 22(3), pp. 317-335.

Firth, R. (2011): Making geography visible as an object of study in the secondary school curriculum. *The Curriculum Journal,* 22(3), pp. 289-316.

Hammond, L. E. (2020): *An investigation into children's geographies and their value to geography education in schools*. PhD thesis IoE UCL.

Lambert, D. (2018). Geography, capabilities, and the educated person. Shin, E. E. and Bednarz, S. W. (eds.), *Spatial citizenship education. Citizenship through geography* [Chapter 3 online]. Routledge.

Lambert, D., Solem, M., and Tani, S. (2015). Achieving human potential through geography education: A capabilities approach to curriculum making in schools. *Annals of the Association of American Geographer,* 105(4), pp. 723-735.

Marsden, W. (1997). On taking the geography out of geographical education: Some historical pointers. *Geography,* 82(3), pp. 241-252.

Mitchell D. and Béneker, T. (2022): Expanding students' concept of 'home': Teaching migration with a geographic capabilities approach. Biddulph, M., Catling, S., Hammond, L. and McKendrick, J. H. (eds): *Children, education and geography: Rethinking intersections.* Routledge.

Mitchell, D., Hanus, M., Béneker, T., Biddulph, M., Leininger-Frézal, C., Zwartjes, L. and Donert, K. (2022): Enhancing teachers' expertise through curriculum leadership -lessons from the GeoCapabilities 3 project, *Journal of Geography,* 121(5-6), pp. 162-172.

Roberts, M. (2014): Powerful knowledge and geographical education. *The Curriculum Journal,* 25(2), pp. 187-209.

Roberts, M. (2023): Powerful pedagogies for the school geography curriculum, *International Research in Geographical and Environmental Education,* 32(1), pp. 69-84.

Selasi, T. (2014): Transcript Tedtalk *Don't ask me where I'm from. Ask me where I'm local.* TEDtalk.
www.ted.com/talks/taiye_selasi_don_t_ask_where_i_m_from_ask_where_i_m_a_local/discussion [Accessed 17 March 2022].

Tani, S. (2011): Is there a place for young people in the geography curriculum? Analysis of the aims and contents of the Finnish comprehensive school curricula. *Nordidactica —Journal of Humanities and Social Science Education,* 1, pp. 26-39.

Vernon, E. (2019): Teaching to the epistemic self: ascending and descending the ladder of knowledge, *The Curriculum Journal,* 31(1), pp. 27-47.

Winch, C. (2013): Curriculum Design and Epistemic Ascent, *Journal of Philosophy of Education*, 47(1), pp. 128-146.

Young, M. (2008): *Bringing knowledge back in: From social constructivism to social realism in the sociology of education.* Routledge.

Young, M. (2014): Knowledge, Curriculum and the future school. Young, M., Lambert, D., Roberts, C., and Roberts, M. (2014). *Knowledge and the future school: Curriculum and social justice.* Bloomsbury.

参考文献

Béneker, T. (2018). *Powerful knowledge in geography education.* Inaugural lecture. Utrecht: Utrecht University.

第10章
法的ケイパビリティと法教育
―教師の力量形成のために―

中平　一義[*]

1．はじめに

　本稿は日本の社会科教育の中でも公民教育[1]における力強いペダゴジーについて考察するものである。公民教育の中でも特に法に関する教育を参考にする。法に関する教育を対象とする理由は，法は三つに大別される機能や役割を持ち誰しもの生活に影響することから，教育の必然性が高いと判断できるためである。三つの機能や役割とは，「積極的な価値・利益の実現」，「利害・対立の調整」，「危険や害悪の排除（消極的価値・利益実現）」である（中平,2023, pp. 25-27）。本稿では，法制度に違いはあるが（周知のとおり，Common Law を採用し判例法が中心のイギリスと，Civil Law を採用し成文法が中心の日本の相違がある），ともに民主主義国家であるイギリスにおける法学とケイパビリティに関する議論を参考にして，日本の法に関する教育の議論を考察する。

　本稿では次のように考察を行う。まず，イギリスにおける法学とケイパビリティ論の関係を整理する。それにより，法学の歴史的変遷を特にケイパビリティ論が生じる前後で，能力や法に関する見方の育成にどのような変化が生じたのかを考察する。

　次に，日本の法に関する教育（法学ではなく司法制度改革後に行われるようになったひろく一般市民を対象としたもの，以下では法教育とする）において育成を目指す法的な見方や考え方の内実である法的資質を整理する。そこで整理した日本の文脈における法的資質を，ケイパビリティ論がひろまった後のイギ

---
[*]上越教育大学

178　第Ⅲ部：理論考究編

リスの法学の議論との関係から考察する。そこでは法的資質をケイパビリティ論に位置づけて考察する。

　最後に，上記から明確になった内容を踏まえて，教師がカリキュラム開発や授業のアイデア形成，教材の選択をする際に踏まえたい視点について考察し，本稿における力強いペダゴジーについて示したい。

2．イギリスにおける法学とケイパビリティ論

2.1. 法学におけるケイパビリティを理解する前提

　ここではイギリスにおいて法学，特に法的ケイパビリティ（Legal Capabilities）について，Habbig and Robeyns（2022）を参考にする。Habbig らを対象とする理由は，イギリスにおける法学とケイパビリティ論との関係の歴史的変遷を考察するとともに，そこにある誤解を指摘した上でヌスバウムのケイパビリティ論に基づいて法的ケイパビリティを構造化しているからである。このような議論が，日本における法教育と，その強いペダゴジーを考察するために有用であると考えた。

　Habbig and Robeyns（2022, pp.612-614）は，セン（Sen）やヌスバウム（Nussbaum）などのケイパビリティ（Capabilities）の論者らを参考にした上で，ケイパビリティを何かをする機会やあらゆる状態を享受する機会を得るために必要な能力であるとした。さらに，ケイパビリティを実現（達成）するかどうかという問題に焦点をあてるファンクショニング（Functionings）もまた重要であるとした。つまり，ケイパビリティは単一で存在するのではなく，様々なケイパビリティとファンクショニングのセットであるとした。具体的に言えば，裁判で勝訴するという結果（ファンクショニング）を得るためには，「法的な問題に対処するケイパビリティ」，「法的な権利があることを理解するケイパビリティ」，「この問題に対処するケイパビリティ」，「法的な情報を見つけて理解するケイパビリティ」，「司法制度が十分に有効で腐敗していない国，法の支配が維持されている国に住むケイパビリティ」，「経済的な余裕

がないために法的な助けを求めることが妨げられない社会に住むケイパビリティ」などの幅広いケイパビリティが必要になるとした。

一方で，Habbig & Robeyns（2022, pp. 612-614）は，ヌスバウムがケイパビリティを三つのカテゴリーに整理したことが法的なケイパビリティをとらえるために重要であるとした。すなわち，第一に基礎的ケイパビリティ（個人の生来の素質であり，より高度のケイパビリティを達成するために必要な基礎であり，道徳的関心の基礎となるもの）である。第二に内的ケイパビリティ（個人にかかわる状況であって，その人に関する限りにおいて，必要な機能を実践するための十分条件となるもの）である。第三に結合的ケイパビリティ（内的ケイパビリティが，その機能を発揮するための適切な外的条件が存在している状態）である（ヌスバウム，2016, pp. 98-102）[2]。なお，ヌスバウムはケイパビリティにとって最も大切なものは結合的ケイパビリティであるとした[3]。

以上から，法的なケイパビリティ育成のためには単に法的な知識を教育することが唯一の手段であるのではなく，ケイパビリティとファンクショニングのセットが重要であり，さらにそのケイパビリティの内実は，三つのカテゴリーに分類される複合的なケイパビリティということが明らかになった。

2.2. 法的ケイパビリティへの誤解

では，イギリスにおける法的ケイパビリティはどのように語られてきたのだろうか。Habbig and Robeyns（2022, pp. 614-618）によれば，1970年代以降には，法的ケイパビリティとリーガル・リテラシーの用語が存在していたという。前者は法的紛争において市民が法から保護を受け救済を受けるために利用できる手段や方法（財源，請求や抗弁を認識し追及する能力など）であり，先述の（2.1で整理した）ケイパビリティとは異なる。後者は狭義と広義のリーガル・リテラシーに分かれる。狭義には法律専門家の専門知識を示し，広義には法的・訴訟的な文化がますます強くなっていく中で有意義で活動的な生活を送るために必要な能力であるとし，具体的には新聞などで法律に関す

180　第Ⅲ部：理論考究編

る文章が読んで理解できることや，法的紛争が発生した場合にどこでサポートを受けられるのかについて知識を持っていることを示す。

さらに，2009年にケイパビリティズ・アプローチに組み込まれていると主張するリーガル・ケイパビリティが法学の文脈から登場した。そこでは法的ケイパビリティを，法律に関連する問題に効果的に対処するために必要な能力であるとし，その能力を知識，技能，態度と整理した。ここでは法律の知識だけでなく，コミュニケーション能力のような技能，確信や決意のような態度を包含するとした。

しかし Habbig らは，法学で議論されているこれらの内容は，主にヌスバウムの内的ケイパビリティとして分類されているものにすぎないと指摘した。その上で，大切なのものは結合的ケイパビリティであり，これまでの法学の議論ではケイパビリティズ・アプローチの一部分のみを採用しているにすぎず，他の重要な側面を軽視していることに問題があると指摘した。

2.3. 法的ケイパビリティの再定義

そこで，Habbig and Robeyns（2022）は，ヌスバウムのケイパビリティ論に基づいて法的ケイパビリティとの関連性を次の第1図のように明示した。

第1図の上段はヌスバウムの論であり，基礎的ケイパビリティが内的ケイパビリティに発展し，さらに関連する外部条件と適切に組み合わされることにより結合的ケイパビリティが実現し，真の機会がもたらされるとした。それらのケイパビリティにより選択した結果（ファンクショニング），つまり達成された行動や状態へとつながるとしたのである。一方で下段は法的ケイパビリティを示すものである。一連の基本的前提条件（言語を習得する能力など）が法的な文脈に関連する法的スキル（法的な内的ケイパビリティ）を導き出すことができる（そのような意味で筆者は，法的な内的ケイパビリティの中身として法の意義などの法的知識の側面と，法を読みこなしたりそれを使って問題を考えたりする法的スキルの側面の両側面が存在すると考える）。そこに適切に設計されてい

第10章　法的ケイパビリティと法教育　　181

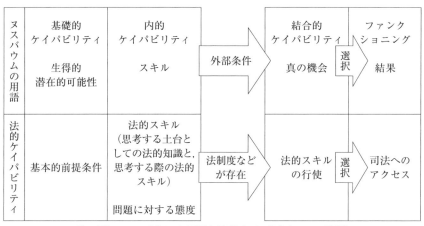

第1図　ヌスバウムの用語と法的ケイパビリティの関係
Habbig and Robeyns（2022, p.622, Figure1）を基にして中平作成

る法制度などの外部条件があてはまると法的スキル（法的な結合的ケイパビリティ）が生じ，そして諸能力を行使できるとした。その上で，このようなケイパビリティの利用を選択すると司法へのアクセスという結果（ファンクショニング）が得られるとした。

　Habbig and Robeyns（2022, pp.619-624）は，これらは網羅的であり対象などにより異なるとした。例えば，外部条件により司法へのアクセスが制約されることは容易に想像できる（人種差別や性差別の例など）。一方でこのような結合的ケイパビリティに対する視点は，法的な権利が正当に提供されているのかを評価する指標にもなりえる。例えば，子どもなど特定の年齢層を理由に，あるいは障害などを理由に何らかの法的権利が制限されている人は，十分な情報に基づいた選択を行う法的ケイパビリティが不足している（法的な結合的ケイパビリティが生じない）可能性がある。その場合は，ファンクショニングに焦点をあてたい。それは，結論を求めて適切な法制度の情報を得たり，法的スキルを行使する能力を求める契機となる。しかし，私的な領域の法的紛争の場合などでは，あえて法的ケイパビリティを行使しないという可

能性（私的自治のレベルで解決をするなど）も考えられる。いずれにせよ，ケイパビリティを自由に行使できるようにする（行使するか否かを選択する）には結合的ケイパビリティやファンクショニングに焦点をあてることが重要となる。

3．日本における法教育

3.1．法学教育とは異なる法教育の文脈

　次に日本における法教育について考察する。まず，その背景や定義，目的を簡潔に述べたい。

　日本における法教育の嚆矢は，「司法制度改革審議会報告書」（司法制度改革推進本部，2001）である。ここでは，司法制度改革推進本部による国民的基盤の確立における司法教育の充実への言及がなされ，その結果として法務省内に日本の学校教育等における司法及び法に関する学習機会を充実させる教育の調査・研究・検討を目的として，法務省法教育研究会（現法務省法教育推進協議会）が設立（2003年7月29日）された[4]。

　16回の会議を経て法務省に提出された報告書によれば，（法務省法教育研究会，2005，p.2），法教育の定義は次の通りである。すなわち，「「法教育」とは，広く解釈すれば，法や司法に関する教育全般を指す言葉である。しかし，より具体的には，アメリカの法教育法（Law-Related Education Act of 1978, P.L.95-561）にいう Law-Related Education に由来する用語であって，法律専門家ではない一般の人々が，法や司法制度，これらの基礎になっている価値を理解し，法的なものの考え方を身に付けるための教育を特に意味するものである。これは，法曹養成のための法学教育とは異なり，法律専門家ではない一般の人々が対象であること，法律の条文や制度を覚える知識型の教育ではなく，法やルールの背景にある価値観や司法制度の機能，意義を考える思考型の教育であること，社会に参加することの重要性を意識付ける社会参加型の教育であることに大きな特色がある。」である。

以上の定義からもわかるように，法教育は法学部などで行われる法曹養成の法学教育とは異なり，対象は「法律専門家ではない一般の人々」であり，教育内容は「法や司法制度だけでなくその背後にある価値」，教育方法は「知識型の教育のみならず思考型・社会参加型の教育」，そして育成を目指す能力は「法的なものの考え方」とされている。なお，法務省法教育研究会（2005，pp. 39-131）は，法教育のモデル授業案を作成，広報を行い，ひろく学校教育に影響を与えた[5]。では，育成を目指す能力である「法的なものの考え方」についてどのように考えればよいのだろうか。

3.2.「法的なものの考え方」として育む法的思考

　ここでは法教育で育成を目指す能力である「法的なものの考え方」を明確化するために，法的思考についてまとめた中平（2023，pp. 159-171）を参考にする。

　法的思考について田中（2008）は，司法，立法，行政の視点から分類した。司法の視点とは，二元的に対立する当事者間の過去の個別具体的な紛争を一般的な法的ルールに準拠して事後的に解決する思考（要件＝効果図式）である。行政の視点とは，多数の利害関係者が絡んでいる公益の実現を目的とし，法的ルールに準拠しつつ現在および将来の紛争の予防や解決が目指され最も効率的な政策（方法）を選択するという思考（目的＝手段図式）である。立法の視点とは，将来の紛争の防止・解決のための一般的な枠組みと指針を定める法的ルールの作成を目指し，対立を解消して合意を目指す思考（合意型調整図式）である。

　一方で藤井（2002）は，法解釈の視点から法的思考を，ある事象に対して法規範の適用を考えるもの（規範＝適用図式）とした。さらに，目的とその達成の手段を考える（目的＝達成図式）といった政策的思考が存在するとした。田中（2008）でいえば，前者は司法の視点に，後者は行政の視点にそれぞれ近接する。加えて，田中（2008）の立法の視点には，藤井（2002）の法的思

考と政策的思考の両方が存在する[6]。

　以上を踏まえて「法的なものの考え方」を整理する。法教育で育む法的思考は，大まかに言えば紛争を解決し誰もが利益を獲得することができるように，あるいは新たな紛争に対応するために法をつくる・変える・廃止する（立法の視点），作られた法を使って誰しもが利益を獲得できるように目的を達成する（行政の視点），作られた法に基づいて紛争を解決する，あるいは，新たな法の生成を求める（司法の視点）となる。行政と司法の視点には，現在の社会を構成するルールとしての法の内容や意義を理解することや，誰もが法を守ることの重要性を認識するが内包される。しかし，そのような視点の法教育だけでは，現在の法に対する順法意識は涵養されるが，既存の規範に従う子どもを育成することだけに陥る恐れがある。既存の規範の理解は子どもの社会化のために必要であることは首肯するが，よりよい社会を構成する規範のひとつである法に基づく判断や法が基づく価値そのものを再考したり，再構築したりすることにより現在の国家や社会を批判的にとらえ，将来の国家や社会を形成する諸能力の育成も大切である（中平，2023，p. 10）。

3.3.「法的なものの考え方」のための法的資質と法的ケイパビリティ

　次に，「法的なものの考え方」の内実（法的思考を働かせるための具体的内容）としての法的資質を整理するとともに，法的ケイパビリティとの関係を考察する。ここでは，法務省法教育研究会の定義や関東弁護士会連合会（2002，2011）が整理した法的資質を基に整理した中平（2023）を参考にし，Habbig and Robeyns（2022）が整理した法的ケイパビリティとの関係を考察する。

　第1表の区分で示した法的知識は，法的に考えるための土台としての知識である。学校種など必要性に応じてその量と質の多寡に変化が生じる。法的技能は，法的知識を使って思考するために必要な資質であるとともに，新たに法的知識を獲得したり深めたりするために必要なスキルである。これらは両方ともに法的な内的ケイパビリティと分類できる。当然ながら適切な法的

第10章　法的ケイパビリティと法教育　　185

第1表　法的資質と法的ケイパビリティの関係

区分	法的資質		法的ケイパビリティの文脈から
	分類	具体的な内容（主なもの）	
法的知識	①基本的価値・概念	個人の尊厳，平等，自由，公共・共同性，権力と権威，正義，あるいは公正，責任	法的な内的ケイパビリティの知識の側面（思考する土台の側面）
	②法	法と道徳のちがい，法の役割と重要性，法律の立法から適用までの動的な過程，私法の基本的な考え方，私法の原則の現代的修正	
	③憲法の原理と原則	憲法，三大原理（国民主権，基本的人権の尊重，平和主義），個人の尊厳	
	④権力と民主主義	国家における権力，民主主義（意義，条件，限界など），司法権の独立，証拠裁判主義，自力救済禁止，罪刑法定主義，適正手続きの原則，令状主義，無罪推定の原則	
	⑤紛争解決	紛争，紛争解決の方法	
	⑥司法	司法を担う機関・専門家が果たす役割，違憲立法審査権，国民の司法参加	
	⑦法律など	私法，憲法以外の公法，規則や命令など	
	⑧私的紛争と裁判	手続の概略や簡単な用語の説明	
	⑨犯罪と刑罰	犯罪と刑罰の意義	
	⑩刑事手続	黙秘権，自白，裁判員裁判制度	
法的技能	⑪調査	的救済へのアクセス方法	法的な内的ケイパビリティのスキルの側面（思考のための側面）
	⑫思考	法的な推論，事実と意見（主張）の区別，情報の信用性についての吟味，争点理解	
	⑬コミュニケーションと社会参加	自分の考えを表現できる，信用できる情報と合理的な理由付けに基づいて他者を説得できる	
法的態度	⑭態度，意欲	法的救済へのアクセス（行動），基本的人権と社会正義の尊重，基本的人権と社会正義の実現のために自分が属するコミュニティに参加し貢献，社会の問題を正確な情報を得て判断し責任をもって積極的に社会参加	法的な結合的ケイパビリティ

中平（2023，pp. 62-63，表1-2）を中平再構成

186　第Ⅲ部：理論考究編

な内容を持つ教材を提示することができるかにより，法的な内的ケイパビリティ（法的知識も法的技能）の育成に変化が生じる。

　この法的な内的ケイパビリティ（法的知識・法的技能）の獲得に加えて，外部条件があると結合的ケイパビリティ（法的態度）の獲得へとつながる。日本は憲法を中心に据えた法の支配による国家や社会形成を行っていることから，基本的には外部条件は整っている。外部条件も法的な内的ケイパビリティ（法的知識・法的技能）とともに把握することにより，法的な結合的ケイパビリティへ（法的態度）の獲得へとつながっていくだろう。そしてそれは，ファンクショニングを考え法的な権利行使の実施を選択する個人の諸能力を育成することにつながる。

　以上のように，日本の法教育における「法的なものの考え方」の内実である法的資質を法的ケイパビリティの文脈から整理すると，単に法的知識を獲得したりするだけでなく，それをいかにして活用するのか（しないのかの選択肢もある）まで考えることができる。これは，法教育の授業づくりに有用性を持つ視座を示すものである。

3.4.　法的思考から法的ケイパビリティを活用する法教育

　3.3で述べたことは第1図の法的ケイパビリティを左から右への流れ（基本的前提条件→内的ケイパビリティ→外的条件→結合的ケイパビリティ→ファンクショニング）で順序良く扱った場合を想定したものである。ここでは，外的条件が整っている場合を想定しており，既存の法や法により形成される制度が前提となっている。先の法的思考の視点で言えば，司法と行政の視点となる（第2図の中段の図）が，立法の視点については範囲外となる。社会化までの法教育では順法意識は育むことができても，新たな問題に対して社会を形成するといった視点の育成がこぼれ落ちてしまうことがある。教育は既存の社会に適合する社会化だけにとどまらず，これからの社会を構想する主体化まで（ビースタ，2016，pp.36-37）を目指すものであると考える。そうであるな

第10章　法的ケイパビリティと法教育　187

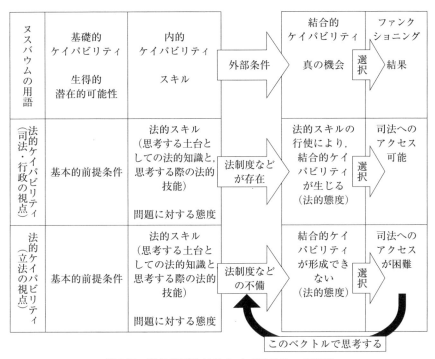

第2図　法的資質と法的ケイパビリティの関係
Habbig and Robeyns（2022, p.622, Figure1）を基にして中平作成

らば，法的思考における立法の視点も重要になる。

　立法の視点の一例（第2図の下段）は，司法や行政の視点のように左から右に流れる。しかし外部条件が存在しないため，結合的ケイパビリティが生じず真の機会が獲得できない。そこで，ファンクショニングから考える手立てをとる。どのような結果を求めるのかを考え，そのために現在は不備のある外部条件をどのようにつくったり，変えたりするのかを考え（ときには具体的に活動し），結合的ケイパビリティを生じさせるのである。その結果として，ファンクショニングを選択する能力と機会を得ることになるといった流れである。

4. 力強いペダゴジーについて法教育からの考察

4.1. 法教育から見るカリキュラムづくり論と法的資質

　第3図は教員の公民教育（法学を基底においた）カリキュラムづくりの関係性を示したものである。法教育を扱う際には，学問（ディシプリン）としての法学が根底にある。それをカリキュラム化するには，生徒の日常経験から実態を把握（A）し，必要な法的な内容を学習指導要領や教科書などを踏まえた教科教育としての法教育の視点から導き出す（B）とともに，生徒がより深く認識できる教授法（模擬裁判など）を選択する（C）。

　この第3図において法的ケイパビリティは，A～Cの円が二つずつ重なり合うところで教師が判断するものである。例えば，①の生徒の日常経験と教師の教授法選択（AとC）の間は，教師が生徒の基礎的ケイパビリティ（生得的潜在的可能性・基本的前提条件）の状況を理解した上で，適切な教授法選択を行うことによって，内的ケイパビリティを育むことにつなげるのである。②の教師の選択（AとBの間）も同様の考え方で内的ケイパビリティを育むことにつなげるのである。③（BとCの間）については，生徒の実態の側面よりも学習指導要領や教科書などと教育方法の適切さの側面から導出するものになる。外部条件の有無による内容選択により，結合的ケイパビリティが生

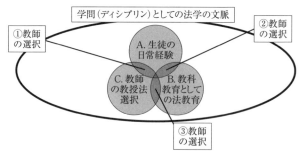

第3図　公民教育（法学を基底においた）のカリキュラムづくりの関係

中平（2019，p.383，図4）を基にして中平再構成

じる場合（司法・行政の視点）と，そうではない場合がある（立法の視点）。後者の場合は先述の通り，ファンクショニングから考えるというベクトルもある。いずれにせよ，ベン図の中心で何を教育するのかを生徒の日常経験と専門家としての教師の文脈（学ぶ側の論理と教える側の論理）の結節点から導き出すことになる（中平，2021，pp.47-55）。

4.2. 法教育から見る力強いペダゴジー構想のための構造

さらに言えば，教師として目の前の子どもに何を教育する必要があるのかという視点も重要になる。それは，教育の専門家として個性を持つ各教師が，過去の社会を踏まえて現代を理解し将来を形成していくことができる子どもの育成のためには何が必要なのかを熟考して実践を構想する際に土台となる"哲学"である。

もちろん，ここでは教育基本法にある政治的中立性や宗教的中立性に抵触することにつながるような教師が自らの思想信条を"哲学"として教え込むことを意味しているわけではない。教育公務員で言えば，憲法とその背後にある諸価値に縛られることになる。

第4図は，公民教育（法学を基底においた）のカリキュラムづくりの関係を示した第3図に教育の専門家としての教師の"哲学"の層を加えたものであ

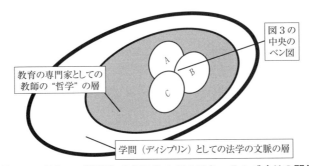

第4図　教師の"哲学"を組み込んだカリキュラムづくりの関係

中平作成

る。学問（ディシプリン）としての法学の層とベン図の間に教師の"哲学"を加えた。これは、"哲学"が学問（ディシプリン）よりも小さいことを示すのではなく、その学問（ディシプリン）の中で"哲学"に合致する内容は何かという意味で便宜上として小さな円にした。なお、実際に生徒に提示されるのはベン図の結節点ではある。"哲学"のすべてが教えられるわけではない。

5．おわりに　法教育から見る力強いペダゴジーのための教師教育

　法教育をケイパビリティ論からとらえると、知識にとどまらず法を活用して生きて働かせることができる能力（その能力の質と量の多寡は十分主義と平等主義との間で議論があるがそれは別稿で記す）の実質化（社会化のみならず主体化まで）を見通すことができた。

　一方で能力を育成する側の教師としては、子ども理解、学問（ディシプリン）の文脈と公教育（学習指導要領や教科書など）を踏まえた教育内容、教育方法を選択することができる力量が必要になる。その選択には、ヌスバウムが具体的に示した中心的ケイパビリティのリストは参考になる（ヌスバウム、2016、pp.92-95）。今後は、ヌスバウムのリストと法教育を関連させたカリキュラム開発を行う必要もある。

　さらに言えば、教師による諸選択の力量形成の土台には、教育の専門家としての教師の"哲学"をどのように育むのかを、教育の経験のない学生に向けた教員養成と、教育の経験をもつ現職教師への教育との両方の教師教育の視点から考察する必要があるだろう。

　いずれにせよ教育は何のためにあるのか、何をしなければならないのかという原点を再文脈化する必要がある。誤解を恐れずに言えば、公民教育は「誰もがより善く生きることができる社会システム」を理解（中平、2024、pp.23-24）し、将来にわたり選択判断などができるような土台（諸能力）を子どもたちに育成する教科目であるともいえる。公民教育では、「誰」の中身

（選挙権ひとつとっても選挙権を持つものの範囲は時代によって異なる），「より善い」の中身（宗教や習俗，民族，あるいは時間軸などにより善いが示すものも異なる）を考えて，何を大切にしてきた（している）のかを子どもに理解させる。さらに，それらを確かなものにする政治や経済，社会の「システム（政治で言えば，議会制民主主義や大統領制の形成や選択など）」はどのように形成され運用されてきたのか，あるいは変遷してきたのかについて教育することができる。ここまでは過去の諸課題を調整して現在の社会を形成してきた視点である。さらに公民教育は，現在の社会で生じる課題を対象として将来の「誰」，「善い」，「システム」を考えることができる諸能力の育成も目指す。それは，すべての子どもが「より善い」社会で生きていくための「羅針盤」を形成することとなる。つまり，公民教育は現代社会への社会化から，将来社会の構想ができる主体化へとつながる可能性を持つものであるが，本稿で対象とした法的なケイパビリティの議論はそこに大きな視座を与えるものである。

注

1) ここでの公民教育は，小学校第六学年を中心とした公民に関する内容，中学校の公民的分野，高等学校の公民科の全般を示す。

2) ここでの三つのカテゴリーとその訳については，ヌスバウム（2016, pp. 98-102）を参照した。

3) ヌスバウムは「ある国の国民がリストの項目の一つを実現するためには，単に内的能力を適切に発達させるだけでは十分ではなく，そのための環境を整え，実践理性やほかの主要な機能の行使にとって好ましい状況を作り出すことが必要である。」（ヌスバウム，2016, p. 102）とし結合的ケイパビリティの重要性を指摘した。ヌスバウムは人間の中心的な機能的ケイパビリティリストとして，「生命」，「身体的健康」，「身体的保全」，「感覚・想像力・思考」，「感情」，「実践理性」，「連帯」，「自然との共生」，「遊び」，「環境のコントロール」を示しており，これらリストは結合的ケイパビリティに関連しなければならないとする。リストの詳細などは，（ヌスバウム，2016, pp. 92-102）を参照。

4) 北川（2009, pp. 68-71）は，法教育の契機を三つの潮流に分類した。第一の潮流

は1990 年前半から社会科教育研究者と初等中等教育教員の研究・実践である。第二の潮流は法律家団体の研究・実践である。第三の潮流は司法制度改革審議会意見書による司法教育である。司法制度改革の実現のために学校教育などで司法の仕組みや働きに関する国民の学習機会を充実させることが求められた。この三潮流が合流したものが法務省法教育研究会である。

5） さらに，法務省法教育研究会から発展的につくられた法務省法教育推進協議会では現在も教材を開発しひろく示している。詳しくは法務省法教育推進協議会 HP（https://www.moj.go.jp/shingi1/kanbou_houkyo_kyougikai_index.html，最終閲覧日2024年 8 月21日）を参照。

6） 田中（2008）と藤井（2002）の法的な思考の整理について法教育の側面から詳細に述べたものとして，中平（2023，pp. 159-171）を参照。

文献

関東弁護士会連合会（2002）：『法教育―21世紀を生きる子どもたちのために―』，現代人文社.

関東弁護士会連合会（2011）：『これからの法教育―さらなる普及に向けて―』，現代人文社.

北川善英（2009）：「法教育」の現状と法律学，立命館大学法学部・法学研究科・法務研究科『立命館法学』，5・6 号，pp. 66-85.

司法制度改革推進本部（2001）：「司法制度改革審議会報告書」.

田中成明（2008）：法教育に期待されていること―道徳教育・公民教育への組み込みに当たって―，有斐閣『ジュリスト』，No. 1353，pp. 28-34.

中平一義（2019）：ケイパビリティ論に基づく公民教育における PDK―フェイクニュースに対する学生と教員の捉え方の差異から―，上越教育大学研究紀要，38(2)，pp. 375-386.

中平一義（2021）：子どもに PDK を獲得させるために必要な専門的力量―公民教育を例に―，志村喬編著『社会科教育へのケイパビリティ・アプローチ―知識，カリキュラム，教員養成―』，風間書房，pp. 41-58.

中平一義（2023）：『動態的法教育学習理論開発研究―自由で公正な社会の形成者育成のための熟議による法教育研究―』，風間書房.

中平一義（2024）：公民教育における教材発掘と授業化の視点～子ども・地域・学習指導要領等の結節点～，『教育科学　社会科教育』，明治図書，pp. 22-24.

Habbig, A. K. and Robeyns, I. (2022). Legal Capabilities. *Journal of Human Develop-*

ment and Capabilities, 23(4), pp. 611-629.

ヌスバウム，M. C.（2010）：『感情と法―現代アメリカ社会の政治的リベラリズム―』，河野哲也監訳，慶應義塾大学出版会.

ヌスバウム，M. C.（2016）：『女性と人間開発―潜在能力アプローチ―』，池本幸生・田口さつき・坪井ひろみ訳，岩波書店（オンデマンド版），第1刷は2005年10月26日.

ビースタ，G.（2016）：『よい教育とは何か―倫理・政治・民主主義―』，藤井啓之・玉木博章訳，白澤社.

藤井樹也（2002）：憲法解釈と公共政策，大阪大学大学院国際公共政策研究科『国際公共政策研究』，6(2)，pp. 179-192.

法務省法教育研究会（2005）：『はじめての法教育―我が国における法教育の普及・発展を目指して―』，ぎょうせい.

第11章
社会正義を超えて
―ジオ・ケイパビリティを保障する地理教育のポテンシャル―

広瀬　悠三[*]

1．はじめに：ジオ・ケイパビリティ・プロジェクト

　経済学者のアマルティア・センと哲学者のマーサ・ヌスバウムのケイパビリティ論を地理教育に応用することで始動したジオ・ケイパビリティ・アプローチに基づく国際地理教育プロジェクト（ジオ・ケイパビリティ・プロジェクト）は，第一フェーズ（2012-2013），第二フェーズ（2013-2017）を受けて，最終の第三フェーズ（2018-）を迎えた（Bustin, 2019, pp. 133-140）。第一フェーズでは，ジオ・ケイパビリティの理論的な基盤の整備と理解の促進がなされた。すなわち，ケイパビリティが地理学と結びつけられ，地理学的な知識を欠いてはケイパビリティが保障されないこと（Lambert, Solem and Tani, 2015），またそこで言われる地理学の知識は，力強い学問的知識（Powerful Disciplinary Knowledge：PDK）であること，またそのような知識は未来を動的に創造するカリキュラム（Future 3 curriculum）をもたらすことなどが示された。続く第二フェーズでは，第一フェーズの理論を実践，さらには教材に具現化することが行われた。具体的には，地理学的な知識を問い考察することを促すヴィネット（小資料：vignette）の作成がなされ，さらにこのようなヴィネットを用いて地理教育の実践を刷新し，教師自ら地理教育のカリキュラムの作成にまで携わるという，カリキュラム作成者（curriculum maker）としての教師の役割も提起された。このような二つのフェーズを受けて，第三フェーズにおいては，社会正義のためのジオ・ケイパビリティが考察され

---

[*]京都大学

ることになった。このことを行うにあたっては，複数の国々における，社会的・経済的に問題を抱える子どもたちが多く在籍する学校における地理の学び（具体的には「移民」についての学び）を検討することで，社会正義の実現のためのジオ・ケイパビリティを保障する地理教育の実践の内実と意味が追究されることとなった。またここでは，このような教育実践を行う教師の形成や，教師から働きかけられる子どもの影響等も併せて吟味されることになった。

ジオ・ケイパビリティを踏まえて地理教育のこのプロジェクトは，プロジェクトの創始に関わった英米圏や北欧のみならず，ヨーロッパや東アジアなど，世界的に広がりを見せており，従来の地理教育を問い直し，新たに地理教育の実践を教育学との対話も踏まえて提起する，重要な世界的プロジェクトになっている。このケイパビリティ論に基づく地理教育を創始する背景には，狭く捉えられたスキルやコンピテンシーを重視する新自由主義的で競争的な学校教育システムを乗り越えようとする試みがある（Solem, Lambert and Tani 2013: Biddulph *et al.*, 2020）。さらには，われわれは人新世という時代を生きているということを受け入れるならば，さらに人間と自然との相互的な関わり合いを吟味し，持続可能な世界を教育から実現することを企図することが切実な問題としてわれわれに課せられており，そのことのためにも新たな地理教育は重要な役割を担うことが示されている（Mitchell, 2022）。このような全体的な特徴を有するジオ・ケイパビリティのプロジェクトにおいて問題となることの一つは，第三フェーズをどのように理解し，さらにジオ・ケイパビリティに基づく地理教育を展開することができるか，ということである。というのも，第三フェーズは，第一・第二フェーズと位相が質的に異なる「社会正義」というある種の価値を問題にしているからである。この第三フェーズの，社会正義のためのジオ・ケイパビリティに基づく地理教育とは，何を意味し，さらにこのプロジェクト全体に，どのようなことをもたらすのだろうか。本章では，このような問いに促されつつ，第三フェーズで問われ

た社会正義のためのジオ・ケイパビリティに含まれる意味について検討し，さらに社会正義を取り上げる意義を論じたうえで，ジオ・ケイパビリティに基づく地理教育が，決して単に社会正義の実現にすべて収斂されるものではないことを，ケイパビリティと Bildung の結びつきの考察を踏まえて，明らかにする。このようにして，このプロジェクトでの社会正義の意義と限界を画定し，さらにジオ・ケイパビリティに基づく地理教育が有するさらなるポテンシャルについて考察を試みたい。具体的には，第二節で，ジオ・ケイパビリティに基づく地理教育と社会正義との結びつきについて検討し，第三節でそこで論じられる社会正義に含まれる意義と限界を示す。その上で，第四節においてケイパビリティが Bildung と親和性を有していることに注目し，両者の類似点と相違点の考察を通して，ジオ・ケイパビリティ・アプローチによる地理教育が有するポテンシャルを浮き彫りにする。さらに，第五節において，ジオ・ケイパビリティに基づく地理教育が新たに展開することについて考察したい。

2．ジオ・ケイパビリティに基づく地理教育と社会正義

ジオ・ケイパビリティ・プロジェクトはすでにみたように，第一フェーズで理論的な考察と理解の促進を行い，第二フェーズで実践的な教師職能開発に焦点を当てていた。そしてこれらを踏まえつつ，第三フェーズで社会正義を志向する地理教育が問題となった。ここで言われる社会正義について，まずはその内実と意味を検討することから始めたい。

ジオ・ケイパビリティ・プロジェクトにおいては，はじめに正義，社会正義，さらには完全な正義についての性質を詳細に検討し，定義として明示した上で，第三フェーズが社会正義のための地理教育を取り扱うという進め方を取っていない。むしろ，困難な状況に置かれた子どもと，そうでない子どもとの不平等がある現状において，前者の子どもが地理学的知識にアクセスすることができるようにするという文脈で，社会正義が提起されている

198 第Ⅲ部：理論考究編

(Young and Lambert, 2014, pp. 21-25: 伊藤，2021，p. 26)。このような形式的な側面の他に，さらに内容面において，地理学という学問分野の知識を重視する力強い地理学的知識を扱うかぎり，そこにはすでにさまざまな現実社会の正義／不正義に関わる事物や事象が否応なく含まれてしまうことに対峙し，さらにその状況が人間の形成にとって，根本的に重要になることを踏まえて，社会正義が第三フェーズの中核に位置づけられるものとして捉えられている (Cf: https://www.geocapabilities.org/geocapabilities-3/　2024年 8 月 24 日閲覧)。バスティンは第三フェーズについて，このフェーズは，1．ジオ・ケイパビリティに社会正義の領域はあるか，2．「あらゆるひとに力強い知識を」という目的に向かって，どのようにジオ・ケイパビリティ・アプローチは困難な社会経済的状況において学校や教師，子どもたちの役に立つことができるか，という二つの問いに答えることをめざしている，と述べるにとどめている (Bustin, 2019, p. 140)。このような状況の背景には，二つのことがあるように思われる。すなわち，第一は学問的知識を重視する地理教育や関連する教科において，価値の領域が無視・軽視されているという現状への応答であり (Mitchell and Stones, 2022: Mitchell, 2022, p. 266: 伊藤，2024，p. 25)，第二は，ケイパビリティに内在する「実践的な推論の基礎として用いることのできる正義論」（セン，2011，p. 4）の採用である。前者は，力強い学問的知識をジオ・ケイパビリティが重視するならば，固定的・客観的で中立的な既成の学問的知識ではなく，批判的で動的な思考的行為と不可分な知識こそ，受け入れるべきである，という考えに基づいている。後者は，ケイパビリティ・アプローチを創始したセンが提唱する，正義を論じるにあたって採用する視座である。センの正義についての議論が問題にしようとすることは，「どうすれば，我々は正義を促進し，不正義を抑えるという問いに答えることができるかを明らかにすることであり，「完全な正義」の性質に関する問いに対する答えを示すことではない」（セン，2011，p. 4）。それゆえに，実践的な正義論を考えるには，正義の定義に単に関わるのではなく，不正義を減らし，正義を促

進するかどうかを判断する方法を含んだ考察が行われるべきであるとされる。このようにセンは，正義の理論を完全に構築しようとする主流派のアプローチを「超越論的制度尊重主義」として退け，現実の状態と，現実の不正義を取り除いた二つの状態を比較する「比較アプローチ」を採用して，正義をめぐる問題を考察している（セン，2011，pp. 50-66）。このような考察において重視されるのは，単なる制度だけでなく，実際の人々の暮らしであり，またそれゆえに，不正義を助長させる他者に対する偏狭的な偏見を避け，他者の視点をもって他者を配慮することの必要性が論じられている（セン，2011，p. 567）。ジオ・ケイパビリティでは，まさにこのセンの正義のアプローチを受け入れており，構築された正義の理論から，ジオ・ケイパビリティ・アプローチによる第三フェーズの実践が構想されてはおらず，日常生活では十分に得ることのできない，力強い学問的知識を獲得するにあたって，それでも現実を直視するなかで否応なしに突き当たる格差や不平等といった不正義的現実に対して，何をわれわれは行うことができるのか，という文脈で社会正義という不可避の問いが第三フェーズに立ち現れてきたのである。

　以上の二つの背景から出現したのが，社会正義を志向する地理教育である。他の教科でも，力強い学問的知識を追究するかぎり，このような正義に関わる事象に関与することは生起するが，とりわけ，あらゆる現実の空間における事物や事象を扱う地理において力強い学問的知識を求める場においては，さらに顕著に社会正義という問題が現出せざるを得ないのである。こうして，ジオ・ケイパビリティの第三フェーズで社会正義への志向が突然上から降ってきたのではなく，むしろジオ・ケイパビリティ・プロジェクトのはじめから，社会正義の問題はその基盤に胚胎していたのである。第三フェーズで社会正義が取り上げられるのは，理論と実践を踏まえた上で，その地理教育の核心的特徴として，社会正義の問題が，浮き彫りにならざるを得なかったからである。

3. ジオ・ケイパビリティが志向する社会正義の意義と限界

　定義なしに論じられる社会正義を考えるにあたって，一定の役割を担うのが，不正義への嫌悪感である。ディケンズの『大いなる遺産』において登場するピップは「子供のいる小さな世界で，不正ほど敏感に知覚され，繊細に感じ取られるものはない」（ディケンズ，2020，p. 108）と述べているが，それを踏まえてセンは，このような不正義に対する強い感覚は大人にも当てはまるとし，「我々を道理的に動かすものは，この世界が「完全に公正な世界」ではないという認識ではなく（そう期待するものはほとんどいない），明らかに正すことのできる不正義が我々の周りにあり，それを取り除きたいという認識である」（セン，2011，p. 1）。このような不正義とは，日々の暮らしの中で，またさらにもっと広い世界で我々が苦しめられ憤慨している不平等や服従などである。もちろんこのような不正義への感受と認識には，知的・理性的営みも含まれているが，それでも子どもから大人まで，はっきりと受け取ることのできるものであることが，センの正義についての議論の出発点の一つになっている。このことは，センのケイパビリティ・アプローチから多大な影響を受けるジオ・ケイパビリティにおける社会正義を考える上でも，示唆的である。すなわち，社会正義とは，不正義に対峙し格闘するなかで生み出される，ということである。ここで重要となるのは，社会正義とは何かをただ論じ，理解するのではなく，社会正義を志向するには，不正義を直視し，その不正義と格闘しなければならない，ということである。こうして社会正義とは，固定的な抽象的な概念なのではなく，不正義と格闘するという現実の動的な営みにおいて創出されうるとともに，不正義と格闘するという形で現実に働きかける理念である。この社会正義はしたがって一面では，人間の生に肉迫し，人間存在を根底から支える理念であるがゆえに，人間存在を根本的に成り立たせる鍵になると思われる。

　他方，社会正義へと向かうジオ・ケイパビリティ・アプローチからの地理

教育には，課題と限界が二つ存在する。第一に，定義なしに用いられ，さらには嫌悪感を催す不正義に関して，単純に不正義と割り切れない事象は十分想定されうるため，不正義を乗り越える営みだけでは，そもそも不正義かどうかを冷静に吟味し理解する行為が失われ，かえってさらなる不正義を助長しかねない，という問題がある。一見すると正義に適っているような事象であっても，より有機的な全体を視野に入れると，大きな不正義であることはしばしば起こることである。そのような場合には，そもそも正義か不正義かという枠組み自体を問い直す行為が必要であり，したがって，不正義との格闘から社会正義を希求する地理教育だけでは不十分である。むしろ，正義／不正義と割り切れない，様々な事物や事象に入り込むこと，そこから学びを構築していく余地を残しておくことが求められる。第二に，第一とも関連することではあるが，移民のような社会正義と関わる事象だけでなく，地震といった自然現象など，直接社会正義／不正義と関連しないと考えられるものも含むあらゆる大地の事物と事象を扱うのが地理学であるため，社会正義を志向する地理教育では，そもそも力強い地理学の知識を扱うことができなくなってしまうという問題が存在する。こうなると，社会正義との関連に制約された，社会的な道徳的地理学というような部分的な学問的知識のみしか，地理教育で学ぶことができなくなり，これこそ，特定の領域にしかアクセスすることができなくなるという点で，まさに形式的な社会正義にも反することになる。それゆえに，社会正義を志向するケイパビリティ・アプローチによる地理教育は，自らのうちに矛盾を含まざるを得ない。こうして，社会正義を求めることには，地理教育の根本的な独自性が反映されながら，同時に地理学的知識自体を根本的に否定しかねない矛盾が内包されていることになる。ここにおいて，社会正義のみを扱うことを控え，社会正義を超えてさらに歩を進めることが，ジオ・ケイパビリティに課せられていることが理解されるのである。

　このように意義と限界を有する社会正義を志向する地理教育は，ジオ・ケ

イパビリティ・プロジェクトの第三フェーズで問題とされていたが，第一と第二のフェーズとはどのような関係にあるのだろうか。ケイパビリティという概念に社会正義が前提として含まれていたことを考慮に入れると，社会正義を志向する地理教育は，第三フェーズにおいて独立してなされるというよりも，第一フェーズの理論的吟味において，すでに問題とされうる。例えば，ヤングのケイパビリティ論における「力強い知識（powerful knowledge）」と「力強いものの知識（knowledge of the powerful）」の区別は，後者が権力的な知識であるのに対して，前者こそあらゆる人に開かれうる知識という意味で，分配的正義の性質を兼ね備えている。あるいは，第一フェーズで問題になった，Future 3 curriculum も，上から与えられるものであったり，単にスキルやコンピテンシーとしての能力の開発を意図したりするものでもなく，自ら批判的に創出していく学びであることで，関係的正義を保障するものでもあると言える。このような理論的な考察を踏まえて，教師の職能の開発が第二フェーズで行われるために，必然的に第二フェーズでも，このような意味での社会正義が基盤となった地理教育の実践が行われるようになる。この点を踏まえると，第一と第二のフェーズにおいては，知識へのアクセスの保障という意味での機会の平等という社会正義が主に問題となるのに対して，第三フェーズにおいては，現実の社会に含まれる社会正義が問われる問題を学ぶことに，社会正義が関わっていることが分かる。換言すれば，機会という形式における社会正義と，移民というような内容に関わる社会正義，ということである。このようにフェーズによって社会正義の内容が少し異なりながらも，不正義との格闘によって，めざされる社会正義として，ケイパビリティ・プロジェクトの三つのフェーズすべてに社会正義は浸透していると捉えられる。このことから，第三という最終段階での中心的な柱としての社会正義への志向ということが，提起されるに至ったと考えられる。問題となるのは，社会正義によって枠づけられるジオ・ケイパビリティを保障する地理教育は，地理教育である以上，その単なる制約を拒まざるをえない，というこ

とである。

4．ケイパビリティと Bildung の親和性

　ジオ・ケイパビリティを単に社会正義のみと結びつけることなく，考察するにあたって，有益になるのが，ケイパビリティが Bildung と親和性を有している，ということである。人間の根本的な形成過程を捉えるときに重要な視座を与えてくれるケイパビリティは，すでに人間の生のあり方自体を示しているため，人間形成という文脈で教育の要と位置づけられる Bildung と親和性を有しているのではないかという問いは，十分に検討に値する。本節では，Bildung 概念を検討し，ケイパビリティとの共通点と相違点を考察することを通して，両概念の親和性について考えたい。このことを通して，ケイパビリティが社会正義にのみ収斂する概念ではなく，それゆえにジオ・ケイパビリティ・アプローチも，社会正義への志向を重視しつつも，そこから脱してさらに世界へと開かれていくということを論じたい。

　Bildung はドイツ語であり，人間形成や陶冶，文化，教養などと訳されうるが，日本語だけでなく英語やフランス語でも，対応することばがない，ドイツ語特有の概念である。この Bildung は，中世の神秘主義者マイスター・エックハルトに遡るとされている（Böhm, 2005, p. 90）。エックハルトよれば，「ここでは霊魂はもはや他物と共通するいかなるものも有せず，神に似せて造られており（in denen der Mensch nach Gott gebildet），神に由来する神の族である。しかしながら，これら最高諸力もなお神そのものでなく霊魂において霊魂とともに創造せられたものであるから，自己自身の像より脱離せしめられ，ただただ神ひとりのみが自らの父であるよう神の中へとひたすら形成せられ（so muß sie auch ihrer noch entbildet, in Gott allein übergebildet），神において神から生み出されなければならない」（エックハルト，1985，p. 110）。ここでは，自己の像より脱せしめられるところに，Bild（像，形象）がもとになった Bildung（形成すること）の動詞形の bilden と ent-（反）が含まれる entbilden ということばが使われ，さらには，神の中へと形成されるところでは，über-（そちらへ，超えて）という接頭辞とともに bilden が用いられている。このような形成を表す bilden の他に，像や姿といった意味でも名詞 Bild の形をとって Bildung の端緒が表現される。すなわち，「一者〔神〕そのものは実に一切の端緒なき端緒なのである。同等性（Ebenbild：似像）は，ただ一者を通してのみ端緒となり，自分自身が存在すること，自分自身が端緒であることを，ただ一者にのみ負うている」（エックハルト，1985，p.132）。似像とは，神と似ている像であり，神の子であるイエスをも表わす。このような似像への形成が，Bildung には根本的に含まれていることになる。ただし，神の似像・形像は，決して理想像として，自らの外部の彼方にあるのではなく，「神の子，神の形像（Gottes Ebenbild）は，魂の奥底においてあるのであり，それはあたかも一つの生ける泉のようである」（エックハルト，1985，p.176）とされ，この神の似像・形像は，人間の魂の奥底において見いだされるものであることが示されている。このように，エックハルトの考察では，誰かが神の似像に人間を形成していく，というよりも，自分が自分の像を脱して，神の似像に向かうこと，それも魂の奥底でそのような似像を得ることが問題となっており，つまり，自分で自分の閉じられた像を脱して，神の似像に自分自身を自らの内で絶え間なく形成していくことが論じられているのである。

　このような神の似像への自己自身による自己形成を淵源とする Bildung は，近代においてヴィルヘルム・フォン・フンボルトが，人間の生の究極目的として定式化することで，さらに教育一般の意味を獲得することになる。すなわち，「人間の真の目的—これは有為転変する性向ではなく，永遠不変の理性が人間に示してくれるものである—とは，自分の諸能力を最も均斉のとれた最高の形で一個の全体へと陶冶すること（Bildung）にある」（フンボルト，2019，p.12）。ここでは，エックハルトが神の似像に自らを形成していくのとは異なり，自分の内在的な諸能力を最高の形態で形成していくことが述べられている。しかしエックハルトと同様に，フンボルトも，そのような自己形

成は，あくまでも自分の魂の根底にある像を自ら形成していくことを提起している（フンボルト，2019, p. 85）。もちろん，フンボルトは，単に個人が自己形成をすべて行うことを主張しているわけではないが，国家の介入はそのような自己形成を妨げかねないものとして徹頭徹尾制限され，その代わりに国民的組織や婚姻をはじめとした他者との結合を重視している。フンボルトにおいて興味深いことは，このような Bildung がなされる条件として個人の自発的な自由がなければならず，さらにはそれを実現するために状況の多様性が重要になるとされている点である（フンボルト，2019, p. 12）。こうして Bildung は，エックハルトの神の似像を自らの魂の根底において，自ら形成していくことを源流としつつ，さらにフンボルトによって，神の似像という事項が背景に退きつつ，自らの諸能力の最高の形成を自分自身で自由に行うことであることが示された。これは現在まで，Bildung の概念を根底で支える捉え方である。

　以上のように Bildung の内実を踏まえたとき，ケイパビリティと Bildung には親和性があると考えられる。ケイパビリティは，何かになったり，何かを行ったりする実質的自由と捉えられる（ヌスバウム・セン，2006）。このケイパビリティは，自ら何かになったり，自分が行ったりする自由を現実的に保障することをめざしており，自分がもつ様々な諸能力を用いて，自分がなりたいものになったり，行いたいことをしたりする自由をもちながら，自己自身を形成していくことに他ならない。そのような形成が可能となるのは，それらのことを自由に行えるほどの状況の多様性がさらに不可欠になる。このようなことは，まさに Bildung とその成立条件に共通して見られることである。ケイパビリティは，まさに現実的・実質的に，何かになったり，何かをしたりすることに焦点を当てているのに対して，Bildung はそれらを現実的行うにあたっての可能性の条件としての自由と多様性を確保した上で，さらにそのような形成が，人間の真の目的である，と意味づけている点で，重点の置き方が異なっている。換言すれば，ケイパビリティの方が，現実の不

正義や貧困などの問題を解決するためにより有効になるのに対して，Bil-
dung は地理教育の根本的意味・人間形成的意味を洞察するのにはより適し
ていると言える。このような相違点はあれど，核となる性質においては共通
点を有しているがゆえに，両者は親和性をもっており，それゆえに，ケイパ
ビリティ・アプローチに基づくジオ・ケイパビリティ・プロジェクトがもつ
問題点や一面性，欠陥の克服を考えるために，Bildung からの視点が有効に
なると思われる。Bildung では，自分の諸能力を最高の形態で一個の全体へ
と形成することが提起されている。この諸能力が何を意味するかは議論の余
地があるが，自らもっている（また将来さらに開花する）能力を伸ばすことを
意味しており，そのためには自由という契機が必要不可欠であることが示さ
れている。翻って，ジオ・ケイパビリティ・プロジェクトの第三フェーズで
は社会正義に重点が置かれていたが，このような社会正義に関わるテーマの
学びにおいて，どこまでそのような諸能力の全体への自由な形成が保障され
るであろうか。ケイパビリティにおいても，何かになったり，何かを行った
りする自由はその基盤的性質であったが，社会正義は，それらの自由を保障
する面がある一方，社会正義にのみ焦点化した学びは，子ども・人間の内的
な自由をある面で制限してしまうことにはならないだろうか。こう考えると，
社会正義を，特定の問題解決などに限定するのではなく，むしろ自由な活動
を保障しうるものとして捉えて，ジオ・ケイパビリティ・アプローチに基づ
く地理教育で受け入れながら，授業と学びの実践を構築していくことが，十
全な地理教育にとっては求められると考えられる。しかしそれでも社会正義
という制約は動かしがたい面があるため，ジオ・ケイパビリティは，社会正
義を超えた営みへと向かう必要があることも，ケイパビリティと Bildung の
親和性を踏まえれば，より顕在化することになる。このようなことを踏まえ
て，次節において，ジオ・ケイパビリティにはさらに何が求められるか，検
討を試みたい。

5．ジオ・ケイパビリティの新たな展開可能性：三位一体の地理教育

　社会正義を志向する地理教育は重要な特徴を有する一方で，ケイパビリティ，また地理学自体がさらなる人間形成とそれがなされる場所の全体性を求めるがゆえに，地理教育は，そのような地理教育における社会正義という志向を超える必要がある。もちろん，形式的な社会正義の実現，つまり力強い地理学的知識へのアクセスの保障という面は，乗り越えられるべきものとは通常みなされないが，アクセスを保障するだけでは，子どもがどのように学んでいるかが分からないという点で，ここにも検討の余地がある。このような意味での社会正義を志向することを超えた地理教育とは，それではどのようなものであろうか。第一に求められる新たな地理教育の条件は，社会正義自体を問い直しうるような，根本的な世界経験・世界体験，そして世界知を保障する，ということである。本章のはじめですでにみたように，ジオ・ケイパビリティにおける社会正義は，実践的な働きかけにおいて意味をもつ社会正義というセンの洞察を受け入れて，定義されることなく用いられており，そのあいまいさは絶えず問題になりうる。ともすれば，地理教育者によって，社会正義の捉え方や用い方が変わってくるのであれば，社会正義を志向することは，恣意的解釈や権力的操作といった危険性を常に孕むことになる。そのような事態を回避するためには，社会正義そのものを慎重に吟味し考える場所を，地理教育自体の内部に自覚的に確保することである。このような場所でなされることは，様々な社会の問題を孕む現実の世界を生きるということであり，そこで否応なく問われ得る正義や不正義を，さらに自ら考えることを放棄しない，ということである。このことは，地理教育者にも，地理を学ぶ子どもたちにも，当てはまる。

　第二に求められる，新たな地理教育の条件は，地理を学ぶ子どもへの洞察と配慮である。堅持すべき社会正義の一面として，形式的なことであるが，あらゆる子どもたちに力強い地理学的知識へのアクセスを求めることが，こ

のジオ・ケイパビリティ・プロジェクトでははじめから想定されていた。これはケイパビリティの本源的意味にも通じ合う点であり，ジオ・ケイパビリティの重要な基礎的特徴であった。しかしここで問題となるのは，力強い地理学的知識へのアクセスを保障するだけで，果たしてどれだけ子どもはそのような地理の学びを通して何かになったり，何かを行ったりすることが保障されるのであろうか。さらにいえば，力強い地理学的知識へのアクセスを保障するということは，どのようなことを意味しているのだろうか。ジオ・ケイパビリティ・プロジェクトは主に中等教育の子ども（生徒）とその教育に携わる地理教師が主に想定されて，このケイパビリティ・アプローチに基づく地理教育が検討されていた。しかしながら，子どもは突然中等教育から降ってくる存在ではない。子どもは，赤ちゃん，幼児，そして初等教育段階の子どもと，様々な段階を経て中等教育の教室に足を踏み入れる存在である。このような時期の子どもへの地理教育はジオ・ケイパビリティの観点から，考える必要はないだろうか。この発達段階という垂直方向に検討するだけでなく，さらには水平方向に見ると，子どもも，多様な形態や生を有する存在である。現実的には地理的・空間的思考などが非常に苦手な子どもも存在し，またそもそも現実的・地理的事象に関心をもちづらい子どももいる。そのような子どもに対して，いつ，そしてどのような配慮や働きかけを行うことが，力強い地理学的知識へのアクセスを保障することになるだろうか。このようなことを考えるには，地理を学ぶ子どもという存在の検討が必須である。ジオ・ケイパビリティ・アプローチからの地理教育による子どもの形成・生成・発達を丁寧に考察することが求められると思われる。

　以上，ジオ・ケイパビリティ・アプローチによる地理教育のさらなる展開を求めるのであれば，社会正義自体をも問い，検討するということ，つまり哲学と，子どもの形成・変容・発達をさらに丁寧に洞察するという教育学の視座が重要になってくる。何かになったり，何かを行ったりする実質的自由を求めるケイパビリティを基底に据える地理教育は，こうして，地理学，哲

学，そして教育学と深く関連し合うことになる。このような三位一体の地理教育こそが，ジオ・ケイパビリティがこれから地理教育の独自性を具現化し，さらに新たな領野を切り拓いていく地理教育であると考えられる。

6．おわりに：改めて世界へ向かう地理教育

　本章では，ジオ・ケイパビリティ・プロジェクトの第三フェーズで中心的に取り上げられた社会正義を志向する地理教育について，その内実と意義，そして限界を明らかにし，ジオ・ケイパビリティ・アプローチによる地理教育がもつポテンシャルについて考察した。現実的社会の不正義を直視し，そのような事態に応答することは，教育活動全般を見ても，決してなされていることではなく，ジオ・ケイパビリティに基づく地理教育の大きな意義であると考えられる。しかし他方で，社会正義／不正義そのものを無条件に受け入れる危うさや，社会正義をめぐるだけでは，この世界に存在する複雑で多様な事象を十分に洞察しきれないといった問題点があることも明らかになった。そのようなことを踏まえ，社会正義を固定的で所与のものと捉えるのではなく，社会正義自体を問い直す哲学的考察と，そのような考察がなされる場所で学びを深める子どもという存在を問う教育学的考察がさらに求められることが提起された。こうして，地理学と哲学，さらには教育学という三位が一体となって，地理教育はさらに豊かに推し進められうることが示された。このような三位一体の地理教育がなされるのは，地理教育が，有機的な全体としての世界そのものを対象とした学問だからである。地理教育が，あらゆる現実的社会の事象に開かれているがゆえに，社会正義／不正義の問題に突き当たらざるを得なくなるのであり，そしてまた，何かになったり，何かを行ったりする実質的自由の獲得を行うことができるようにもなるのである。世界という空間において，三位一体の地理教育がさらに推し進められうることが，ジオ・ケイパビリティ・プロジェクトがわれわれに示していることである。

210　第Ⅲ部：理論考究編

　近年様々な学問分野でとみに注目を集めているのが，「世界」である。世界文学や世界の歴史（world history），世界哲学など，学問領野を世界という点から総体的に考察することが盛んに行われている（Cf. 羽田，2011：納富，2024）。地理学は，世界をそもそも学問の創成期より考察しようとしてきた。細分化がますます進む地理学は，しかし根底においては，世界への問いを絶えず内包していると思われる。ジオ・ケイパビリティは，このように，われわれに改めて，世界に向かうことを，促しているのではないだろうか。

文献

伊藤直之（2021）：社会正義に向けたジオ・ケイパビリティズ・プロジェクト第3段階. 志村喬編著『社会科教育へのケイパビリティ・アプローチ：知識，カリキュラム，教員養成』，風間書房，pp. 23-40.

伊藤直之（2024）：学問的知識の保証による社会正義への寄与―欧州の研究動向のインパクト―. 新地理，72(1)，pp. 25-27.

エックハルト，M.〔相原信作訳〕（1985）：『神の慰めの書』，講談社.

セン，A.〔池本幸生訳〕（2011）：『正義のアイデア』，明石書店.

ディケンズ，C.〔加賀山卓朗訳〕（2020）：『大いなる遺産』（上），新潮社.

ヌスバウム，M., セン，A.（編）〔竹友安彦監修，水谷めぐみ訳〕（2006）：『クオリティー・オブ・ライフ：豊かさの本質とは』，里文出版.

納富信留（2024）：『世界哲学のすすめ』，筑摩書房.

羽田正（2011）：『新しい世界史へ―地球市民のための構想』，岩波書店.

フンボルト，W. v.〔西村稔訳〕（2019）：『国家活動の限界』，京都大学学術出版会.

Biddulph, M., Beneker, T., Mitchell, D., Hanus, M., Leininger-Frezal, C., Zwartjes, L., and Donert, K. (2020): Teaching powerful geographical knowledge- a matter of social justice: initial findings from the GeoCapabilities 3 project, *International Research in Geographical and Environment Education*, 29(3), pp. 260-274.

Böhm, Winfried (2005): *Wörterbuch der Pädagogik*. Alfred Kröner Verlag.

Bustin, R. (2019): *Geography Education's Potential and the Capability Approach: GeoCapabilities and Schools*. Palgrave Macmillan.

Lambert, D., Solem, M., Tani, S. (2015): Achieving human potential through geography education: A Capabilities Approach to curriculum making in schools. *An-*

nals of the Association of American Geographers, 105(4), pp. 723-735.

Mitchell, D. (2022): GeoCapabilities 3- knowledge and values in education for the An-thropocene, *International Research in Geographical and Environmental Education,* 31(3), pp. 265-281.

Mitchell, D., and Stones, A. (2022): Disciplinary Knowledge for what ends? The val-ues dimension in curriculum research in a time of environmental crisis. *London Review of Education,* 20(1), 23.

Solem, M., Lambert, D., Tani, S. (2013): GeoCapabilities: Towards an international framework for researching the purpose and values of geography education. *Review of International Geographical Education Online,* 3(2), pp. 214-229.

Young, M., and Lambert, D. (with Roberts, C. and Roberts, M.) (2014): *Knowledge and the Future School: Curriculum and Social Justice.* London: Bloomsbury.

第12章
欧州の研究動向にみる地理教師のエージェンシーと再文脈化

伊藤　直之[*]

1．はじめに

　筆者らが長年にわたり注目してきた欧州における「ジオ・ケイパビリティ
ズ（GeoCapabilities）」プロジェクトは2021年をもって終わった。その展開に
ついては本書の前身ともいえる『社会科教育へのケイパビリティ・アプロー
チ―知識，カリキュラム，教員養成―』に詳しい（志村編著，2021）。

　同プロジェクトを始めたデービッド・ランバートはプロジェクトの第3段
階で引退し，終結は同僚のデービッド・ミッチェルへと引き継がれた一方
（Mitchell, 2022），その理念は欧州の研究者（フィンランド・ヘルシンキ大学のシ
ルパ・タニ，オランダ・ユトレヒト大学のティネ・ベネカー，チェコ・カレル大学の
マーティン・ハヌス）や彼らに学ぶ博士課程大学院生に継承されている。

　同プロジェクトでは，子どもの地理的認識の研究よりも，地理教師の専門
的な職能開発に重きが置かれた。その背景として，ケイパビリティはコンピ
テンシーではないという捉えがある。コンピテンシーは，例えば協力やチー
ムワークのように，何らかの特有の成果を伴う。それに対して，ケイパビリ
ティは，アウトカムをあらかじめ想定しているものではないからである。そ
のため，後継の研究も，子どもを対象にした研究ではなく，教師（あるいは
教師の知識など）を対象にした研究が数多い。

　おりしも，日本の教育現場ではベテラン教師の大量退職，若手教師の増加
に伴い，世代間の熟練度のギャップや伝達が課題となっている。GIGAスク
ール構想によるタブレット等の普及は教育技術の革新をもたらしているが，

---

[*]鳴門教育大学

そこにケイパビリティを見据えた学びが実現されているかどうかは疑わしい。多忙を極める学校現場で求められているのは，形式主義的なコンピテンシー・ベースの学びではなく，地理の本質に関わる学びを実現できる教師の主体性（エージェンシー）の継承と発展である。このように，教師を視野に入れた研究動向は，日本の置かれた状況とも合致するものといえる。

　さらに注目されるのは，後継の研究のいくつかをアジア諸国に国籍をもつ若手研究者が推進していることである。筆者らはランバートをはじめ，本書への寄稿者の一人であるベネカーを日本へ招聘するなど，欧州の研究動向の把握・吸収に注力してきた。プロジェクトの第2段階ではヴィネットの開発などを通して貢献し，その成果を国際発信した（Kim et al., 2020）。しかしながら，同様に欧州の研究動向に関心を有しているアジアの研究者との共同研究を構築できていないことに課題があるように思われる。

　そこで本稿では，将来的には日本とアジア諸国の研究者間の共同研究を見据えつつ，同プロジェクトの終了後，欧州留学したアジア国籍大学院生を含む欧州の研究動向を整理し，さらなる研究の発展の糧としたい。

2．研究動向（その1）―エージェンシー研究―

2.1. 背景

　まず最初に欧州における研究動向として注目できるもののうちの一つに，エージェンシーについての研究が挙げられる。注意したいのは，ここで言うエージェンシーとは，一般によく言われている児童・生徒のエージェンシーではなく，教師のエージェンシーのことを指している点である。その背景として，先述のように，ケイパビリティがアウトカム志向ではないことと，同プロジェクトが専門職としての地理教師の職能開発に重きを置いたことに関係がある。

　同プロジェクトは欧州の研究者を中心に展開されたが，その初期段階から関わった唯一のアジア国籍の研究者がシン・ミャオ（Xin Miao）である。ミ

ャオは，上海の華東師範大学修士課程を経て英国に留学し，ランバートのもとで博士課程研究を開始した。ロンドン大学在籍中に同プロジェクトの理論構築やデータ収集等に深く関わっている。

ランバートの引退後，紆余曲折を経て，縁あってスコットランドのスターリング大学のカリキュラム研究者マーク・プリーストリーのもとで，博士課程研究を再開し，2023年に博士論文『上海における地理のカリキュラム・メーキング―変化の時代における教師のエージェンシー―（Geography Curriculum Making in Shanghai：Teacher Agency in Times of Change）』を上梓した（Miao, 2023）。ミャオの研究は同プロジェクトで提起された鍵概念「カリキュラム・メーキング」を上海の事例に適用したものである。

2.2. 生態学アプローチ

プリーストリーら（2015）は，教師のエージェンシーにかかる「生態学的モデル」を開発した。このモデルは第1図に示すように，3つの側面から構成されている（Priestley *et al.*, 2015, p. 30）。

「反復（iteration）」の側面では，エージェンシーに影響を与えている教師の過去の個人的・職業的経験を対象にする。「投影（projective）」の側面では，教師の未来の短期的な計画と長期的なビジョンに目を向け，その対応を分析しようとする。そして，「実践的―評価的（practical-evaluative）」の側面では，

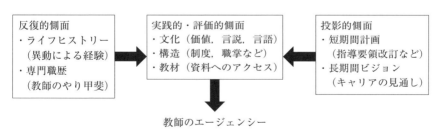

第1図　生態学的な教師エージェンシーモデル

Priestley, M., Biesta, G. and Robinson, S. (2015): *Teacher Agency: An Ecological Approach.* Bloomsbury Academic. p. 30.

実践的（何があり得るか）と評価的（何を可能だと評価したか）の両方において，教師が現在とる行動の可能性がいかに形成されるかを説明する。

　プリーストリーの主張を筆者なりに咀嚼すると，おおむね次のような内容になる。"教師はただ単に教師ではなく，一人の人間であり，植物がそうであるように，人間としての教師も生態系の中で成長する。かたや人間は植物よりも動き，変化することができる。だからこそ，過去の経験を見直すことで，違った解釈ができるかもしれないし，過去が未来にどのような影響を与えるかを知ることができる"と。

2.3. 同プロジェクトとの継続性

　当初，ミャオは，社会的文脈が変化したとき，西洋由来の同プロジェクトの概念や考え方はアジアの文脈に適合しているのだろうかと疑義を呈していたこともあり，研究の過程で，教師を取り巻く文化なども含めた生態学的アプローチに活路を見いだすことになった。学校とそれを取り巻く社会システムは複雑であり，教師がエージェンシーを発揮するためには，学校教育を支える社会構造に加えて，文化的側面からの両方の考察が必要であるとの着眼からである。

　ミャオはクロッカーほかによる書物『アマルティア・セン』における「ケイパビリティとエージェンシー」の章に着想を得て，センのケイパビリティという考え方がエージェンシーと密接に関係していることを把握した（Crocker and Robeyns, 2009）。センの研究における，ケイパビリティとエージェンシーの関連性を踏まえて，ミャオの研究では，エージェンシーを能力としてではなく，行動する可能性として捉えているところに特徴が有り，同プロジェクトとの関連性がうかがえる。

　ランバートは教師のカリキュラム・メーキングに焦点を当て，教師のカリキュラム・リーダーとしての役割を強調していたが，ランバートは教師のエージェンシーの定義を明確化していなかった。そのため，教師のカリキュラ

第12章　欧州の研究動向にみる地理教師のエージェンシーと再文脈化　217

ム・メーキングとエージェンシーを結びつける余地が残されており，ミャオの研究はその余地を拡充させたものといえる。

３．研究動向（その２）―知識ギャップの研究―

3.1. 背景

次に欧州における研究動向の２つめとして，知識のギャップについての研究を挙げる。この研究の中核を担うのはヘルシンキ大学に留学する博士課程大学院生の中国人 Yujing He（ユージン・ヘ）であり，それを支えるのが同プロジェクトの初期段階から加わっていた同大学教授のタニである（He *et al.*, 2022, 2024）。ランバートの引退を受けて，欧州の地理教育研究に関心を有するアジア系研究者・留学生の拠り所が多様化している。そのなかでも，同プロジェクトの継続性・発展性という意味において，タニは正統な後継的役割を担っているものと解される。

3.2. 未来３カリキュラムを阻む知識ギャップ

ヘ・タニらは，「未来３カリキュラム」を支える学問的知識と，実際の地理教師が把握し教授する知識の間に存在するギャップについて，中国における地理学者，地理教師へのインタビュー調査によって明らかにし，その成果を英国地理協会の機関誌『Geography』に発表した（He *et al.*, 2022）。

そのギャップの例を示したものが第１表である。インタビュー調査をもとに行われたコーディングから，深刻なギャップの主題のひとつが「学問的な発展への不十分な関与」であること，その課題には学問的なアプローチや，研究考察方法，知識の先端性であることを浮き彫りにしている。

3.3. 同プロジェクトの継続性

教育界における知識ギャップを埋めるべきかどうかに関する議論は，強力な知識を生み出すために学問分野と学校の科目がどのように連携すべきかと

第1表　学問的発展に係る知識ギャップの例

主題	コード	回答の例
学問的な発展への不十分な関与	アプローチ	「アカデミックな人文地理学は，学校での人文地理教育がいまだに受けている実証主義的で量的なアプローチの狭さを是正するために，人文主義的，行動主義的，そして他の学問分野からの多くの種類の「ポスト」アプローチのような多様で革新的なアプローチを適用してきた」。(地理学者A)
	方法	「地理学研究には，GIS技術，実験，観察，フィールドワーク，インタビューなど，多くの方法が適用されるが，学校ではその方法論は限られており，生徒がプロジェクトベースの研究を行う場合，学術研究に比べてはるかに厳密性に欠ける」。(着任前教員)
	先端的な知識	「教室での知識は，教科書の与えられた内容と教師の知識によって制限されており，アカデミズムがどんなに早く新しい地理的知識を開発しても限界がある」。(地理学者A)

He *et al*., 2022, p. 134より一部引用

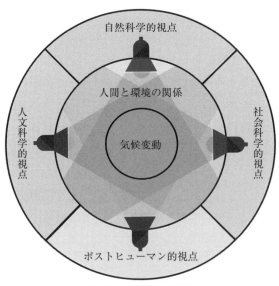

第2図　認識論モデル

(He, *et.al.*, 2024, p. 3)

いう問題に焦点が移っている。

そこで，ヘ・タニらは，同プロジェクトを通して培われた学問的知識やカリキュラムに対する考え方の枠組みを気候変動教育に適用しようとし，その研究成果が全米地理教育評議会（NCGE）の機関誌『Journal of Geography』に2024年に掲載されたばかりである（He *et al.*, 2024）。

ヘ・タニらは気候変動教育において地理的思考に関する複数の視点が欠けていることを問題視し，地理教師のカリキュラム・メーキングを支援するための認識論モデルを確立している。そのモデルは，第2図に示すように，自然科学的視点，人文科学的視点，社会科学的視点，ポストヒューマン的視点の4つの地理学的視点から構成されている（He *et al.*, 2024, p.3）。前述の知識ギャップ研究で見いだされた課題でもある「学問的な発展への不十分な関与」という事態を受けて，知識を軽視した気候変動教育への警鐘を鳴らし，複数の地理的視点が持つ教育的可能性について言及している。

4．欧州の研究動向（その3）－再文脈化の研究－

4.1．背景

次に欧州における研究動向の3つめとして，再文脈化についての研究を挙げる。「再文脈化（Recontextualisation）」とは，英国の教育社会学者バジル・バーンスティン（Basil Bernstein）が提起した鍵概念である。バーンスティンによれば，知識は学術における生産の場から教育における再生産の場に移行したときに再配置される。彼はこの現象を「再文脈化ルール」と述べている（Bernstein, 2000）。この考えにもとづき，国際地理教育界では，『教育における地理の再文脈化』という書籍も発行された（Fargher, *et al.*, 2021）。

同プロジェクトの後続研究が「再文脈化」に着目する理由は，強力な学問的知識を基盤とした未来3カリキュラムを志向する同プロジェクトにおいて，地理教師がエージェンシーを持てていない現状に危機意識を抱いていたことに起因する。同プロジェクトでは，英国をパイロット研究として，欧州へと

220　第Ⅲ部：理論考究編

対象を拡大させていった。英国，フランス，ドイツなどの欧州諸国の学校教師を対象にしてヒアリング調査を試みたメアリー・ビダフらによる研究成果（Biddulph *et al.*, 2020）を通して，世界における教育制度は多様であり，各国の教育は，国の目的や価値観，文化や歴史，そしてさまざまな社会政治的状況における文脈が異なっていることから生み出されていることを強く再認識することとなる。その一方で，教育制度は，国家を超越したレベル（OECDなど）および国家レベルの政策から，学校や教室で授業を行う教師まで，さまざまなレベルで活動するアクターによって構築され，影響を受けていることも把握する。このような状況下におかれた教師は，何をどのように教えるかについて自ら決定するようなエージェンシーを持たず，ただ単に公式カリキュラムや教科書に書かれていることについて従順なプロモーターになっていることに危機感を覚えたのである。つまり，同プロジェクトから派生的に続く世界的な研究動向は，いわゆる「カリキュラム・メーキング」に対する研究上の関心，奇しくもランバートが述べた「地理を『再文脈化』するという難問」（Lambert, 2019, p. 257），そしてカリキュラムのリーダーとして教師にエージェンシーを与えたいという願望から生じているのである。

4.2. バーンスティンの再文脈化ルール

　バーンスティンの再文脈化理論は次のような概念で構成されている（Bernstein, 1990, 1996, 2000）。

a）垂直的ディスコース（VD；Vertical Discourse）―科学的知識へのアクセス

　垂直的ディスコースとは，科学的知識が権威ある情報源（大学，研究機関，専門家など）から教育機関や教室に伝達されるプロセスを指す。これは，教育システムのさまざまなレベルにまたがる知識の垂直的な移動を伴う。

b）公的再文脈化領域（ORF；Official Recontextualization Field）

　公的再文脈化領域とは，教育政策やカリキュラムのガイドラインが策定され，普及される公的なルートを表す。これには政府機関，カリキュラム開発

機関，政策文書などが含まれる。この領域は，さらにカリキュラム，試験，管理機構の3つに細分化される。

カリキュラムとは，特定の教育状況の中で生徒が何を学ぶべきかを構造化した計画である（ここではあくまでも教育政策として示された意図的なカリキュラムを指す）。

試験とは教育機関が生徒の知識や理解を評価するために実施する正式な評価を指す。試験は公式カリキュラムの影響を受け，より広い教育現場からの知識を特定の評価方法に再文脈化するメカニズムとして機能する。

ORFにおける管理機構とは，教育実践を管理する規則，規制，方針のことである。これらのメカニズムは，教育機関における知識の伝達，評価，管理の方法を形作る。教育，評価，教室運営のガイドラインも含まれる。

c）教育学的再文脈化領域（PRF；Pedagogic Recontextualization Field）

教育学的再文脈化領域とは，公式カリキュラムを教室で使用される教育的教材に変換することを含んでいる。なかでも教科書はこのプロセスにおいて重要な役割を果たす。教科書は，教育目的のために内容を選択し，適応させ，整理することによって，知識を再文脈化する。教科書は，カリキュラムが実施される重要な媒体である。

PRFには教科書以外の幅広い教材も含まれる。これらには，教師が学習を促進するために使用する視聴覚教材，デジタル媒体などが考えられる。教材は，教室の状況に合わせて公式カリキュラムから再文脈化される。

さらにPRFには授業で使う教材だけでなく，教師のための専門能力開発の機会も含まれる。継続教育プログラム，ワークショップ，教師間ネットワークは，教師に継続的な学習経験を提供する。これらのプログラムは，より広範な教育的背景から得た知識を，実践的な教授法へと再文脈化するものである。

d）水平的ディスコース（HD；Horizontal Discourse）

水平的ディスコースとは，学校独自のアイデンティティ，文化，政治的ダ

イナミクスを含む，学校内のローカルな状況を指す。その他，教師の志向性，教師の実践における教育内容知識から構成されている。

学校のアイデンティティは，教師，生徒，保護者，地域社会の相互作用から生まれる。学校内の政治には，上下関係，意思決定，資源配分が含まれる。

教師の志向性とは，教育と学習に対する信念，価値観，考え方を指す。これらの志向性は，指導方法，学級経営，生徒との関わりに影響を与える。教師の志向性は，個人的な経験や専門的な能力開発によって形成される。

教師の実践における教育内容知識（Pedagogical Content Knowledge；PCK）とは，教師が教科固有の知識をどのように授業実践に生かすかを指すものである。この知識は，内容的知識はもとより，教育方略，生徒の学習ニーズ等を実践レベルで統合したものであり，実際の授業を通して再文脈化されていくものである。

4.3. 同プロジェクトの継続性

欧州の研究者らは，いかなる状況に置かれようとも，教師は専門分野の強力な知識を把握し，子どもが学ぶべき知識へと再文脈化することにより，カリキュラム・メーキングにおいて重要な役割を果たすと主張する。教師は，カリキュラムが教室でどのように実践されるかについて最終的な責任を負うため，学校教育の質を向上させるための変化のエージェントになることができると説くのである。

バーンスティンが示した「再文脈化」図式を教科教育へ適用する過程で，教科固有の学びを実現するために必要な教師のエージェンシーを明らかにすることが課題となる。そこで，欧州の学界では，教科教育における再文脈化研究が進行している。オランダのフォンティス応用科学大学に務める地理教育学者ウーヴェ・クラウゼ（Uwe Krause）は，バーンスティンの示す垂直的ディスコース，公的再文脈化領域，教育学的再文脈化領域，水平的ディスコースの各局面を，教科教育に即してさらに具体化し，下掲のような図式（第

3図）を示した。

　第3図に示す再文脈化領域は次の4つの側面から構成される。1つめの垂直的ディスコースには，知識生産や教科固有の教授法などが該当する。地理教育の場合，地理学界などを通していかに学問的な知識が形成されるか，教育学界などを通していかに優れた教授法が形成されるかが関係する。例えば，事例は古いが，かつて地理教育においては地理学の計量主義的なパラダイムシフトの影響が現れ，また，デューイの経験主義教育論が問題解決学習などの教授法を生み出し，それらが教師や教室における地理授業によって伝達されていった。これらの事実は，再文脈化領域における垂直的ディスコースの側面が色濃く表出したものと言える。

　2つめの公的な再文脈化領域には，カリキュラム，試験・評価，管理・査察などが該当する。日本の地理教育に照らして言えば，学習指導要領，大学

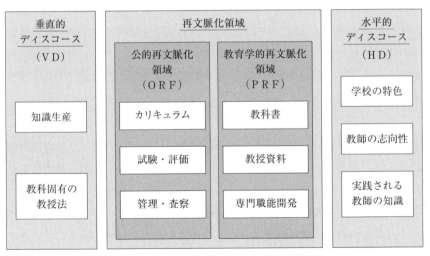

第3図　教科教育に照らした再文脈化領域

Krause, U. (2025): *Higher order thinking tasks in the repertoire of Dutch and German geography teachers and the influence of curriculum contexts*, Doctorial thesis in Utrecht University.

入学共通テスト，全国学力・学習状況調査などが該当する。教育政策の策定，普及の経路を通して，生徒が地理教育で学ぶべきことが公的に規定される。そして，公的なカリキュラムの影響を受けた試験によって，地理にかかる知識は，特定の評価方法を介してさらに再文脈化されていく。さらに実施状況の公的な調査を通して，ふたび学校地理における知識の伝達，評価，管理の方法も再形成されていくことになる。

　3つめの教育学的な再文脈化領域には，教科書，教授資料，継続的専門能力開発（Continuing Professional Development；CPD）などが該当する。日本の地理教育の場合，教科書は文部科学省の検定を受けたものに限られ，且つ教科書使用に法的拘束力があるため，前述のORFとオーバーラップするのではないかと思われる（教科書採択の裁量が大きければ，PRF領域にシフトしていくであろう）。教授資料は教科書に付随する教師用指導書のほか，地理教師の授業実践を補助する各種雑誌，CPDは各種教員研修や教職大学院などの専門的な職能を継続的に発展させる制度やプログラムが該当する。

　4つめの水平的ディスコースには，学校の特色，教師の志向性，実践される教師の知識などが該当する。地理教育の場合，紛れもなく地理授業が実践されようとする学校や地域の実情，地理教師の教育観・教科観，そして教師が再文脈化したPCKなどが関係する。通常の場合，授業研究の対象の多くは，この水平的ディスコースのなかに位置づけられることになるだろう。しかし，バーンスティンの理論的枠組みに従えば，教師の実践する地理授業の背景には，垂直的ディスコースにおける知識生産のほか，その知識生産を基盤とした公的な教育政策や試験などの公的な再文脈化領域があり，そして教科書や教授資料，教員研修などの教育的再文脈化領域がある。ここまで述べてきた4つの側面は相互に関連し合って再文脈化プロセスを構成しているということになる。

4. 4.　再文脈化領域の連携の必要性

　しかしながら，ここまでの叙述では，地理教育に関する再文脈化の過程を表現しているに過ぎない。教師にとって，再文脈化の過程には自覚的であるべきだが，何のための再文脈化なのかを意識する必要がある。そのため，クラウゼらは，未来3カリキュラムを導くための要素として，「より高次の思考（higher-order thinking）」を挙げて，地理教育における強力な知識にアクセスし，授業において高次の思考を育成するために必要な強力なペダゴジーとしてのタスクを次の第2表のように設定している（Krause *et al.*, 2021, p. 6）。

　クラウゼらは第2表のようなスキームを用いて，オランダとドイツ・ノルトライン＝ヴェストファーレン州のカリキュラムや試験などを分析し，両国の比較を通して，評価規則がタスクの導入・活用において重要な役割を果たしていることを明らかにした。そして，地理教育において高次の思考を育成するためには，再文脈化プロセスにおけるそれぞれの領域，具体的には，公的機関（ORF），教科固有のペダゴジー（VD），教師への支援（PRF）との連

第2表　クラウゼらの説く高次の思考

側面	指標の具体
高次の思考の一部	大きな文脈の中で，関連する情報かそうでない情報かを識別する。
	複雑で首尾一貫した，関係性のある構造を作り上げる。
	情報の意図，価値観，バイアスを特定する。
	情報の正確性と一貫性をチェックする。
	基準に基づいて，問題に対する可能な解決策を挙げる。
高次の思考	分析する：複雑な素材を構成要素に分解し，意図や偏見を特定し，その結果を論理的な構造で提示する（例えばエッセイ）。
	評価する：例えばエッセイで提示された基準に基づいて，あるいは完全な論証を用いて，分析後の現象を判断する。
	創造する：基準を用いて分析した後，構造化された方法で問題に対する解決策を開発し，それを（例えばポスター，地図，エッセイなどで）発表する。

Krause 2021 *et al.*, p. 6より筆者訳出

携が重要であると論じている。

５．おわりに

　同プロジェクトの終結を受けて，その後の欧州における研究動向について整理・考察してきたが，最後に，後続研究の今後のさらなる発展を期して，課題を指摘しておきたい。

　まず第一に，日本においても，これらの後続研究に関与する必要がある。同プロジェクトが終わったからといって，強力な学問的な知識を保証する地理教育が日本で実現されているかというと甚だ疑わしい（伊藤，2024）。日本と欧州の教育を取り巻く状況は，カリキュラムや教科書などにおける裁量の余地に大きく違いがあるようだが，再文脈化領域間の連携や，教師のエージェンシーを確立することに課題がある点では一致しているように思われる。

　本稿冒頭にも述べたように，学校現場ではベテラン教師と若手教員の世代間ギャップが課題となっており，ベテランが培ってきた教師の志向性などの継承が危ぶまれている。大学の教員養成課程においても，大学の講義と教科書，教育現場の現実のギャップに戸惑う学生は多い。学習指導要領などを通して，主体的・対話的で深い学びの充実というスローガンは浸透しつつあるが，教育実習に直面した学生が手にする教科書には，依然として太字ゴチック体で表記された覚えるべき語句が数多く現れている。優れた教育を目指そうとする理想と現実のギャップはかなり大きい。垂直的ディスコースを軽視した模擬授業等による形式主義的な実践力の強化は，アクティブ・ラーニングをつくる教員の輩出には寄与するかもしれないが，果たして教科固有の学びを実現する力量は養成できているであろうか。いま求められているのは，教科の専門職としての教師のエージェンシーである。

　第二の課題は，さらなる国際発信，特にアジアの研究者との共同研究推進である。同プロジェクトは，日本だけでなく，中国やシンガポール，インドなどの研究者がパートナーとして加わっていた。しかしながら，欧州内で国

際的な共同研究が進められたものの，アジアでの連携の機会は，学会開催時の交流などを除き，ほとんどなかったといってよい。同プロジェクトでは，第2段階における日本における取り組みについて国際発信を果たしたが（Kim *et al.*, 2020），今後はアジアにおける地理教育研究者間の共同研究が求められている。筆者はこの課題を深く意識して，現在，シンガポールや中国の研究者らと共同研究を推進しているが，その成果については別稿に期したい。

文献

伊藤直之（2024）：学問的知識の保証による社会正義への寄与—欧州の研究動向のインパクト—．新地理，72(1)，pp. 25-27.

志村喬編著（2021）：『社会科教育へのケイパビリティ・アプローチ—知識，カリキュラム，教員養成—』，風間書房.

Bernstein, B. (1990). *Class, Codes and Control, Vol. 4. The Structuring of Pedagogic Discourse*. London: Routledge.

Bernstein, B. (1996). *Pedagogy, symbolic control and identity: theory, research, critique*. London: Taylor and Francis.

Bernstein, B. (2000): *Pedagogy, Symbolic Control, and Identity: Theory, Research, Critique*. 2nd edn., Rowman and Littlefield.

Biddulph, M., Bèneker, T., Mitchell, D., Hanus, M., Leininger-Frézal, C., Zwartjes, L., and Donert, K. (2020): Teaching powerful geographical knowledge —a matter of social justice：initial findings from the GeoCapabilities 3 project, *International Research in Geographical and Environmental Education*, 29(3), pp. 260-274.

Crocker, D.A. and Robeyns, I.：(2009) 'Capability and Agency', in C. W. Morris (ed.) *Amartya Sen*. Cambridge: Cambridge University Press (Contemporary Philosophy in Focus), pp. 60-90.

Fargher M., Mitchell D., and Till E., eds. (2021): *Recontextualising geography in education*. Springer.

He, Y., Tani, S., and Yang, Y. (2022): Exploring the gap between academic geography and school geography: knowledge transformation of the competencies-based curriculum making in China. *Geography*, 107(3), pp. 128-136.

He, Y., Tani, S., and Puustinen, M. (2024): GeoCapabilities Approach to Climate Change Education: Developing an Epistemic Model for Geographical Thinking. *Journal of Geography*, 123(2·3), pp. 23-31.

Kim, H., Yamamoto, R., Ito, N. and Shimura, T. (2020): Development of the GeoCapabilities project in Japan: Furthering international debate on the GeoCapabilities approach. *International Research in Geographical and Environmental Education*, 29(3), pp. 244-259.

Krause, U., Béneker, T., van Tartwijk, J., and Maier, V. (2021)：Curriculum contexts, recontextualisation and attention for higher-order thinking. *London Review of Education*, 19(1), pp. 1-17.

Krause, U. (2025): *Higher order thinking tasks in the repertoire of Dutch and German geography teachers and the influence of curriculum contexts*, Doctorial thesis in Utrecht University, Netherland.

Lambert, D. (2019)：On the knotty question of 'Recontextualising' geography. *International Research in Geographical and Environmental Education*, 28(4), pp. 257-261.

Miao, X. (2023): *Geography Curriculum Making in Shanghai: Teacher Agency in Times of Change*, Doctorial Thesis in University of Stirling, Scotland.

Mitchell, D. (2022): GeoCapabilities 3—knowledge and values in education for the Anthropocene. *International Research in Geographical and Environmental Education*, 31(4), pp. 265-281.

Priestley, M., Biesta, G., and Robinson, S. (2015)：*Teacher Agency: An Ecological Approach*. Bloomsbury.

第13章
ケイパビリティ・アプローチから教育の在り方を考える
—ウェルビーイングとエージェンシーを踏まえて—

金　玹辰[*]

1．はじめに

　最近教育の在り方を論じる中で，「ウェルビーイング（Well-being）」と「エージェンシー（Agency）」という言葉をよく耳にする。これらの用語は，OECD Future of Education and Skills 2030 プロジェクトで提案された学習の枠組みである「ラーニング・コンパス（学びの羅針盤）」において，それぞれ2030年までの教育目標と学習者の主体性を示すものである（OECD, 2020）。生徒はウェルビーイングへの道筋を見いだすためにラーニング・コンパスを用いる。OECD のウェルビーイングの指標では，所得と財産，仕事と報酬，住居のような経済的要因に加え，健康状態，ワークライフバランス，教育とスキル，社会とのつながり，市民参加とガバナンス，環境の質，個人の安全，主観的幸福のような生活の質に影響を与える要因が含まれている。これらを基に個人のウェルビーイングは経済資本，人的資本，社会資本，および自然資本として，社会のウェルビーイングを築くことに貢献し，また社会のウェルビーイングは個人のウェルビーイングを豊かにする循環関係にある。このようなウェルビーイングに関する考え方は，経済的な豊かさだけではなく，個人と社会全体の生活の質を豊かにすることへ変わっている。

　この背景には，従来の議論において社会経済的側面が中心となっているという反省がある（白井, 2020）。これまでは雇用可能性や経済生産性の向上という社会経済の在り方に合わせ，教育の在り方を検討する受け身の議論とな

---

[*]筑波大学

っていた。これから必要とする教育は，社会が求める人間像に合わせることではなく，人々が望む社会を作り上げることができるようにする必要がある。そのために強調されたのが，「変化を起こすために，自分で目標を設定し，振り返り，責任をもって行動する能力」としてのエージェンシーである。

　以上のように，これから教育の在り方は社会経済的側面ではなく，本質的側面で議論する必要がある。そこで，本稿では，本質的自由を強調するケイパビリティ・アプローチ（Capability approach）から教育の在り方を考える。そのため，まずウェルビーイングとエージェンシーに注目しながら，ケイパビリティ・アプローチの理論を整理する。次に，ケイパビリティ・アプローチの教育学的応用として，教育の役割に関する議論，自由としての教育に関する議論，ウェルビーイングの評価に関する議論，力をめぐるカリキュラム・ペダゴジーに関する議論を取り上げ，これから教育の在り方を導く。これらを踏まえ，最後にジオ・ケイパビリティ・プロジェクトを事例とし，教科教育におけるケイパビリティ・アプローチの可能性を検討する。

2．ケイパビリティ・アプローチの理論的背景：ウェルビーイングとエージェンシーに注目して

　インド出身の経済学者である Sen によって提唱された概念である，ケイパビリティとは，「『様々なタイプの生活を送る』」という個人の自由を反映した機能のベクトルの集合として表す」ものである（Sen, 1992＝2018, p. 68）。ここでいう機能（Function）とは，「ある状態になったり，何かをすること」を意味し，「『適切な栄養を得ているか』『健康状態にあるか』『避けられる病気にかかっていないか』『早死にしていないか』などといった基本的なものから，『幸福であるか』『自尊心を持っているか』『社会生活に参加しているか』などといった複雑なものまで多岐にわたる」と説明されている（Sen, 1992＝2018, p. 67）。このことから人々の生活の質としてウェルビーイングを評価し，比較できる効果的な指標となる。

第13章　ケイパビリティ・アプローチから教育の在り方を考える　231

第1表　成果と自由，ウェルビーイングとエージェンシーの組み合わせ

	成果（Achievement）	自由（Freedom）
ウェルビーイング （Well-being）	①ウェルビーイングの成果 その人自身の価値実現の成果 （機能の総合）	②ウェルビーイングの自由 その人自身の価値実現のための 選択可能性（ケイパビリティの 反映）
エージェンシー （Agency）	③エージェンシーの成果 その人自身を超え，他の人々へ の影響力を持つ目標実現の成果. その実現の成果における参加	④エージェンシーの自由 その人自身を超え，他の人々へ の影響力を持つ目標を追求する 自由

Sen（1992＝2018, p. 98）を基に筆者作成

　Sen は人々の価値や繁栄を評価する指標について，第1表のように4次元
を設けている。まず，社会における人の立場は，その人の実際の「成果
（Achievement）」とそれを達成するための「自由（Freedom）」，2つの視点か
ら評価できる（Sen1992＝2018, pp. 53-54）。功利主義など，これまでの評価に
おいて，自由は成果を達成するための手段としてしか扱われていなかったが，
ケイパビリティ・アプローチでは自由そのものをより大切にする。また，
個々人の境遇（Advantage）は，「ウェルビーイング」と「エージェンシー」
の2つの側面で評価できる（Sen, 1992＝2018, pp. 97-98）。ウェルビーイングと
エージェンシーは個別のものであるが，相互依存関係にある。エージェン
シーの自由を推進することで，ウェルビーイングの自由を減らす必要はない。
だが，ウェルビーイングの成果と二つの自由の間には対立が生じる。
　一方，Sen と共にケイパビリティ・アプローチを開発した Nussbaum は，
「単にケイパビリティを比較のために用いられるだけではなく」，「人々が政
府に対して要求する権利を持つ中心的基本原理となりうる」概念として捉え
ている（Nussbaum, 2000＝2005, p. 14）。そして，①生命，②身体の健康，③身
体の不可侵性，④感覚・想像力・思考力，⑤感情，⑥実践理性，⑦連帯，⑧
ほかの種との共生，⑨遊び，⑩自分の環境の管理の10項目を中心的ケイパビ

リティのリストとして提示した（Nussbaum, 2000＝2005, pp. 92-94）。このような具体的なリストを提案することにより，ケイパビリティ・アプローチは，世界各国の開発状況を分析し，ウェルビーイングの実現に向けた人間開発を促す枠組みとして用いられ，理論のみならず，実践にも大きな影響を与えるようになった。たが，Nussbaum は自由やエージェンシーという言葉を直接に使っていない。代わりに，中心的ケイパビリティのリストの中で，個人が自らの生の計画に批判的に省察できる能力としての⑥実践理性，および共通のウェルビーイングの実現に向けた他者との⑦連帯について，「他のすべての項目を組織し，覆うものであるために特別に重要であり，それによって人は真に人間らしくなる」（Nussbaum, 2000＝2005, p. 96-97）と主張している。

　以上のような Sen と Nussbaum のケイパビリティ・アプローチ，特にウェルビーイングとエージェンシーの概念が，教育学においてどのように議論されているのか。次節では，教育学におけるケイパビリティ・アプローチの応用としての先行研究を考察する。

3．ケイパビリティ・アプローチの教育学的応用

（1）教育の役割に関する議論

　2000年代以降，教育哲学領域においてケイパビリティ・アプローチを用いた教育の役割に関する議論が見られる。Saito（2003）は，Sen による人的資源とケイパビリティとの関係から，教育の本質的価値と手段的価値を説明する。両方は相互関連があるものの，人的資源が経済的生産性の中で人間のエージェンシーを重視するのに対して，ケイパビリティは人々が自分の人生を送り，価値を認め，真の選択を強化する能力を強調する。つまり，人的資源は手段的価値の方，ケイパビリティは本質的価値の方により重きを置く。また Robeyns（2005）は，手段的価値を個人・集団と経済・非経済の側面で分類する。経済的手段的価値としての教育を通して，個人レベルで職業を探したり経済的情報を得たりすることで，基本的な暮らしの質と保つことができ

る。また有能なの労働者を生産し，社会全体の経済成長を促す集団の経済的手段的価値を教育は持つ。一方，教育は非経済的手段的価値も果たす。教育は人々の心を開き，良い暮らしについて異なる考え方を持っている人々とともに社会で生きることを学び，それがより寛容な社会づくりに貢献できる。ケイパビリティ・アプローチは，中でも本質的価値とともに非経済的手段的価値での教育の役割を強調することができる。

　Unterhalte と Brighouse（2007）は，第1図のように3つの円で教育の価値とケイパビリティの関係を示す。まず，1つ目の円である教育の手段的価値を通して，人々は安定的職業や社会的・政治的参与を得ることができる。学校に通い，ある程度の形式的な技能を身に着け，集団に入ることは，ウェルビーイングとエージェンシーの重要な側面である。しかし，経済的な側面を強調しすぎる傾向があり，ウェルビーイングとエージェンシーの自由はあまり考慮されないこともある。2つ目の円は教育の本質的価値であり，人々

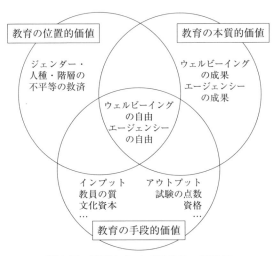

第1図　教育とケイパビリティの関係

Unterhalter and Brighouse (2007, p. 78)

234　第Ⅲ部：理論考究編

は様々な学びを通して精神的喜びを得ることができる。また，教育の手段的価値と重なって，ウェルビーイングとエージェンシーの成果を測ることができる。しかし，主観的な価値を含むウェルビーイングとエージェンシーの自由までは測りにくい。3つ目の円は，教育の位置的価値であり，教育の成果は他人との関係で変わる。例えば，大学に入るためには他人と競争することになる。教育の位置的価値からみれば，大学入試のために教育を行う学校は不平等なところである。一方，教育を通して，ジェンダーや人種，階層などの不平等を解除することができる。ウェルビーイングとエージェンシーの自由のためには，教育の位置的価値を考慮する必要がある。

　以上のように，ケイパビリティ・アプローチはこれまで集団の経済的価値からの教育の在り方を変え，個人の本質的価値を重視する教育の在り方を強調する。さらに，教育における自由やエージェンシーという概念に注目することで，個人だけではなく他者を含む社会全体のウェルビーイングの達成につながることができる。

（2）自由としての教育に関する議論

　Saito（2003）は，Sen が直接的に論じてはいないものの，教育における自律性（Autonomy）と価値判断（Value judgement）という概念を重視する。教育の役割はケイパビリティの拡張であり，それは二つの意味を持つ。一つは能力の拡張である。子どもが水泳を学ぶことを例とすれば，教育の役割は子どもが泳げるようにすることである。もう一つは機会の拡張である。子どもが何かを学ぶことで，将来より広い機会を得ることが出来るようにすることがもう一つの教育の役割である。子どもが水泳を学ぶことで，健康になったり，友達ができたり，将来水泳選手になったりすることができる。

　こうした教育を通して得られた新たな能力と機会の集合としてケイパビリティ・セットは，子どもが自律的になることにつながる。Sen のケイパビリティ・アプローチでは，義務教育システムの下で子どもに学習の機会を与え

ることが理想的な概念であると思われるが，Saito は成功した義務教育システムが存在する国でも，必ずしも子どものケイパビリティを高めるわけではないと指摘しながら子どもの自律性を強調する。例えば，競争を強調する極端な「トップ―ダウン」の教育システムでは，子どもは試験に合格するために必要な科目だけを勉強しようとする。このような教育システムの中では，子どもは自律的に学ぶことができない。この場合，子どもは他人の言うことに従わざるを得ないため，義務教育は受けても子どものケイパビリティは限られることになる。したがって，子どものケイパビリティを伸ばす役割を果たす教育は，人間を自律させる教育であるべきであると Saito は主張する。

　また，ケイパビリティは「いつも良いものではなく，そのものは中立的で，使用によって悪くなる可能性がある」（Saito, 2003, p. 28）。水泳の例に戻ってみると，自分の体調や環境の変化に注意を払いながら，泳ぐ必要がある。水泳に対する能力と機会だけではなく，水泳に対する価値も考慮する必要がある。ケイパビリティには，ケイパビリティの使用結果が良いか悪いかを評価することは含まれない。そのため，子どもがケイパビリティを適切に使用する方法を評価できる価値判断力を身に着けることが大事である。

　Leßmann（2009）は，これまでの教育学におけるケイパビリティ・アプローチの応用の中で，学習論に関するものが欠如されていると指摘する。Leßmann によれば，ケイパビリティ・アプローチにおける学習論は，何よりもまず，人間がどのように選択することを学ぶのか，あるいは決定の仕方を学ぶのかについての理論でなければならない。そのため，Leßmann は Dewey の学習論を用いながら，学習としての経験，学習者の自由，外的条件と社会統制を説明する。Dewey は教育の目的を‘知性の自由（Freedom of intelligence）’とし，学習者が自己統制（Self-control）できることを強調する。自己統制とは，衝動に対して思考することで，すぐ行動に移ることではなく，周辺の観察とこれまでの経験の記憶を通じ，行動した結果を予想し，最善の行動を選択することである。これは Saito が取り上げた自律性と価値判断と

もつながる。

しかし，Dewey による学習は学習者と教育者の共同作業であるため，学習者の自己統制だけではなく，社会統制として教育者の役割も重要である。学習者の知性の自由を強化するために，教育者はガイドとして，学習者が目的を組み立てるのをサポートする。教育者は学習者の状況をよく見て，学習者の経験を教育的なものにするために，いくつかの客観的条件を設定する。教育者は共同作業である学習に責任がある。そこには，学習者の状況の理解，教える内容の選択，すべての学習者への機会の提供などを含む。このような教育者の社会統制は学習者個人の自由に反するものではなく，共同作業である学習の中で共通の経験を作ることができる。このような Dewey の学習論は，人々の暮らしにとって自由を重要視している点，意思決定における個人の積極性を強調している点，あらゆる選択状況における外部要因と内部要因の組み合わせを考慮している点で，ケイパビリティ・アプローチと重なる。

（3）ウェルビーイングの評価に関する議論

ケイパビリティ・アプローチは，個人の「実質的自由」の観点から，教育政策の是非を多角的に評価することができる数少ない分析枠組みの一つである（森田，2020）。Hart（2009）によれば，ケイパビリティ・アプローチは子どもが自分の状況を最大限に活用し，自らの価値ある人生を築くために，教育がどのように支援できるかに焦点が当てられている。これまでの功利主義的な観点からの評価では，結果として客観的な根拠となるウェルビーイングの成果に集中する傾向であったが，これは単に Sen の 4 つの評価指標のうちの 1 つに過ぎない。ケイパビリティ・アプローチによる評価では，主観的な価値選択によるウェルビーイングやエージェンシーの自由を評価することも大切である。そのため，Hart と Brando（2018）は，現在・未来と自己・他者の関係から第 2 図のようにウェルビーイングやエージェンシーを測る枠組みを提示している。

第13章　ケイパビリティ・アプローチから教育の在り方を考える　237

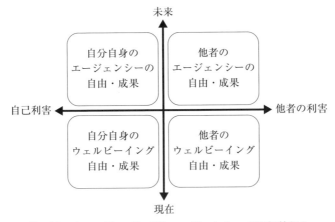

第2図　ウェルビーイングとエージェンシーの評価枠組み

Hart and Brando（2018, p. 304）より筆者再構成

　ケイパビリティの観点から教育と子どもの関係を考える際，2つの視点が存在する（Klasen, 2010）。一つは，子どものウェルビーイングに注目し，子ども時代そのものが目的として扱われる（第2図の現在）。もう一つは，子どもが大人になって味わうケイパビリティに影響を与える過程として子ども時代を扱う（第2図の未来）。重要なことはどちらかだけを見ることではなく両方の視点で考えることである。すなわち，教育は子どものケイパビリティを拡張すると同時に，そのことが大人のケイパビリティへ成功的に移行できるようにする必要がある。Hart（2009）によれば，義務教育の結果として子どもが持つ相対的な自由の欠如を検討し，学校教育を通じて得られるものと将来の自由の確保との関係がどうかを判断する必要がある。また，人間は社会的な存在であるため，教育においては，子どもが学校内外で他者とどのように関わるかを考慮する必要がる。実際，個人のケイパビリティと他者のケイパビリティには強い相互依存関係があり，現在と未来において個人やグループ間で優先事項を調整することが求められる。

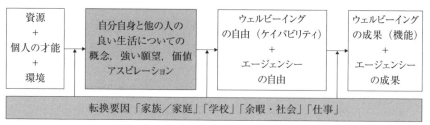

第3図　教育とケイパビリティの関係

Hart and Brando（2018, p. 298）を一部修正

　HartとBrando（2018）は，第3図のようにメタ能力として個人のアスピレーション（Aspiration）が多くの能力を開発するための重要な転換要因であると説明する。ここでのアスピレーションは，社会階層論を中心とした教育研究においてはよく知られた「社会的諸資源を具体的目標とした達成欲求」，例えば，進学意欲や労働意欲ではなく，「子ども自らのウェルビーイングや自由の視点からのぞましいとみなされるもの」である（森田，2020）。また，転換要因とは，個人のケイパビリティを実際の選択や自由に変えるための，特定の社会的，制度的，構造的な要因（前提条件）である。個人のアスピレーションがウェルビーイングやエージェンシーの自由へと移行するかどうかは，転換要因に依存する。したがって，転換要因としての学校は子どものアスピレーションをウェルビーイングやエージェンシーの自由へ導く機能を果たすべきである。

（4）力をめぐるカリキュラムとペダゴジーに関する議論

　UnterhalterとWalkere（2007）によれば，カリキュラムとペダゴジー，両方の議論のための力の考慮は，ケイパビリティ・アプローチと教育に関する研究において十分に扱われていない状況である。ケイパビリティ・アプローチを開発したSenとNussbaumは，教育の役割を高く評価し，力による教育の問題はあまり触れていない。しかし，UnterhalterとWalkereは，平等

と正義のためのケイパビリティと結合し，批判的観点からカリキュラムとペダゴジーにおける力の関係を考慮することが必要であり，その際，Bernstein や Bourdieu のような社会学者の理論を参考にすること，批判的ペダゴジーを重視することを提案した。

　力からみるカリキュラムとペダゴジーの関係については，Yong と Roberts の議論がある。教育社会学の観点からカリキュラムを論じてきた Yong（2008）は，Bernstein の知識の構造を参考とし，力強い知識（Powerful knowledge）を基盤とするカリキュラムの必要性を主張する。彼の理論を地理教育へ適用することを探るために，2013年5月，ロンドン大学・教育研究科（UCL・IOE）でセミナーが開催され，Yong の講演とそれに対する地理教育学者の Roberts の批評があった。Yong の力強い知識に対して，Roberts は批判的ペダゴジーとして，力強いペダゴジー（Powerful pedagogy）も必要だとする。後に，Roberts（2022）は力強いペダゴジーの具体的例として，学校知識と日常的知識の関連，地理の実践，討論を挙げている。

　さらに，汎用的能力（General capabilities）という用語が用いられているオーストラリアのナショナル・カリキュラムに対して，ケイパビリティ・アプローチの観点から批判的分析を行った研究がいくつかある。Kelly（2012）によれば，ケイパビリティという用語は多く使われており，その意味は多様であるが，ナショナル・カリキュラムに関連する各種文書の中で，ケイパビリティ・アプローチと汎用的能力との間に明確な関連性はほとんど見られない。Skourdoumbis（2015, p. 35）は，「教育がどのように経済的および政治的な役割を果たしているかを示す最新の例に過ぎず，能力（Capabilities）という用語が，正義や公平の基盤とするケイパビリティ・アプローチと同義の意味ではなく，基本的な技能を意味するものとして取り入れられているだけ」と述べる。さらに，Gilbert（2019）は，ナショナル・カリキュラムにおける汎用的能力は，OECD のキー・コンピテンシーなど，21世紀スキルの国際的な展開の一環であり，批判的・創造的思考力，倫理的理解，異文化理解のよう

な経済的関連性は薄いものもあるものの，経済主義的な性格が強いという評価を受けていると指摘する。また，倫理的理解や異文化理解などが含まれているのは，教科カリキュラムがこれらの能力において不足していることを意味し，これからの汎用的能力に関する議論は，教科カリキュラムの将来にも影響を及ぶと指摘する。

3．教科教育におけるケイパビリティ・アプローチの可能性

　これまで述べたように，ケイパビリティ・アプローチは教育の本質的価値を重視する教育哲学，教育政策を評価する教育社会学やカリキュラム研究などを中心に議論されている。つまり，個人の本質的自由を重視しながら教育の目的や政策を見直す点において，ケイパビリティ・アプローチは新しい提案である。しかし，ケイパビリティ・アプローチからの教育の目標や政策が実際にどのように実践されることができるだろうか。

　第4図は，Bustin（2019）の教科教育におけるケイパビリティ・アプローチ・モデルに基づいて，日本のジオ・ケイパビリティ・プロジェクトの成果と課題を示したものである。高校必修科目の導入・実施という日本のカリキュラムの構造的特徴により，教師によるカリキュラム・メイキング（Curricu-

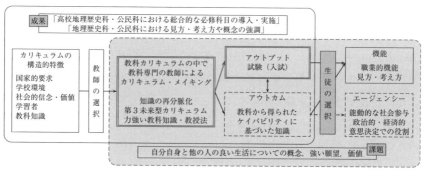

第4図　日本のジオ・ケイパビリティ・プロジェクトの成果と課題
Bustin（2019, p. 161）を基に一部追加・再構成

lum making）が注目され，力強い教科知識として見方・考え方や概念を強調する授業が大事にされるようになったことは，プロジェクトの目指す方向と軌を一にする大きな成果といえる。主体的・対話的で深い学びの実現を目指す現行学習指導要領を基に行われている授業を観察して，教師のカリキュラム・メイキングの成果を確認することはこれからの課題である。そこには，力強い知識に基づくだけではなく，Roberts が提案した力強いペダゴジーを含め，総合的考察が必要である。

　一方，ヨーロッパのプロジェクトでは，学校が実施に抱える課題を取り入れた実践を行った（Biddulph *et al.*, 2020）。具体的には，社会正義の観点から，「移民（Migration）」が題材として，社会経済的に不利な状況の生徒たちが，力強い教科知識を獲得することができるような授業構想である。ヨーロッパに比べ国家的制約（指導要領や検定教科書使用など）が強い日本で，社会的信念や価値に従う教師の選択がどの程度可能であるかという問題があるが，教育の位置的価値からジェンダーや人種，階層などの不平等を解除することができる教科教育をめざすことは必要である。

　ヨーロッパでも卒業資格の取得のようなアウトプット（Outputs）に対するメディアや内部評価などで，教員の動機を低下させていることが報告されている（Biddulph *et al.*, 2020）。日本でも，大学入試の成績のようなアウトプットをやはり目指す傾向が強いことが先行科研では明らかにされた（Shimura *et al.*, 2024）。このように直接な教育の成果だけをもとめることは，教育におけるケイパビリティの保障や拡張を阻害しているといわざるを得ない。ケイパビリティ・アプローチからみれば，教科から得られた知識を教科における見方・考え方につなげるアウトカム（Outcomes）を計ることが重要であり，それを生徒が自律的に活用し，自分だけではなく，他者のウェルビーイングをも考慮することが必要である。

4．おわりに

　本稿では，ケイパビリティ・アプローチから教育の在り方を述べてきた。その内容を簡単にまとめてみよう。ケイパビリティ・アプローチは教育の手段的価値，特に経済的側面での価値を重視している今日，教育の本質的価値を考える機会を提供する。たが，ウェルビーイングとエージェンシーを実現するためには，教育の本質的価値だけではなく，手段的価値や位置的価値も考慮しなければならない。また，ケイパビリティ・アプローチは，自由として教育を重要視するが，そこには価値判断や自己統制が必要である。一方，子ども自らのアスピレーションを通して，ウェルビーイングやエージェンシーの自由になれる。さらに，教育をDeweyが言う知性の自由とすれば，そこでいう知は単なる知識の蓄積ではなく，力強い知識に基づくカリキュラムとその実践としての力強いペダゴジーを必要とする。力は自由を与え，自由は力になる。最後に，ジオ・ケイパビリティズ・プロジェクトを振り返って，教科教育におけるケイパビリティ・アプローチの可能性を検討したが，残された課題も多く，プロジェクトの次へ発展を試みたい。

文献

白井俊（2020）:『OECD Education 2030プロジェクトが描く教育の未来—エージェンシー，資質・能力とカリキュラム—』，ミネルヴァ書房．

森田次朗（2020）: 教育社会学にケイパビリティ・アプローチを応用す—C・ハートによる応用研究のレビューを中心とした試論的考察—. 社会学論集，19，pp. 21-40.

Biddulph, M., Bèneker, T., Mitchell, D., Hanus, M., Leininger-Frézal, C., Zwartjes, L., and Donert, K. (2020): Teaching powerful geographical knowledge—a matter of social justice: Initial findings from the GeoCapabilities 3 project. *International Research in Geographical and Environmental Education,* 29(3), pp. 260-274.

Bustin, R. (2019): *Geography Education's Potential and the Capability Approach.* Palgrave Macmillan.

Gilbert, R. (2019): General capabilities in the Australian curriculum: promise, problems and prospects. *Curriculum Perspectives*, 39, pp. 169-177.

Hart, C. (2009): Quo Vadis? The Capability Space and New Directions for the Philosophy of Educational Research. S*tudies in Philosophy and Education*, 28, pp. 391-402.

Hart, C. and Brando, N. (2018): A Capability Approach to Children's Well-being, Agency and Participatory Rights in Education. *European Journal of Education*, 53(1), pp. 293-309.

Klasen, S. (2010). Children, Education and the Capability Approach. In H-U. Otto and H. Ziegler (eds.), *Education, Welfare and the Capabilities Approach: A European Perspective*, Verlag Barbara Budrich, pp. 103-112.

Kelly, S. (2012): Implementing the Australian curriculum: a critical capabilities approach. *Curriculum Perspectives*, 32(1), pp. 67-72.

Leßmann. O. (2009): Capability and Learning to Choose. *Studies in Philosophy and Education*, 28, pp. 449-460.

Nussbaum, M. (2000): *Women and Human Development*. Cambridge: Cambridge University Press. ヌスバウム, M. 著, 池本幸生・田口さつき・坪井ひろみ訳 (2005):『女性と人間開発』, 岩波書店.

OECD (2020): *What Students Learn Matters: Towards a 21st Century Curriculum*. OECD Publishing.

Robeyns, I. (2005): Three Models of Education: Rights, Capabilities and Human Capital, *Theory and Research in Education*, 4(1), pp. 69-84.

Roberts, M. (2022): Powerful pedagogies for the school geography curriculum. *International Research in Geographical and Environmental Education*, 32(1), pp. 69-84.

Saito, M. (2003): Amartya Sen's Capability Approach to Education: A Critical Exploration. *Journal of Philosophy of Education*, 37(1), pp. 17-33.

Sen, A. (1992): *Inequality Reexamined*. Oxford: Oxford University Press. セン, A. 著, 池本幸生・野上裕生・佐藤仁訳 (2018):『不平等の再検討－潜在能力と自由－』, 岩波書店.

Shimura, T., Takagi, S., Yamamoto, R. and Ida, Y. (2024)：Prospects for Powerful Geography in Japanese Schools: Practical Development Research on Japanese National Curriculum's Compulsory Subject "Geography". In M. Solem, R. G. Boehm and J. Zadrozny (eds.) *Powerful Geography; International Perspectives*

244　第Ⅲ部：理論考究編

and Applications, Springer, pp. 167-187.

Skourdoumbis, A. (2015). Distorted representations of the 'capability approach' in Australian school education. *The Curriculum Journal*, 26(1), pp. 24-38.

Unterhalter, E. and Brighouse, H. (2007)：Distribution of What for Social Justice in Education? The Case of Education for All by 2015. In M. Walker and E. Unterhalter (eds.) *Amartya Sen's Capability Approach and Social Justice in Education*. Palgrave Macmillan, pp. 67-86.

Unterhalter, E. and Walker, M. (2007)：Conclusion: Capabilities, Social Justice, and Education. In M. Walker and E. Unterhalter (eds.) *Amartya Sen's Capability Approach and Social Justice in Education*. Palgrave Macmillan, pp. 239-253.

Young, M. (2008): *Bringing Knowledge Back In: From social Constructivism to Social Realism*, Routledge.

245

終　章
本研究の成果と課題
伊藤直之[*]・金玹辰[†]・山本隆太[‡]

1．本研究の成果

　本書は科研費「力強いペダゴギーを組み込んだケイパビリティ論の拡張による教科教員養成国際共同研究」に基づき，研究代表者の志村が編者を務めているが，終章ではさまざまな経緯から，その執筆が研究分担者の我々3名に託された。その含意がこの研究グループの将来展望にあるとの考えから，その役割を担ってみたい。

　成果の1つめは，日本の文脈での研究の推進・拡充である。

　本研究は欧州の地理教育において提唱され発展してきたジオ・ケイパビリティ・プロジェクト（以下，同プロジェクト）それ自体を対象にした外国研究や，同プロジェクトへの日本からの参加を端緒としているが，この研究グループでは，それを日本の文脈で，地理教育はもとより，さらに歴史教育や公民教育へ対象を広げている。それは前著『社会科教育へのケイパビリティ・アプローチ―知識，カリキュラム，教員養成―』（志村編著，2021）においても到達していたことであるが，今回の本書では，カリキュラム研究や授業研究（教科教育学研究）から教師教育研究へさらにウイングを広げたところに最大の特色がある。本書の副題として，「エージェンシー」や「再文脈化」を含めたことはそのことを示唆している。

　第Ⅰ部「授業・教材開発編」において，児童生徒を対象にした授業分析・開発を行ったが，その延長として教職大学院における教員志望の大学院生を

---

[*]鳴門教育大学
[†]筑波大学
[‡]静岡大学

対象にした4章の茨木論文が述べるように，学校教育に対する教師の考え方が「固定化・硬直化」している。その改善のためには，教師教育において，「教師の思考の中に様々な可能性が存在していること」を前提に，アマルティア・セン（Amartya Sen）の言うように，教師にこそケイパビリティがあること，すなわち，教師がどのような状態にも「なれること（to be）」「できること（to do）」に向けた教師教育の貢献が問われている。

　成果の2つめは，同プロジェクトの根幹をなす理論の浸透・普及である。

　第Ⅱ部「カリキュラム開発編」では，日本の学習指導要領における地理総合や公共を念頭に，同プロジェクトの理論がどのように親和性や課題を有するのかを検討した。言い換えれば，日本の社会科教育がどれほどパワフルであるかを検証した。日本の場合，筆者らの学会発表などにおいて，「カリキュラム・メーキング」という言葉を出した途端に，聴衆からは学習指導要領の「拘束性」に基づいて，教師の豊かな裁量の余地などないという意見を耳にする。たしかに，学習指導要領，検定済教科書，入学試験という堅固な枠組みに焦点化すると，自由裁量の余地は少ないように見える。しかし，このような見方には，暗黙のうちに「カリキュラム・メーキング」＝文部科学省という日本国内における「固定化・硬直化」且つ矮小化した捉えが存在するのではなかろうか。

　しかし，授業実践レベルに視野を移すと，魅力的かつ熱量溢れるパワフルな教師，パワフルな授業は疑いなく存在する。本書の5〜7章に関わる高木氏などは，筆者らの言う日本版「カリキュラム・メーカー」の典型としての教師である。高木氏は「主題的相互展開学習」として「地理総合」を「再文脈化」したのである。研究開発校に所属する宿命であると捉える向きもあろうが，そのような捉えに対しては，「あなた（教師）は，あなたの学校の児童生徒にとって何のために地理を教えているのか」という問いを投げかけたい。あらゆる教師が，児童生徒の「エージェンシー」のために，あらゆる「ペダゴジー」を採り，あらゆる「再文脈化」を行っている。その作業に自

信と責任をもつことのできる教師は，紛れもなく「カリキュラム・メーカー」なのである。

　学習指導要領が公的なカリキュラムの枠組みを詳述しているからといって，検定済教科書が詳述しているからと言って，それを文字通りに伝達している教師はほぼ居ない。学習指導要領，検定済教科書，児童生徒の間に教師が介在する限り，そこには教師による「カリキュラム・メーキング」が起こっている。序章に触れた「未来 3 型（Future 3)」カリキュラムに少しでも接近するためには，児童生徒だけでなく，教師にこそ「エージェンシー」が問われているのである。

　成果の 3 つめは，国際的な共同研究および国際発信への貢献である。

　第Ⅲ部：理論考究編では，主に海外の研究動向をもとに今後の研究展望を行った。なかでも，研究グループでは，ランバートの引退後，欧州における同プロジェクト第 3 段階の展開の一翼を担ったベネカーを日本に招聘し，2024 年 3 月 20 日開催の日本地理学会春季学術大会（青山学院大学）における「シンポジウム S4：国際地理教育界におけるカリキュラムとペダゴジーをめぐる研究の展望－『ジオ・ケイパビリティズ』プロジェクトを基軸に－」において基調講演を務めていただいた（伊藤ほか，2025）。9 章は彼女の講演内容を収めたものであるが，前著で伊藤が紹介したオランダへの移民に関する授業実践（伊藤，2021）を生み出した背景やそこに生じた再文脈化を理解することができる。

　また，11 章の広瀬論文はジオ・ケイパビリティ・アプローチに対して教育哲学的な視座から批判的考察をしている。社会正義自体をも問い，且つ垂直・水平両方における広範な「子ども」の人格形成を論じている。このような指摘は，欧州の研究者間でも認識されていないかもしれず，今後の研究グループにとって非常に本質的で重厚な課題でもあろうが，それを日本の私たちが提起したという点で，敢えて成果としても示しておきたい。

2．本研究の課題

　最後に，本研究の課題を3つ挙げておきたい。

　課題の1つめは，本研究の首尾一貫性にかかることである。上記で述べた本研究のウイングの広さは，今後の課題との表裏一体関係にある。本研究は，授業・教材開発（第Ⅰ部），カリキュラム開発（第Ⅱ部），理論考究（第Ⅲ部）と体系をなしているが，分担執筆の形をとったことや，地理歴史科および公民科という日本ならではの文脈の多様性と引き換えに，この三者（理論・カリキュラム・授業）の間をつらぬく理論はあっても，実践は残念ながら無い。本来，この三者は同一の実践者（ないし協働関係にある研究者）が考え，実践し，省察するサイクルを構成するものであり，三位一体である。今後は，教師のカリキュラム・メーキングを取り巻く再文脈化プロセスについて，例えば，バーンスティンの枠組みに依拠するなどした一貫性のある研究を生み出していく必要がある。

　課題の2つめは，上記の課題の1つめとも密接に関わるが，研究の協働性にかかることである。欧州のベネカーらがオランダの教師らと協働的に実践研究を行ったように，教師教育研究へとウイングを広げようとするならば，教師との協働関係をつくる必要がある。確かに5～7章は，志村氏（山本氏・井田氏）と高木氏の連携によって生み出された研究であるが，実践終了後の追跡的アプローチである。本来ならば，カリキュラム・メーキングや授業実践と同時並行で協働していくスタイルを追究していく必要がある。

　課題の3つめは，さらなるグローバルな研究交流にかかることである。筆者らは，同プロジェクトの祖であるランバートのほか，ビダフ，キッドソン，ベネカーらと交流してきたが，欧州を中心とするベテランの研究者からの成果の吸収という側面が強かったように思われる。今後は，さらなるグローバルな交流と，新進気鋭の若手研究者らとの交流を深めていく必要がある。このことこそ，終章の執筆を託された我々3名に課された使命であろう。

終　章　本研究の成果と課題　　249

　上記の成果と課題を踏まえ，研究の歩みを止めることなく，日本の社会科教育からのケイパビリティ・アプローチを続けていくことを誓わずには居られない。

文献

伊藤直之（2021）：社会正義に向けたジオ・ケイパビリティズ・プロジェクト第３段階，志村喬編著『社会科教育へのケイパビリティ・アプローチ―知識，カリキュラム，教員養成―』，風間書房，pp. 23-40.

伊藤直之ほか（2025）：国際地理教育界におけるカリキュラムとペダゴジーをめぐる研究の展望―「ジオ・ケイパビリティズ」プロジェクトを基軸に―，*E-journal GEO*, 19(2) 掲載予定.

志村喬編著（2021）：『社会科教育へのケイパビリティ・アプローチ―知識，カリキュラム，教員養成―』，風間書房.

あ と が き

　序章で述べたように本書は，国際共同研究プロジェクト「ジオ・ケイパビリティズ（Geo-Capabilities）」に日本から参画し，国際プロジェクト第2期までの成果をまとめた『社会科教育へのケイパビリティ・アプローチ—知識，カリキュラム，教員養成—』（志村編著，2021）の続編である。後継科研が採択され研究を開始した2021年度はCOVID-19の感染拡大が続き，予定した海外研究者の招聘及び海外現地研究が実施できず国際共同研究の推進が危ぶまれたが，急速に普及したオンライン会議等の手法を活用しどうにか進めることができた。その後，招聘・海外調査も可能となり，本書をまとめることができたことに研究代表者として安堵している。

　前書同様，本国際プロジェクトを当初から主導してきたUCL・IoE名誉教授D.ランバート博士からは序文を寄稿いただき，力強いメッセージを掲載することができた。ここでは，現代世界における国際プロジェクトと本書の意義が明確に記されており，それは日本の社会科教育の意義と通じるものである。

　また，本書には所収されていないが，国外では日本社会科教育学会と連携して招聘し講演いただいたアメリカ合衆国ケタリング財団CEOのS.デービス氏ら役員諸氏，国内では公益社団法人日本地理学会・地理教育国際共同研究グループ参加者である全国の学校教員・研究者など，多くの方々に協力いただいたことで本研究は最終的には予定通りに遂行することができたものである。個別にお名前を記すことはかなわないが，深く感謝申しあげる。

　最後に，風間書房社長の風間敬子さん・編集担当の宮城祐子さんには，今回も刊行にあたって大変お世話になったことを記しておきたい。

2025年1月　　　　　　　　　　　　　　　　編集を終わって　志村　喬

執筆者紹介

所属・職位. 専門・研究分野. 主な業績

編集・執筆

志村　喬（しむら　たかし）　序章，第6章，あとがき

上越教育大学・副学長・教授. 社会科教育学・地理教育学. *Powerful Geography; International Perspectives and Applications*（Springer，2024，分担執筆），『社会科・地理教育実践学の探求－教職大学院で教科教育を学ぶ－』（風間書房，2023，編著），『現代イギリス地理教育の展開』（風間書房，2010，単著）.

執筆

永田　成文（ながた　しげふみ）　第1章

広島修道大学人文学部・教授. 社会科教育学・地理教育学.『市民性を育成する地理授業の開発－「社会的論争問題学習」を視点として－』（風間書房，2013，単著），『エネルギーの観点を導入した ESD としての社会科教育の授業づくり』（三重大学出版会，2022，編著），『板書＆展開例でよくわかる　主体的・対話的で深い学びでつくる365日の全授業　中学校社会　地理的分野』（明治図書，2023，共編著）.

秋本　弘章（あきもと　ひろあき）　第2章

獨協大学経済学部・教授. 地理学・社会科教育学.『日本の農山村を識る－市川健夫と現代地理学－』（古今書院，2020，共著），『「地理総合」ではじまる地理教育－持続可能な社会づくりを目指して－』（古今書院，2018，共著），「高等学校地理フィールドワークにおける AR と Google Maps の活用－早稲田高校における実践－」（GIS－理論と応用26(2)，93-99，2018，共著）.

二井　正浩（にい　まさひろ）　第3章

成蹊大学経済学部・教授. 社会科教育学・歴史教育学.『レリバンスの構築を目指す令和型学校教育』（風間書房，2024年，共著），『レリバンスを構築する歴史授業の論理と実践－諸外国および日本の事例研究－』（風間書房，2023年，編著），『レリバンスの視点からの歴史教育改革論－日・米・英・独の事例研究－』（風間

書房，2022年，編著）．

茨木　智志（いばらき　さとし）　第4章
　　上越教育大学大学院・教授．社会科教育学・歴史教育学．『歴史学者と読む高校
　　世界史－教科書記述の舞台裏－』（勁草書房，2018，共著），*World History
　　Teaching in Asia : A Comparative Survey*（Berkshire，2019，共著），『中等社
　　会系教科教育研究』（風間書房，2021，共編著）．

井田　仁康（いだ　よしやす）　第5章
　　筑波大学・名誉教授．社会科教育学・地理教育学．『社会科教育と地域』（NSK出
　　版，2005，単著），*Geography Education in Japan*（Springer，2015，共編著），
　　『教科教育における ESD の実践と課題』（古今書院，2017，編著），『授業をもっ
　　と面白くする！中学校地理の雑談ネタ40』（明治図書，2018，単著），*Human
　　Geoscience*（Springer，2019，分担執筆），『読むだけで世界地図が頭に入る本』
　　（ダイヤモンド社，2022，編著），『13歳からの世界地図』（幻冬舎，2024，編著）．

高木　優（たかぎ　すぐる）　第7章
　　神戸大学附属中等教育学校・指導教諭．地理教育学．*Powerful Geography; International Perspectives and Applications*（Springer，2024，分担執筆），『ヤマ
　　場をおさえる　単元設計と評価課題・評価問題　中学校社会』（図書文化社，2023，
　　編著），『高等学校　真正（ほんもの）の学び，授業の深み』（学事出版，2022，共著）．

鈴木　隆弘（すずき　たかひろ）　第8章
　　高千穂大学・教授．社会科教育学・公民教育・開発教育．『18歳までに育てたい
　　力：社会科で育む「政治的教養」』（文社社，2017，共編著），「開発教育における
　　難民問題学習とその課題－難民問題学習教材の分析を通じて－」（開発教育，66，
　　92-103，2019），『総合的な学習／探究の時間－持続可能な未来の創造と探究－』
　　（学文社，2020，分担執筆），『教科専門性をはぐくむ教師教育』（東信堂，2022，
　　分担執筆）．

ティネ・ベネカー（Tine BÉNEKER）　第9章
　　ユトレヒト大学・教授．地理教育学．*Recontextualising Geography in Education*（Springer，2021，共著），Exploring 'Future three' curriculum scenarios in

practice: Learning from the GeoCapabilities project.（*The Curriculum Journal*, 35(3), 396-411.）, Enhancing Teachers' Expertise Through Curriculum Leadership: Lessons from the GeoCapabilities 3 Project.（*Journal of Geography*, 121(5-6), 162-172.）.

山本　隆太（やまもと　りゅうた）　第9章（訳）・終章
　　静岡大学・准教授. 地理教育学・システム論.『ヨーロッパ』（朝倉書店，2019，共著），『教科教育における ESD の実践と課題』（古今書院，2017，共著・抄訳），「空間コンセプト（Raumkonzepte）を軸としたドイツの新たな地誌学習の展開」（新地理，65(3)，34-50，2017）.

中平　一義（なかだいら　かずよし）　第10章
　　上越教育大学大学院・教授. 社会科教育学・公民教育学.『動態的法教育学習理論開発研究－自由で公正な社会の形成者育成のための熟議による法教育研究－』（風間書房，2023，単著），『法教育の理論と実践－自由で公正な社会の担い手のために－』（現代人文社，2020，編著），『東アジアにおける法規範教育の構築－市民性と人権感覚に支えられた規範意識の醸成－』（風間書房，2020，共著），『初等社会科教育研究』（風間書房，2019，共編著）.

広瀬　悠三（ひろせ　ゆうぞう）　第11章
　　京都大学大学院教育学研究科・准教授. 教育哲学・教育人間学・臨床教育学. *Bildung als (De-) Zentrierung - (De-) Zentrierung der Bildung*（Juventa Verlag GmbH，2023，共著），『シュタイナー教育100年－80カ国の人々を魅了する教育の宝庫－』（昭和堂，2020，共著），『カントの世界市民的地理教育－人間形成論的意義の解明－』（ミネルヴァ書房，2017，単著）.

伊藤　直之（いとう　なおゆき）　第12章・終章
　　鳴門教育大学大学院・教授. 社会科教育学・地理教育学.『地理歴史授業の国際協働開発と教師への普及』（風間書房，2022，編著），『地理科地理と市民科地理の教育課程編成論比較研究』（風間書房，2021，単著），『社会科教育の未来』（東進堂，2019，共編著），「社会に開かれた教育課程としてのフットパスコースづくり学習の試み」（社会系教科教育学論叢，3，27-38，2023，共著）.

金　玹辰（きむ　ひょんじん）　第13章・終章
　　筑波大学・准教授．社会科教育学・地理教育学．『地理カリキュラムの国際比較
　　研究―地理的探究に基づく学習の視点から―』（学文社，2012，単著），『女性の
　　視点でつくる社会科授業』（学文社，2018，共編著），『交流史から学ぶ東アジア
　　―食・人・歴史でつくる教材と授業実践―』（明石書店，2018，共編著），
　　『Well-being をめざす社会科教育―人権／平和／文化多様性／国際理解／環境・ま
　　ちづくり―』（古今書院，2024，共編著）．

2025年 3 月現在

社会科教育からのケイパビリティ・アプローチ
―ペダゴジー，再文脈化，エージェンシー―

2025 年 3 月 31 日　初版第 1 刷発行

編著者　　志　村　　　喬

発行者　　風　間　敬　子

発行所　　株式会社　風　間　書　房

〒101-0051　東京都千代田区神田神保町 1-34
電話 03 (3291) 5729　FAX 03 (3291) 5757
振替 00110-5-1853

印刷　太平印刷社　　製本　高地製本所

©2025　Takashi Shimura　　　　　　　　　　NDC分類：375
ISBN978-4-7599-2532-6　　　Printed in Japan
〔JCOPY〕〈出版者著作権管理機構 委託出版物〉
本書の無断複製は、著作権法上での例外を除き禁じられています。複製され
る場合は、そのつど事前に出版者著作権管理機構（電話 03-5244-5088、
FAX 03-5244-5089、e-mail: info@jcopy.or.jp）の許諾を得て下さい。